新世紀叢書

當代重要思潮・人文心靈・宗教・社會文化關懷

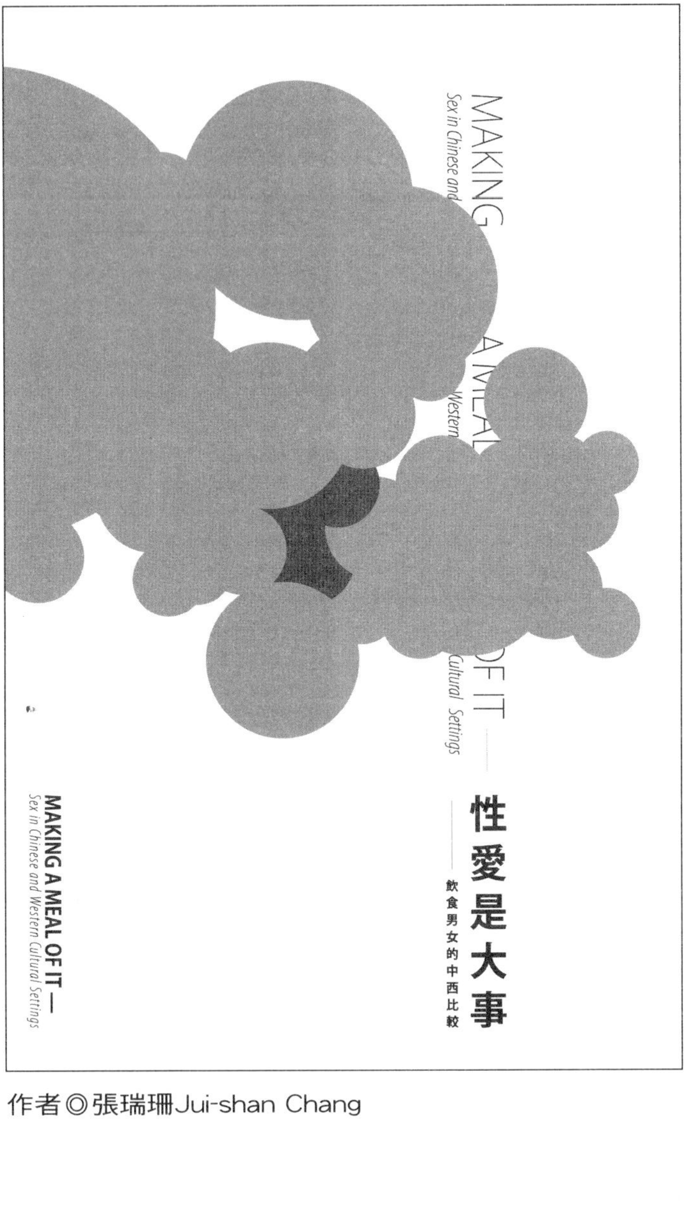

作者◎張瑞珊Jui-shan Chang

性愛是大事

【目錄】本書總頁數384頁

自序　我的中西文化「性」研究旅程　6

導言　17

第I部
一九五〇到一九八〇年代的台灣

1 性革命已悄悄地來？　35

第II部
一九九〇年代的台灣

2 傳統性規範開始鬆動　53

3 如何打造台灣現代新女性 79

第III部
一九五〇年代迄今：台灣、香港和中國大陸

4 華人「性」的自由化，與西方殊途同歸？ 123
5 教育水準愈高的都市青年愈不中國式？ 165

第IV部
西方

6 西方女人是怎麼看男人的 189
7 婚外情：誰才是婚姻裡自己忠誠的對象 227

8 性的深藏意義：是維生的「一頓飯」？還是一場肯定自我的男女「對手戲」？ 263

結論 315

跋詩 333

誌謝 352

參考書目 355

內容簡介 381

自序

我的中西文化「性」研究旅程

我對「性」所做的社會學研究已經有二十年了。這個長途旅程，是我的學術及個人生涯裡很重要的一段經歷。人生會有幾個這樣的二十年呢？

當二〇〇七年，我以得獎人的身分出席澳洲全國教學優異獎，以及墨爾本大學教學傑出獎的頒獎典禮時，腦海中卻浮現出，一九八三年我剛離開台灣到美國讀博士的時候，連一句英文都開不了口的那一幕。當時襁褓中的兒子，如今已是一個二十多歲離家自立的小伙子……

回想我在這漫長的歷程中，不只經由歲月的累積和由廣入深的研究，逐漸發展出在「性」這個學術領域裡自己的見解，我的個人生涯也在跨越世界三大洲的同時，歷經了人生各方面的衝擊、磨練和成長。

我生長在台灣，畢業於國立台灣大學社會學系與研究所，並取得美國密西根大學的社會學博士。我對「性」的研究開始於一九八〇年代的台灣。因為當時報章雜誌報導，台灣正在悄悄地展開了一個西方學者所謂的「寧靜的性革命」（“a quiet sexual revolution”）。這引起了許多人感嘆台灣人的性關係似乎正走向西方人的性開放，或以此來憂心道德的淪喪。而我的想法是，對於這種說法，我們應該趕快做些嚴謹的學術研究，讓事實真相來告訴我們該有多感嘆憂心和能怎麼辦。

在我對台灣的性行為做過一番研究之後，我的下一個問題是：其他的華人社會又是如何呢？我的研究很自然地擴展到香港及中國大陸。因為，我很想知道，在「性」這方面，除了在個人、社區或地域層次的差異，兩岸三地華人的性行為是否有其共通性？如果有，他們的共通性是什麼？

為了要瞭解橫跨這三個華人社會裡，有關「性」的共同特色到底是不是一種在中華文化下特有的「華人的性」（"Chinese sexuality"），我們得把它和非中華文化裡的「性」來做比較才行。所以，從一九九〇年代起，我的比較研究又再擴展到西方社會文化裡的「性」，並且發展出「性的深藏意義」（embedded meanings of sex）這個新概念，來對中西文化脈絡裡的「性」的意涵，進行深入的比較研究。

二十多年前的我，萬萬沒有想到，當初對台灣「寧靜性革命」的好奇及存疑，竟變成了我的一塊巨大的畫布，讓我在日後畫上我對「性」這個課題的種種反思，以及自己陸續的研究發現。

也從金賽博士說起

其實從二〇〇四年起，我就開始思考是否應該將自己這樣的一段學術兼人生旅程，每一個起伏轉折、一步一腳印的經驗寫成一本書呢？巧的是，在同一年，正好有一部叫做《金賽》的電影在墨爾本上映。這部電影描述了世界聞名性學研究先驅金賽博士（Alfred Kinsey, 1894–1956）一生的故事，包括他如何從動物學家變成「性學家」，如何在一九五〇年代的美國，開創對男女性行為的研究，以及他的學術研究和個人生涯之間的糾葛關係。

可想而知，在一九五〇年代的美國，金賽博士的性調查會是多麼的令人震驚。金賽的研究對美國人有極其深遠的貢獻。其中一個特別的貢獻是：許多所謂「正常的」、「一般的」美國人，其實都經驗過一些在當時的社會文化背景之下，被認為「不正常」的性行為（abnormal sexual practices）。這個研究結果的發表，讓多少暗地裡懷疑自己「有問題」的美國人鬆了一口氣。發現「原來，不只是我一個人有這樣的問題！」更值得安慰的是，「從此，我不必再為這樣的經驗而感到羞恥或罪過！」

金賽的研究發現許多美國人對性知識與性技巧的無知，包括夫妻在洞房花燭夜嘗試「第一次」時的不知所措，以及美國人對性知識的瞭解大多來自於一般自認為所謂的「常識」，而這些性常識基本上是來自於宗教以及道德的訓示。金賽因此立志要用科學的方法來研究美國人的性行為，好讓美國人對「性」的認識來自於有事實根據的科學。

同時，金賽也發現那些同性戀、雙性戀或其他非異性戀取向的美國人，飽受外人（包括家人）對他們荒唐或無理的對待。金賽承認他本人也曾經驗過同性戀的感情。根據金賽所發展出來著名的測量「性取向」（sexual orientation）的量表，零代表百分之百的異性戀取向（exclusively heterosexual）、六代表百分之百的同性戀取向（exclusively homosexual）。金賽的分數則是在零與六之間流動而不固定。他經歷過幾次「非傳統的性」事件，帶給三方極大的痛苦，包括：金賽他自己、他的妻子，以及他的男性情人。因此，金賽的性研究不僅是針對一九四〇與一九五〇年代一般美國人的性經驗，更是與他本人非傳統的性取向，以及他親身（痛苦）的性經驗有關。

對我而言，《金賽》這部電影出現的正是時候，給了我很深的感動及鼓舞，更增強了我寫這本書的念頭。相較於金賽，我只是個名不見經傳、對「性」這個題目默默做研究的一個社會學者。但是，性實在是個極為重要的人生課題。它是人生常態，卻又如此錯綜複雜。任何學者對它所做二十年的研究及反省，都是值得記載下來的。因為，人類的知識與經驗需要分享傳承，智慧才得以累積。

當東方與西方相遇

一九八三年八月，我剛到位於美國密西根州安娜堡城（Ann Arbor）的密西根大學（The University of Michigan）時，立刻感受到了強大的「文化衝擊」（cultural shock）。對許多美國同學能在課堂上侃侃而談，既驚訝又羨慕。當時我有個願望，希望有一天我也能在課堂上用英文發言。一年之後，我真的能在課堂上開口了。但是，那時若單純談論社會學的客觀知識顯然是比較容易的，如果要以個人主觀的見解為出發點，我則不知從何說起。

不過，在課堂之外的我，在第一年就交到了幾個美國好朋友。剛開始的時候，我對洋人朋友會有很強的新奇感。隨著友誼的進展，我發現，即使來自不同的種族和文化，人還是人，是可以將心比心的。這個深刻的體認，大大增加了我的信心，非常有助於我在第二年、第三年逐漸參與課堂上的學術討論，或者在社交場合表達我的想法。

然而到了一九九一年，來到夏威夷東西方研究中心（The East-West Centre），我發現，自己在密西根所認知及體驗到的「東方」相對於「西方」的文化二元觀（East-West duality），在這個東西方交會的地方似乎變得不適用了。在夏威夷，所謂的「東方人」佔大多數。我想像應該會像是回到了老家。但是，在現實經驗中，我似乎比在夏威夷的「東方人」來得更西化。相較之下，我在密西根時跟西方朋友間的溝通，感覺反而比我跟夏威夷的東方朋友間的溝通來得更容易些。

一九九三年，我來到了澳洲塔斯馬尼亞州（Tasmania）的首都賀巴特（Hobart）。那裡山明水秀、如詩如畫的天然美景使我立刻著迷，也因此放棄了紐約市立大學的任教機會而來到了塔斯馬尼亞大學（The University of Tasmania）。我很快體驗到了兩種似乎特別屬於澳洲社會的結構與文化價值觀。第一個，是所謂的「忠於大夥的精神」（mateship）。團體成員會在乎所有其他成員們的共同利益，他們對「夥伴們」（mates）的忠誠度要大過於對權威的尊從。第二個價值觀，則是「給每個人一個公平的機會」（"a fair go"）。

同時，我也從好幾位來自英國的同事身上，看到了或許是一些屬於英國中產社會階級的文化特色。相對於我所接觸過的澳洲或者美國同事而言，那些生長於倫敦而移民澳洲的英國同事們，在表達上顯得比較含蓄，似乎對自己或他人的社會階級或地位也比較敏感和在乎。

因此，從在密西根、夏威夷和塔斯馬尼亞的工作環境及生活經驗變遷中，我發現所謂的「西方」並不是一個單一同質性的文化。在所謂的「西方」社會或文化裡，諸多國家、社會、族裔、地域、階級之間，雖然有其明顯的共同點，但也有許多微妙的相異之處。不難想像，在從倫敦來的英國同事眼中，我或許是太「美國式」了些（"too American"），譬如言行太過直來直往。在澳洲同仁的眼中，我則或許是太過「個人主義」了些（"too individualistic"）。更或許，大家都有點失望，因為，我大概與他們心目中對華人女性的期待不符。

一九九六年，我重回美國，任教於愛荷華大學（The University of Iowa）社會學系。在我對澳洲與英國文化有了些接觸與瞭解之後，使我這一次在美國工作及生活上的體驗，跟我當初從台灣直接到密西根，和在那兒多年的生活感受很不一樣。因為，這一次，我瞭解西方文化之內尚有許多相異的文化（diversity within the West）。我已經不會用過去刻板印象裡所謂「美國式」的單一模式，來回應不同時、地、工作及生活上的要求。因為，「西方式」並不就是等於「美國式」。我可以想像，這一次我在美國同事的眼中或許變得更難定位：有一些中式、美式、英式，乃至澳洲式的風格，大概什麼都有一點，但卻也什麼都不完全一樣。

一九九七年，我來到澳洲墨爾本，與另外兩位社會學者在墨爾本大學（The University of Melbourne）創立社會學系。這十多年來住在墨爾本的經驗，更擴大了我對西方的瞭解。墨爾本是一個多元文化（multicultural）的城市。我從義大利裔、希臘裔，或者其他南歐地中海社會的移民朋友身上，看到了很強的家族主義。這與我們華人的家族結構，以及重視家庭的文化價值觀念相當接近。但是，這些重視家庭的好男好女們，似乎仍然有著那種專門屬於「西方」的靈魂。對他們而言，如何能夠顯現自我並讓自我得到印證（self validation）呢？這種對自我最終的確認與印證超越了自己所有的家庭角色。也就是說，「自我」（self）不只是等於家庭角色的總合。

到了二〇〇九年，我開始在墨爾本接受心理治療師（psychotherapist）的專業訓練。在臨床訓練過程中，我的治療對象絕大多數是安格魯凱提克族裔的白人（Anglo-Celtic adults）。不論他們的性別、年齡、婚姻狀態、社會經濟地位、所處的人生階段，或者當下所遭遇的某種危機導致他們向我尋求專業協助，他們的最終問題多半是關於：「我是誰？」（Who am I?），「我真正要的是什麼？」（What do I really want?），「我的人生目的到底是什麼？」（What is the purpose of my life?）等等。總括來說，他們求診的問題主要是和自我認同（self identity）、慾望（desire），以及存在的意義（existential issues）等的疑惑與困擾有關。

對二十多歲的人而言，最讓他們困擾的是：如何界定自己是個成年人（adult）？如何才能具備獨立生活的能力與條件？

對三十或四十多歲的人而言，他們多半被既存的工作與家庭多方面的角色壓得透不過氣來。他們最迫切的自我存在的問題則是：如何才能「超越」（transcend）這些角色和責任，感受到一種屬於自己「個人」存在的意義？

對五十歲以上的人而言，他們進入子女長大離家後的空巢期（empty nest），他們存在的危機則變成：過去大半生以養兒育女為生活重心，只關注家裡每一個其他成員要的是什麼，而非自己要的是什麼。現在，既然家庭責任已了，那麼，我該如何對自己重新定位（redefining and repositioning myself）、來探索「我」是誰呢？我的下半生，能成為一個什麼樣的人呢？自己真正想要追求的又是什麼？

相對來看，對當今絕大多數兩岸三地的華人而言，他們仍然是以家庭角色（familial roles）來界定自己存在的意義。扮演好自己的家庭角色，就等於是扮演好了一個男人、女人，或是一個高尚的人的角色。或許，這就是為什麼在西方的華人研究（Chinese studies）學術領域裡，有一個論點是：許多華人都沒有所謂的「自我」（"self"），而且多數華人的「自我」基本上是由人際關係以及角色來界定。

二〇〇七年時，我在北京深入訪談了十二位文化精英①，在香港則訪談了五位。在這些受訪的精英當中，最年輕的將近三十歲，最年長的大約是五十五歲。他們都不約而同地闡述出同一個核心價值觀，那就是中華文化裡重視「和諧」（harmony）的理想。我在這本書裡稱呼這個華人普遍崇尚和諧的價值觀是「一個華人內心的習慣」（the habit of a Chinese heart）。這些受訪的文化精英們還同時提到另一個共同的倫理規範，就是我們應該對自己的所有角色負起責任（piety）。他們都認為生命的意義是扮演好自己所有的角色、善盡本分與職責。這些角色始於家庭，包括上對父母、下對子女該負的責任，然後向外擴及到工作場合、社區，以及國家社會。

就我來說，二十多年來，我在幾個不同的西方社會裡學習並體驗做一個世界公民（world

citizen）。在這漫長的路程中，我似乎也逐漸發展出了一種「自我」。這個「自我」就在自己的教學、研究、寫作及與他人的互動中（有時在爭辯中）表現出來。雖然，我漸漸有了「自己的聲音」（my voice），卻也同時感受到，那聲音下面的「我」（me），仍舊是與家庭角色緊密相連，而比較不是一個以個人為單位，或是以一個「個人」為中心的自我（an individualistic and/or individualised self）。在這個層次裡，我還是頗為「華人式的」（"Chinese"）。但是，我的「華人性」（"Chineseness"）又與當今兩岸三地（包括我的老家台灣）的華人不盡相同。

從另外一個層面來看，當然，我還是與所謂的「西方人」不同。在二十多年跨文化的情境中，經歷了無數的嘗試錯誤學習（trial-and-errors），從痛苦中，我漸漸地發展出一個「自我」。這個「自我」，有著華人的家庭結構和文化價值理想的根，並在西方文化的情境裡萌芽出來。雖然某些時刻會激起我的反思：「『我』只不過是等於我的所有家庭角色的總合嗎？」不過，這個問題似乎只是偶爾出現罷了；不像我的西方朋友或門診的個案們，這種有關自我存在與意義的問題，是他們對自己生命的一種終極的關懷。

我從小就對文化感興趣，尤其是當我觀察到中華文化與西方文化似乎大不相同時，我更是對兩種文化都充滿了無限的好奇與嚮往。在一九六〇年代的台灣，我為什麼會注意中西文化的不同呢？

在我兒時、跨中西文化的啟蒙老師，是坊間的國語流行歌曲，以及在台灣的美軍電台排行榜的西洋熱門音樂。長我五歲的大哥在念中學時，對西洋搖滾音樂十分著迷。在耳濡目染下，我從小學起就接觸西洋流行歌曲。那時我聽不懂英文歌詞，只感覺到中西歌曲的風味大不相同。西方情歌聽起來明朗、浪漫、渴望性愛，直接吶喊出一種屬於「我」的強烈情緒。而國語情歌聽起來含蓄、深情、哀怨動人，藉著對優美景緻的描述，來表達內心對情的愛戀或感傷。當我在欣賞中西方的繪畫或小說時，也有類似的感覺。

我瞭解家庭是中國社會的基石，但我不解的是，家庭也是西方社會的一個基本的社會組織，為什麼西方流行歌曲、繪畫與小說中所表達出的「自我」，是這麼的鮮明有力？為什麼這些中西文化作品所呈現的「愛」（love）是如此不同？是因為中西文化對「愛」的定義與解釋不同嗎？那麼對「性」（sex）呢？為什麼西方的歌曲、電影勇敢地表現出人們對性的渴望？在中西各別的文化脈絡下，「性」的意義到底是什麼？

這些是我在十幾歲時所想到的一些頗為天真的問題。它們也是本書所企圖回答的問題。我希望這本書可以激發更多生活在中西文化裡的個人及家庭，對這些與我們每一個人都切身相關的議題，來繼續進行研究辯論，或者自省反思。

①在北京受訪的十二位文化精英當中有四位是女性。這些精英的職稱可以被歸為下列幾類：

- 文化政策執行者：一位某文化發展基金會的主任。
- 文化媒介或傳達人（cultural mediators）：包括一位明星高中校長、一位（女）訓導主任、一位著名大學的學生事務部主任，以及一位專門探討當今大陸社會經濟問題的財經雜誌的主編。
- 文化創新者（cultural innovators）：包括一位知名的專門評論當今大陸教育改革的知識份子、一位（女性）鼓吹環境保護運動者、一位暢銷進口女性雜誌的（女）主編、一位從事中國電影評論的（女）學者、一位著名的藝術家、一位專門出售知識份了讀物的精英書局負責人，以及一位精通中國哲學的思想家與創新者。

②香港受訪的五位文化精英包括：

- 文化政策執行者：一位著名大學文化政策研究中心的主任。
- 文化媒介或傳達人：一位香港最大傳播媒體公司的總裁與一位香港最大報紙的編輯。
- 文化創新者：一位藝術家兼評論家，以及一位鼓吹古蹟保護的女學者。

導言

從台灣出發：中華文化與社會的最佳「實驗室」

人類的「性」是個非常複雜而關鍵的人生大事。性的形塑與表達不只受個人的身心因素所影響，更是與一個人的自我認同、性別角色、人際關係、婚姻與家庭等都密切相關的。現代社會的大環境變遷，使得上述所有這些層面同時發生改變，所以，本書並不只單獨談「性」，而是把「性」這個主題擺在這許多相關的層面裡，以及放在中西方的傳統和現代化的歷史脈絡中一起來研究，使我們得以對「性」得到最完整及深入的瞭解。

在這過去的二十年裡，我對「性」及其有關議題的一系列比較研究之旅，是從台灣出發的。為什麼我會選擇台灣做為我這長途研究的第一站？這主要是因為，台灣在一九六〇年代，可說是學術界研究中華文化與社會的一個難得的「實驗室」。①

台灣從一八九五年開始，被日本殖民了五十年。一九四五年，對日抗戰勝利，台灣重歸中國。一九四九年，中國共產黨贏得國共內戰，中華民國國民政府由大陸播遷至台灣執政。而到一九七〇年代末期，民間開始有了一些較具規模的、主張台灣在政治上應該尋求獨立的聲音。一九八七年戒嚴法正式廢除了。一九九〇年代開始，「民主進步黨」（以下簡稱民進黨）成為了台灣政治舞台上，第一個正式成立的反對政黨。民進黨成立後，積極宣揚一種以「台灣人」為觀點的本土歷史、地理、政治意識，以及對台灣本土文化的認同。經過一再的參選失敗，終於在二〇〇〇年與二〇〇四年，贏得兩任全民總統直選，而執政八年之久。

台灣雖經日本殖民及至今政治上的多元發展，並沒有減損台灣做為研究中華文化與社會「實驗室」的特殊地位。因為，殖民政府或是台灣獨立的政治立場，並沒有影響到台灣人民的家庭結構，以及傳統中華文化所最強調的家庭價值。尤其，國民政府遷台後，把儒家的四書五經內容選錄到從小學到大學的必修國文教材中，並正式訂為各級學校入學和公務人員聯合考試的必考科目。所以，傳統儒家文化的價值觀，經由正式的教育及考選制度而深植台灣人心。反觀在同一時期，中國大陸經歷了文化大革命，香港則經歷了將近一百年的英國殖民統治。相對來說，傳統的中華文化在這兩個社會裡比較難像在台灣保存得這麼完整。

另一方面，台灣與香港的現代化都是在一九六〇年代左右開始，中國大陸則是晚了將近二十年才開始發展。所以，要探討快速現代化對以儒家精神為本的華人文化社會所產生的影響時，台灣居於這個「實驗室」的地位一直到今天還是屹立不搖的。因此，台灣也自然成了我過去二十年來，「性」比較研究長途之旅的起站。

建構關於「性」的「扎根理論」

我對「性」的研究雖是一個漫長的學術旅程，但是，整體而言，我大致所採取的研究取向，就是所謂的「由地面往上建構理論」的研究法（grounded theory approach）。（此種研究法常被譯作「扎根理論」。）具體來說，這種方法是指研究者針對某個研究題目先收集好具體的資料（data）後，經由「分析性的歸納邏輯」（analytic induction），而從具體的資料中衍生出抽象的概念（concept），再將各相關的概念組合起來，用歸納邏輯建構出比這些概念抽象層次更高的理論（theory）。

我們可以用「萬丈高樓平地起」來比喻由這種研究方法所建構出來的理論。換句話說，要建一座高樓，得先從平地扎好根基，牢牢固定樁腳；向上蓋的每一層樓都是實實在在地建基於下面的一層樓。所以，這種由下而上建構出理論的方式，是與坐在搖椅上憑空創造出來的抽象理論大不相同的。並且，這種由下而上建構理論的研究方式，更與社會科學裡最常用的由上而下的「假設檢定」（hypothesis testing）方法相反。因為，假設檢定是先有一個高層次的抽象理論，並從抽象理論「演繹」（deduct）出可供作統計檢定的具體假設，再用實際觀察到、所謂的實證資料來檢定所提出的假設。

我的每一階段對「性」的研究，都像是更上一層樓：我經常是從一個階段的研究發現，而衍生出下一個階段的研究問題。每一階段的研究也都得以使我對探討的現象發展出更多抽象的概念，加深我對這個主題的理解。在此過程中，我的研究論點（argument）則隨著我每一個研究階段、或學術旅程中的每一站，得到了擴展及深化。

寧靜的性革命

如前所述，我對「性」研究旅程的第一站，是一九八〇年代的台灣。這個性研究，是以實證性的量化方法為出發，主要在探討台灣在一九六〇和一九七〇年代快速現代化的過程中，如何導致了一場西方學者稱之為「寧靜的性革命」（"a quiet sexual revolution"）。

台灣在一九六〇與一九七〇年代經歷快速的現代化，包括工業化、都市化、城鄉遷移、教育擴張等等。這二十年間台灣社會經濟結構的變遷，勢必影響到年輕一代婦女的成長歷程。譬如，她們受完國民義務教育後，可以就業而離家獨立，有些甚至離開鄉村到外地大城市就業。年輕一代開始有了婚前與異性交友與約會的機會。這些大環境的改變，也就影響到年輕女性婚前與異性發展親密關係的可能性。所以，「寧靜的性革命」的現象就是在台灣現代化起飛的同時伴隨出現的婚前性行為的增加趨勢。

本書的第一章是以「生涯發展階段的轉變和人生歷史事件」的觀點（a life course approach），採用一九八六年對台灣全島當年二十歲（生於一九六六年）到四十九歲（生於一九三七年）育齡婦女的家庭計畫與生育調查的資料，來比較台灣「老一代」及「年輕一代」婦女的成長歷程。

在本研究中，我使用一種叫做「生涯事件的歷史年曆」（event history calendar）的研究工具，來登錄每一位受訪婦女的主要人生歷史事件初次發生的年歲。譬如：她是在幾歲時完成學業，幾歲時初次離家外出工作，幾歲時第一次與異性約會，幾歲時發生第一次的性經驗等等重要的人生歷史事件。我是根據研究樣本中「老一代」與「年輕一代」兩代婦女不同的成長經歷，來研究大環境的改變是如何影響到這兩代的台灣女性在婚前與異性交往，以及在性這方面的經驗。

重新界定性規範

在完成了這項對兩代婦女在台灣現代化起飛過程中，不同的成長經歷（包括初次的性經驗）的實證性量化研究，我長程研究的下一站則進入了詮釋性的質化研究領域（interpretative qualitative research）。本書第二章即是透過一九九四年我在台北對年輕男女所做的焦點團體（focus groups）訪談，來研究一九九〇年代時的台灣年輕男性及女性對婚前性行為的態度，尤其是探討他們是如何看待當時社會上正在改變中的性規範，以及他們當時是如何重新界定傳統的性規範，而來適用在自己的身上。

以我的焦點團體中女性成員而言，十七到十九歲的性觀念比二十歲以上②的女性明顯來得浪漫、實際及開放。比較不把婚前貞操觀看在眼裡。而二十歲以上高中畢業的女性則把婚前貞操觀看得比較嚴重。她們雖然只比二十歲以下那一組女孩年長幾歲，但她們的性道德觀則比較像台灣上一代的婦女。在社會及文化快速的變化下，往往幾年之內的變化，會讓只有幾歲之差的同一輩人之間的觀念差異，大到像是兩代人之間的觀念差異。因此，這些年輕女孩在新舊價值觀並存的一九九〇年代的台灣，她們所接觸到大眾媒體所呈現出來，關於如何做一個現代新女性的主要訊息是什麼？這是本書第三章所探討的主題。

全球普世價值與在地特有價值之間的關係

隨著世界各地走向全球化，我的研究開始著重探討全球普世價值（globalism）與在地特有價值（localism）之間的關係。本書第三章的研究是藉由對一九九〇年代台灣最暢銷的女性雜誌，也就是台灣版的美國《柯夢波丹》（*Cosmopolitan*）雜誌，進行「民族誌的內容分析」（ethnographic content analysis）。

我的分析著重在探討台灣版《柯夢波丹》的主編是如何過濾，並挑選出她們認為最適用於台灣現代新女性的全球與傳統的價值觀，以及如何運用西方的科技做為一種達成目標的手段或工具，來為台灣現代女性提供下列這些重要問題的答案。譬如，一九九〇年代台灣的現代女性們必需扮演著多重角色，有些是基於傳統價值下的責任，有些則是自己做為一個現代新女性所要追求的理想。那麼，她們是否能夠同時擁有成功的事業、美滿的愛情、婚姻、家庭及性生活？如果能夠的話，她們又是如何建構起這種似乎能擁有一切的生活方式？她們又是如何將傳統及現代結合起來的？一九九〇年代台灣版的《柯夢波丹》成功的把本來相互衝突的中西文化價值，轉換成了對台灣新女性在現代社會中最有利的中西合璧策略，讓她們追求自己夢想的同時又能兼顧家庭。

兩岸三地的比較研究

經由前面三章的研究發現，可使我們瞭解台灣人的「性革命」是怎麼回事。我的下一個問題是，其他華人社會的情況為何？兩岸三地華人的「性」是否有其共同特點呢？如果有，什麼是可以稱之為受到中華傳統文化影響下的「華人的性」（Chinese sexuality）？為了探討這個問題，我的學術旅程則進入了另一個新階段：比較研究（comparative research）。

本書的第四章與第五章裡，詳細地討論了我對這三個現代華人社會在「性」以及與「性」有關議題的比較研究。一九九四年時，我第一次到中國大陸與香港做研究。對於在台灣出生長大的我來說，終於有這一天能夠踏上大陸的土地，是多麼的不容易！因為，海峽兩岸禁止直接通訊來往已長達四十年；我生命中踏進對岸的一小腳步，其實反映了海峽兩岸關係開放的一大步。

剛到大陸時，我對大陸的一切都覺得新鮮、好奇和感興趣。我在上海做研究時，對於每一個焦點團體的討論，以及訪談的對象，都盡可能的旁敲側擊、以對採訪主題做最深入的瞭解。另外，關於大陸上的任何事情，我其實都想知道。所以，我抓住了每一個機會來探索我想要知道的事情。不過，這種高度的新鮮好奇是雙向的。我在上海所接觸的人們也都想認識台灣，我自然成為了一個台灣的代言人，也成了一個被大陸人所詢問或研究的對象。

那時正在上海大學任教、有著「中國金賽博士」之稱的劉達臨教授，對我的上海之行有著多方面的指導與協助。例如，在我第一次出外做研究訪談之前，劉教授特別叮嚀我得入境隨俗，最好在我鮮豔的花洋裝外頭加件素色外套。這點點滴滴，恍如昨日，我永遠感激銘記在心。

透過總覽台灣、香港、中國大陸三個華人社會，從一九五〇年代到現在對婚前性道德規範的變遷，本書在第四章中進一步呈現了這三個華人社會在一九九〇年代中期以前，它們邁向性自由化的路徑是如何的不同（varied pathways: liberalising premarital sexual mores），以及，在一九九〇年代中期之後，這三個華人社會的婚前性行為和性規範變得愈來愈像（converging），似乎走向了西方一九六〇年代性革命以來的開放道路。本章所要強調的是，這些華人社會婚前性行為的趨勢，雖然看起來與西方社會相似，但是外在行為背後的文化意義卻是不一樣的。所以，我們採用以西方為本位傳統的現代化觀點，來直接推論解釋東方或是其他非西方社會裡的現象並不恰當。

年輕世代的婚前性自由化之後

本書的第五章則是在探索台灣、香港、中國大陸兩岸三地年輕一代在邁向婚前性自由化的同時，他們行為背後的性道德規範、對自我的認同、角色的界定，以及對愛情、婚姻、家庭的觀念，是否逐漸脫離了中華文化傳統而趨向於西方人的現代價值觀？對他們而言，「現代」的意義是什麼？

我在二〇〇五年對這三個華人社會大都市裡至少受過大學教育的二十九位年輕人做深入訪談。從我的訪談資料中顯示，這一群接觸到西方思潮或見識過國外世界的年輕人，雖然他們對婚前性行為的態度趨向寬鬆，認為在「彼此愛著對方」的前提之下發生性關係是非常自然、無可厚非的，但是，這並不表示他們已失去了其他核心的傳統價值觀，尤其是反哺養育之恩，對父母、甚至對爺爺、奶奶、外公、外婆盡孝道，以及傳統儒家所特別重視的教育。

「華人的性」？——中西比較研究

當我在第四及第五章做完了對兩岸三地的比較之後，為了瞭解跨這三個華人社會裡有關「性」的共同特色，到底是否為所謂的中華文化下獨特的「華人的性」（Chinese sexuality），我們得把它和非中華文化裡的性來做比較才行。因此在第六、七、八三章裡，我將藉由與西方文化社會裡的性做比較，來探討是否中西兩個文化真有其獨自特色的「性」。

大眾媒體如何處理性議題

對中西文化及社會裡的性做比較之前，我們應該對西方人當今這些方面的價值觀念先有初步的瞭解。因此，本書第六章主要是探討當今的西方大眾媒體如何呈現有關性、性別角色、自我認同，以及戀愛關係之類的議題。就像我在第三章裡，針對一九九〇年代台灣最暢銷的台灣版的美國《柯夢波丹》（*Cosmopolitan*）雜誌，以「民族誌的內容分析」來探討這方面的議題；為了有一個共同比較的基礎，我在第六章裡，也將對一九八二到一九九〇年代美國版的《柯夢波丹》雜誌來做內容分析。不過，雖然是分析同一種女性雜誌，但是，我在這兩章裡所探討的焦點則有所不同，因為一九九〇年代台灣版和美國版的柯夢波丹，是採用了不同的角度及呈現的方式（representations）來探討女性在現代生活中所面臨的主要問題。

一九九〇年代，台灣版《柯夢波丹》因逐年在台灣本土化，加入了愈來愈多由台灣作者所寫的文章，而從美國版直接翻譯來的文章則不斷地減少。所以，我在第三章分析的重點是利用當時台灣版的柯夢波丹的這個特點，來分析全球（或西方）價值觀與在地（或台灣）價值觀之間的關係。譬如，前者如何衝擊到後者？前者如何被後者所用？尤其是雜誌編輯如何揀選中西不同的價值觀，以及如何有效的為台灣現代新婦女打造一個中西合璧的光明未來？

相對而言，美國版《柯夢波丹》的兩性議題則關注西方的兩性關係與男女之間的政治權術（gender politics）。尤其是美國版的《柯夢波丹》，從一九八二年起，開始有了一個頗受讀者歡迎、叫作「止痛阿姨」（Agony Aunt）的專欄。這個專欄有一個結構上的特色，就是用真人真事來呈現兩性關係的議論給讀者。女性們向止痛阿姨傾訴心中的痛苦，止痛阿姨則指點迷津來解答這些女性讀者的問題、或設法減輕她們的痛苦。

「止痛阿姨」這個專欄正好提供了豐富的研究材料，因為從求助婦女們的親口陳述裡，我們可以探討並瞭解西方的兩性關係乃是奠基在個人主義（individualism）之上，以個人為本位、計算自我利益、並且相互較量。也就是說，這樣關注自我與對方各別的立場及利益的本質，就像雙方必需用政治般的手腕來相互角力。但是，這種「兩性之間的政治權術」的本質正是帶給西方兩性關係不可避免困境的主要原因。

常軌與出軌

當我們在第六章分析了當今西方大眾媒體所呈現出來現代西方人有關「性」、自我、性角色與婚姻這些方面的價值觀，以及瞭解兩性之間以「個人」為本位的政治權術，本書第七章及第八章則進一步對中西文化及社會裡的「性」及其有關議題做比較研究。

第七章是經由一種「犯規的性」（sexual transgression），也就是婚外情或稱作外遇（extra-marital affair），來比較並探索當今中西文化脈絡裡的「性」道德規範、婚姻的深度意義，以及婚姻的周邊界限（limit）是什麼，這個界限代表了絕不能踩到的紅線（boundary）在哪裡。因為，我想你我都有一些類似的人生經驗，我們往往在犯了規後，才真正瞭解到規則的內容是什麼。踩到了紅線，才知道真正的範圍和界限在哪裡。

也就是說，如果研究者只從常態的、婚姻裡的性（normative marital sex）來探討愛、性、婚姻、家庭的意義、規則或界限上的這些問題，是無法這麼貼切及深入的。所以，本章是以真實外遇故事的報導來做內容分析，發現在現代中西兩個文化情境裡，外遇的類型是截然不同的。這些不同類型的外遇隱含著不同的兩性關係、性、婚姻，以及家庭的意義。

追溯東西文化的「性」族譜

本書的第八章則是呈現出我在性研究的長途跋涉路途上，所達到的一個最高、最廣，以及最深的一點。從公元二〇〇〇年起，我對「性」的研究取向由廣入深，因為中西文化脈絡裡「性」及有關議題的差異，大到讓我非來溯及既往、追根究底不可。像是鑽進了中西文化各自的數千年「族譜」（genealogy），我開始追溯中西傳統文明的源頭；也就是從儒家經典及基督教的《聖經》來看它們對人性、性、愛、人倫關係、性別角色、婚姻、家庭的界定，以及對如何做個高尚的人所定訂的標準和規範。

從我的研究發現與見解，可以清楚地顯示金賽式研究以西方為本位的觀點（現代化就是西化），以及只仰賴量化的調查數據分析的不足。也就是說，金賽式的性研究是基於西方現代化的觀點，假定在愈現代化的社會裡，人們的性規範會愈趨向寬鬆，性行為會愈趨向開放，這些社會裡的人們婚前性行為的統計數字逐漸變得像西方社會的人一樣。金賽式的觀點也假定，在世界各地，性行為的意義都是一樣的，譬如，牽手就是牽手，親吻就是親吻，性交就是性交。

性的深藏意義

而我的研究發現，儘管三個華人社會婚前性行為的數字在近一、二十年來逐年趨向增加，看起來是朝向現代西方社會性開放的風氣。但是，這些性行為數字是否代表了相同的意涵？對此，我提出了一個新的概念，叫做「性的深藏意義」（the embedded meaning of sex）。

通常，只處於自己本身文化裡的人，因缺乏比較，會將性行為（或者任何行為）的意義視為想當然爾或理所當然（taken for granted）。所以，我所謂的「性的深藏意義」，是必須藉由對不同文化間做深層的比較研究才能流露出來，尤其是比較不同文化傳統對人性、性、愛、人倫關係、性別角色、婚姻及家庭的界定。經由不同的文化對照，才得以顯示出性的意涵有多種的可能性，包括不同的文化對性的本質可有不同的界定，以及對性的本身可有不同的比喻（metaphors）。人們在某一個文化脈絡裡，對「性」會有其獨特的比喻，並且賦予「性」一個最基本（home base）的意義。

本書第八章的研究發現，在中國與西方文化脈絡下，性的深藏意義是不同的。就中國文化影響下的華人而言，性像是維生的「一頓飯」（as a meal of sustenance），而對西方文化脈絡中的人來說，性則像是要靠從對方身上得到自我肯定、自我印證及自我完成的一場男女間的「對手戲」（as "game" for individual recognition, validation and self-completion）。就華人而言，性較關注在性行為的作為本身，譬如此作為較與家庭義務有關，而比較不是代表一個人的自我。（For Chinese, sex is not who you are but what you do—in relation to familial duties.）反之，對西方人而言，性多半是基於一種自我的表達，而較不關注在性的行為本身。（In the West, sex is not what you do but rather who you are.）

自二〇〇八年起，我開啟了人生下一階段的追尋；從學界步入了業界、也進入了我多年來一直深感興趣的心理治療（psychotherapy）與精神分析（psychoanalysis）的領域。對這些不同領域的嘗試，是為了瞭解我當下存在的本質，探索自己還能做些什麼其他有意義的事，以及在追求其他領域時是否能夠更認識自己，或是瞭解自己在下半生中能成為一個什麼樣的人（who I can be becoming）。

在不斷蛻變的過程裡，我領悟到人生的目的。但是，在這看似勇敢、轉換人生跑道的同時，我其實並沒有真正地脫軌過，只是不斷的將自己重新定位（re-positioning myself）。而我所定位的參考尺度，仍然跳不出我的兩個家庭的脈絡（我在台灣的原生家庭，和我自己長年分散在兩地後又團聚的小家庭），以及基於做為儒家理想中的一個知識份子的使命感。身為一個知識份子與社會學者，我感覺自己跟這個世界和大社會是一體的，並且我有一份責任來不斷的反省、記載、表達與分享我是如何來理解所謂「人生常態」（the human condition）裡的諸多課題與挑戰。這本書是我體現這個責任的一個重要方式。

結論

本書的英文原著（*Making a Meal of It: Sex in Chinese and Western Cultural Settings, 2011, Outskirts Press*）已

經連續在美國榮獲三項殊榮。第一項獎是由 USA Book News 頒發的「美國二〇一一年度最佳著作獎」，是在「健康」（以「性」為主題）類別內唯一得獎的作品（The sole winner of The USA Best Books 2011 Awards for the category of Health: Sex and Sexuality）。第二項獎是「二〇一一年讀者評選文藝獎」，是在「人文」領域類別內獲獎（Winner of The 2011 Reader Views Literary Awards for the category of Humanities）。第三項是「二〇一二年新一代英地最佳著作獎」，此著作入圍「兩性關係」類別的最後決選（Finalist of The 2012 Next Generation Indie Book Awards for the category of Relationships）。

為了使華人世界的讀者們能有機會一睹英文讀者享受與肯定的優良著作，我在二〇一二年將本書的英文原著改寫成中文版來與讀者見面，分享我的研究成果。

這是海內外到目前為止唯一的一本著作，以如此全方位的角度與深度，橫跨台灣、香港、中國大陸和西方社會的廣度，以及涵蓋中西文化的深層結構，來探索「性」在中西文化各自的背景之下的深藏意義是什麼。本書有以下兩個結論與貢獻。

第一是關於本書在理論方面的結論與貢獻：現代化的特色及意義不是單一的，而是多元的。雖然當今世界上多數國家都已經算是現代化，但是，「現代」在不同的社會文化裡以不同的形式或特色來表達，及對日常生活裡的人們有著不同的意義。這就是所謂「多元的」或是「多種可能性的現代性」（multiple modernities）。

第二是關於本書對人們在日常生活裡的應用：我在此特別提出另外一個新觀念，「跨文化的智慧銀行」（trans-cultural wisdom bank）。這觀念是什麼意思呢？在人生常態下，不管是生活在何種文化社會裡的人，都會面臨到生、老、病、死這些屬於人類自然生命歷程中，所必須經歷的人生階段，以及面對有關的共同問題與挑戰。每個文化對這些人生面臨的共同課題，都有它的應對方式，但是沒有一個文化能夠完滿解決人生所有的共同課題。

「跨文化的智慧銀行」就是經由我的中西跨文化的比較研究發現所形成的一個智庫。這是一個跨越中西文化，有關愛、自我認同、性別角色、兩性關係、婚姻、家庭、對「性」的比喻，以及性的深層意義的智慧銀行。我們可以將相關的智慧存入這個銀行，同時也可以隨時從這個銀行提領出各種各樣的智慧。這個智慧銀行可以豐富我們的人生，在面對挑戰時可以提供我們多種的解決方式，以及更多的選擇及可能性。有了這樣的跨文化智慧銀行，當任何文化裡的人碰到「性」及其他有關的問題時，就不至於走投無路、黔驢技窮了。

---

①這是台灣著名文化人類學家陳紹馨教授在一九六六年提出的論點。
②此處指包含二十歲。

第 I 部

1950～1980 年代的台灣

1

性革命已悄悄地來？

一九八六年，當我在台灣做研究訪談時，意識到自己與研究中的「年輕一代」婦女，其實是成長在同一個時代，與她們經歷過同一時期巨大的社會變遷。記憶猶新，生長在台北的我，一二十歲與異性交友時，母親告誡：「不要做出令自己後悔的事！」我那時明白她的意思。一般而言，「與我發生性關係的人應該就是我的結婚對象」是當時台灣婦女一個根深柢固的觀念，母親們最怕自己女兒做出「一失足成千古恨」的憾事。現在回想起來，那句告誡也算是母親在一九七〇年代所能給我的性教育吧！

根據傳統中國的社會規範，「性」是跟婚姻有關的。俗話說：「一個人結了婚才算作是大人」，所以，性行為一向被視為是「成年人的行為」（adult behaviour）。但是，根據一九八〇年進行的一項對台灣全島已婚婦女所做的抽樣調查，廿到廿四歲間的受訪婦女約有一半曾經跟未婚夫發生婚前性關係。這一年齡組受訪女性發生婚前性行為的概率，要比廿五到廿九歲年齡組的受訪婦女高出六〇％，更是卅到卅四歲年齡組婦女發生婚前性行為概率的二．五倍。①這些統計數字似乎顯示，台灣在一九六〇到一九八〇年代間，隨著快速起飛的工業化、都市化、教育擴張、經濟成長，以及文化變遷，傳統的性規範已經或是正在改變。西方學者②特別稱呼這個發生在一九八〇年代台灣的社會現象為「一個寧靜的性革命」（"a quiet sexual revolution"）。

有些學者認為，台灣在這段時期，由於傳統的媒妁之言已經不是唯一的結婚方式，年輕人開始有了婚前相識、交往、約會，以及自由戀愛的機會。所以，男女兩人婚前親密度增加是一個自然的結果。③雖然這是一種合理的解釋，不過，我在本章將提出一個更深入的論點。我認為一九八〇年代台灣婚前性行為數字的增加，並不足以代表現代化已經在台灣造成了「性革命」。我的論點是，這個數字看起來好像是產生了一個新的社會現象，但這其實倒是反映了傳統價值的存續而不是推翻。要瞭解這個數字所代表的真相，就必須從傳統中國社會文化說起，尤其是與傳統中國文化裡，如何界定「結婚」這個概念有著密切的關係。對台灣的婦女而言，絕大多數所謂的「婚前性行為」，其實多半是在與「結婚」有關的情境裡（a marital context）發生的。

本章是以社會學的觀點，來探討並解釋在二次大戰後成長的這一代台灣婦女，如何讓台灣在一九八〇年代，悄悄掀起了這個被西方學者稱之為「寧靜性革命」的社會現象。

中國傳統的婚姻制度和貞操觀念

中國傳統社會和文化深受儒家思想的影響，而儒家思想是以家庭倫理為核心的。傳統儒家唯恐情愛威脅到以世代相傳為主軸的中國家庭結構與理想（ideal），所以夫妻關係是以傳宗接代的功能為要，而不重視、甚至排斥浪漫愛情的成分。中國傳統的婚姻是奉父母之命、憑媒妁之言。在這種聽命與包辦式的婚姻（arranged marriage）之下，一對新人往往必須等到洞房花燭夜才首次見面。即使有些新人在訂婚之前，也許見過面或有過數面之緣，但因為沒有約會或極少有獨處的機會，彼此多半不瞭解，因此即使已經訂了婚，也少有發生性行為的可能。

更重要的是，在性道德層面上，傳統文化對女性有著極高的要求。這是因為女性在婚前的貞操與婚後的貞節，攸關宗祠的香火延續及遺產繼承。為了確保「安全」，傳統儒家鼓吹男女授受不親的思想，在社交場合多半是兩性隔離。④中國歷史上稱呼最有德性的女子為「烈女」，尤其在宋代開始的新儒家時期，貞操或貞節對女德的重要性顯著地提高。到了元明兩代，婚前的貞操與婚後的貞節幾乎成了界定女德的唯一標準。⑤在那些朝代裡，原則上，女人得為了護衛自己的貞操與貞節而不惜犧牲一切，甚至賠上性命。

一九八〇年代的台灣

新舊制度與中西價值並存

德國社會學家曼翰姆（Karl Mannheim, 1893-1947）強調歷史上的每一個時期都會有專屬那個時期「特有的時代精神」（"spirits of the time"）。⑥從一九五〇到一九八〇年代，在現代化的社會經濟轉型與文化變遷之下，台灣已經成了一個工業化、都市化、教育普及，並與世界多方交流的社會。就在台灣與世界接軌的同時，許多西方思想與價值觀（包括民主、自由、平等、浪漫的愛、自由戀愛、約會文化等等）也經由西方文化的全球化，以及台灣政府對某些西方範例的效法，或台灣人民對許多西方名人偶像的模仿，而在台灣社會傳播開來。

另一方面來說，在政府法令政策、教育及家庭制度等，都貫徹保存傳統中華文化的家庭價值觀念與理想的同時，台灣的人們，尤其是年輕一代的女性，就在這快速社會變遷的過程中，經由受教育、出外工作、離家生活，或者經由大眾傳播、親友、社區種種的管道，而接觸了許多傳統家庭價值觀念以外的價值理想（non-familial ideals）。

整體來說，在一九八〇年代的台灣，所謂的「年輕一代」女性，與那些只比她們早幾年出生的女性，有著非常不同的成長歷程。後者可視為「老一代」的女性，成長於一九六〇年代之前，那時的台灣還沒有進入快速現代化的時期。相對而言，年輕一代的女性則是成長於一個快速變遷的大環境，以及一個中西思想、新舊價值並存的歷史時刻。

一九八〇年代時的台灣，主要的傳統社會制度仍舊存在，尤其是中國傳統的父系家族體系，以及強調孝道、香火延續的價值觀念，和對性道德的男女雙重標準。政府官方只提供已婚婦女避孕措施，合法墮胎則須經丈夫同意。另外，即使父母包辦的媒妁之言婚姻看似減少許多，訂婚與結婚的意義仍舊是指兩個家庭、甚至兩個家族之間的一項「合約」（“contract”），而不單是兩個當事人對彼此的承諾。

雖然婚禮的儀式已加入了一些西方的特色，譬如，開西式轎車（而不是大紅花轎）前來迎娶穿白紗禮服的新娘，但「結婚」的過程仍是比照中國傳統的婚姻習俗禮儀、所謂「六禮」的規矩來進行的。⑦

傳統嫁娶的「六禮」

「六禮」是結婚過程的六個禮法。換句話說，結婚是一個包括六個禮法的「過程」，⑧這個程序可以簡單的描述如下：

第一步，由娶媳的男方家長請託媒人向中意的女方家長提親；

第二步，媒人向女方家長索取家譜及其待出嫁女兒的生辰八字；

第三步，男方把男女雙方的生辰八字向神明或祖先請示吉凶，確定小倆口的生辰八字沒有相沖相剋；

第四步，訂婚，由男方將聘禮、聘金送到女方家，女方也回禮；

第五步，男方挑選黃道吉日，且徵求女方家長同意，而商定好小倆口的結婚大喜之日；

第六步，完婚。在婚禮當天，新郎、媒人與男方的親友到女方家迎娶新娘，這對新人隨後進行拜天地，以及拜兩家祖宗的儀式。

在台灣，「六禮」第四步的訂婚也是一種過程，包括「小訂」和「大訂」。「小訂」是指雙方交換了聘禮，但只告知少數至親。「大訂」是指婚禮日子敲定，並將喜事公開通知兩家較多的親朋好友。男方在小訂之日送給女方一小部分的聘金，大部分的聘金則是在大訂之日交給女方。

到底是小訂還是大訂算作是「正式訂婚」呢？其實都算。台灣人眼中的「正式訂婚」開始於小訂，兩家經由小訂而建立起不只是兩個個人，並且是兩個家族之間所謂的「婚約」。這個約定在本質上幾乎已是牢不可破的。傳統上，除非是因為死亡或在極端的情況下，婚約是不可以輕易取消的。甚至，即使有一方在訂婚之後死亡，婚約仍是可以履行、結婚的整個過程仍是可以完成的。譬如，未亡的未婚妻可以完婚而成為夫家的一個寡婦。未亡的未婚夫則亦可完成所謂的「冥婚」而娶進俗稱的「鬼新娘」。

台灣婦女的「婚前」性行為是發生在婚前嗎？

社會科學研究中，「婚前性行為」的統計數字是根據西方的觀念、用語及研究上的界定。也就是說，發生在結婚典禮之前的性關係都被視為是「婚前性行為」（premarital sex）。在西方社會，「結婚」始於婚禮當天的儀式。而中國人的「結婚」則是包括一系列、涉及兩個家族之間的社會交易（social transaction）。在傳統中國家庭結構及文化影響下，台灣人的結婚是一段包括六個階段的整個**過程**（a process），其中沒有哪一個階段可以正確地翻譯成相當於英文字的marriage（結婚）。當我們說某人「結婚了」（being married），是指這個人已經完成了整個結婚的過程，結婚當天的儀式則是畫下了此過程的句點。因此，在西方社會科學量化研究方法裡（包括本章所引用的調查資料），對所謂的「婚前性行為」的界定，是指凡是發生在婚禮當天之前的性關係。這樣的界定被放到華人的文化脈絡之下時，則應該修正或解釋為「發生在婚姻過程裡最後終點站之前的性關係」（sex before the finalized step or the completion of the marriage process）。

同樣地，華人的各種訂婚儀式和過程（包括小訂、大訂等），在英文裡並沒有等同的概念。英文裡只有一個字engagement，翻譯成中文時，就叫作「訂婚」。「小訂」儀式可說是結婚過程裡的正式的第一站，婚禮儀式則是最後一站。因此，就台灣的人而言，發生在訂婚或是結婚過程裡、但在完婚（婚禮）之前的性關係，其實應該算是發生在「婚姻」的情境裡（a marital context）。

也就是說，這戀愛關係本身已經是以結婚為目的，或者這位女性已經準備好要嫁給她交往的對象。她一則可能已經訂了婚。或者，即使她尚未正式有小訂或大訂的儀式，她已與男友許下承諾私訂終生，並且已經得到雙方家長的支持而有結婚的計畫。這些情況形同這對小倆口幾乎保證一定會結婚，社會科學研究調查裡所謂的「婚前性行為」也就最有可能在此種情境下發生。

一九八六年全島調查研究的發現

一九八六年，我在台灣參與一項由台灣家庭計畫研究所以及美國密西根大學，聯合舉辦對全島五千位育齡婦女所進行的與生育及家庭計畫有關的知識、態度與行為的社會調查。很幸運地，我在以上所提出的論點正可用這項調查的結果加以印證。⑨

兩代婦女擇偶、約會與初次性經驗的變與不變

總體而言，一九八六年台灣調查資料在表1-1中顯示，較晚近時期出生比較早時期出生的婦女，比較可能有婚前自己挑選並與未來先生約會的經驗。譬如，超過六成（六二．六％）出生於一九三六到一九四〇年的婦女，在婚前從來沒有與她們未來的先生約會過。而對出生於一九五六到一九六〇年的婦女而言，卻只有一成（一〇％）從來沒有與她們未來的先生約會過。

此外，較晚時期出生的婦女有著較高的約會自主性。例如，出生於一九三六到一九四〇年的婦女，只有不到一成（七．六％）在與她們未來的先生約會之前未曾尋求父母同意。相對而言，出生於一九五六到一九六〇年的婦女，則有將近三成（二八．一％）並未在約會前先徵得父母對她們約會對象的同意。但是，婚前有挑選對象與約會的自主性，並不表示可以不必得到父母對約會或婚嫁對象的認可，因為仍然有至少六成（六二％）出生於一九五六到一九六〇年的婦女，表示在與未來的先生約會之前，她們是先徵得父母同意的。

其次，正與我在前面所提出的預期相符合，當年輕一代婦女能親身參與擇偶以及擁有約會自主性時，有婚前性關係的經驗也隨之增加。一九八六年的調查樣本顯示，對照於一九三六到一九四〇年出生的婦女（只有七．六％有婚前性經驗），在一九五六到一九六〇年出生的婦女中，將近四成（三八％）有過婚前性經驗。並且從一九五〇到一九八〇年代間，台灣婦女婚前

表 1-1　出生於1936到1960年台灣婦女的擇偶，約會與初次的性經驗

與未來先生約會的自主性	生於 36–40	生於 41–45	生於 46–50	生於 51–55	生於 56–60
婚前沒有約會過	62.6	51.2	35.9	18.7	10
約會前得父母同意	29.8	37.9	50.7	60.8	62
約會前沒有得父母同意	7.6	10.9	13.4	20.5	28
總比例 (%)	100	100	100	100	100
樣本人數	473	588	785	1022	923

訂過婚[a]婦女的初次性經驗[b]	生於 36–40	生於 41–45	生於 46–50	生於 51–55	生於 56–60
初次性經驗的對象不是未來的先生	2.2	0.5	0.8	1.6	1.7
初次性經驗的對象是未來的先生而且是發生在與他訂婚之前	4.4	4.3	5.9	10.3	19.4
初次性經驗的對象是未來的先生而且是發生在與他訂婚之後	2.9	7.9	9.2	12.7	16.9
初次性經驗是發生在婚後	90.5	87.3	84.1	75.4	62
總比例 (%)	100	100	100	100	100
樣本人數	455	557	761	993	897

a. 「訂過婚」是指有過公開訂婚儀式的經驗。
b. 「婚前性行 」是界定為發生在婚禮之前的性行 。

是否有公開訂婚儀式	生於 36–40	生於 41–45	生於 46–50	生於 51–55	生於 56–60
是	91.6	92.4	94.9	95.1	94.6
否	8.4	7.6	5.1	4.9	5.4
總比例 (%)	100	100	100	100	100
樣本人數	479	595	788	1030	931

有過婚前性行婦女初次性經驗的年齡[c]	生於 36–40	生於 41–45	生於 46–50	生於 51–55	生於 56–60
–15	2.9	0	3	0.9	0
16–18	20.6	25.8	10.1	12.7	11.8
19–20	20.6	19.4	30.3	19.8	26.6

（接上頁）

21–22	32.4	30.6	21.2	25.9	29.9
23–25	23.5	24.2	35.4	40.7	31.7
總比例 (%)	100	100	100	100	100
樣本人數	34	62	99	212	304
平均數	21.1	22.4	22	22	21.7
中位數	21	21	22	22	22

[c] 對於有婚前性經驗的婦女而言，「初次性經驗的年齡」是界定為第一次婚前性行 發生的年齡。

初次性經驗的年齡[d]	生於 36–40	生於 41–45	生於 46–50	生於 51–55	生於 56–60
–18	7.8	9.6	9.8	8.4	7.9
19–20	18.5	16.8	16.8	13.4	15.6
21–22	29.4	27.7	22.2	20.9	22.3
23–25	29.2	29.5	29.1	33.5	34.4
26–	15.1	16.5	22.1	23.8	19.8
總比例 (%)	100	100.1	100	100	100
樣本人數	449	553	756	983	885
平均數	22.5	22.6	22.7	23.2	22.8
中位數	22	22	22	23	23

[d] 對於沒有婚前性經驗的婦女而言，「初次性經驗的年齡」是界定為第一次結婚的年齡。

第一次結婚的年齡	生於 36–40	生於 41–45	生於 46–50	生於 51–55	生於 56–60
–18	6.9	9.1	9.4	7.7	7.4
19–20	18.2	16.7	17.6	12.6	12
21–22	28.2	26.7	22.7	20.6	22.7
23–25	30.5	30.2	29.1	34.1	36.4
26–	16.2	17.3	21.2	25	21.5
總比例 (%)	100	100	100	100	100
樣本人數	478	592	788	1030	931
平均數	22.5	22.7	22.9	23.8	23.1
中位數	22	22	23	23	23

性經驗的比例不管發在訂婚前或訂婚後，都逐年增加。這三十年間的增加趨勢意謂著，在當時所謂年輕一代婦女的初次性經驗已經提前了，不僅是提前到婚禮大喜之日之前，還甚至提前到公告諸親友的訂婚宴之前。

不過，一九八六年的調查資料顯示，這些台灣婦女初次性經驗雖然提前，但是並沒有提前太多。因為，幾乎所有婦女婚前初次性關係的對象都是她們未來的先生。在整個樣本中，只有為數極少（一・四％）的婦女初次性經驗的對象不是她們未來的先生，而且婦女初次性關係的對象不是未來配偶的比例並沒有逐年增加。

至於結婚的過程，一九八六年樣本中超過九成的受訪婦女（九三・七％）都有公開的訂婚儀式，並且這個比例大致沒有逐年的變化。有變化的是初次性經驗與初婚的年齡倒是隨著社會變遷而延後。譬如，一九三六到一九四〇年出生的婦女，只有不到五成（四六・六％）的初婚年齡在滿廿三歲以後，在一九五六到一九六〇年出生的婦女，初婚在廿三歲以後的比例則是將近六成（五七・九％）。這兩代婦女初次性經驗的年齡發生在滿廿三歲以後的比例，以及這兩代間的變化趨勢，則與她們的初婚年齡與變化趨勢相符合。

因此，在一九八六年時，年輕一代婦女逐年增加的婚前性行為的比例，並沒有導致這些婦女初次性經驗年紀的提前，反而是初婚和初次性經驗的年齡中位數（median）一起從廿二歲延後到廿三歲。對於有婚前性經驗的婦女來說，她們初次性經驗的年齡中位數則是從廿一歲延後到廿二歲。

所有這些發現（包括絕大多數婦女婚前性行為的對象是她們未來的先生，以及初婚與初次性經驗的年紀均延後），都與我先前所提出的論點吻合。也就是說，對成長於一九五〇到一九八〇年代的台灣婦女而言，即使是有些生於一九五一到一九六〇年婦女曾經發生訂婚前的性關係，這些婚前性行為的本身仍舊是與結婚有關，而不是發生在不以結婚為目的的戀愛關係裡。

父母把關還是有用

一九八六年調查資料顯示，不論個別受訪婦女教育程度高低、是否在婚前有離家、或外出就業的經驗，與未來先生約會過的女性會發生婚前性行為的可能性，要比從未約會過的女性高出許多。約會對男女雙方婚前能相互熟悉、進而發展親密關係，扮演著不可或缺的角色。

另外，在與未來先生有過約會的女性當中，那些並未在約會前得到父母同意的女性，則又比事先得到父母首肯的女性更可能有婚前性行為（不管她們第一次的性行為是發生在訂婚之前或之後）。換句話說，需在約會前得到父母同意的女性，所擁有的約會自主性較低，她們在訂婚前與訂婚後與未來配偶發生性關係的可能性就較小。

訂了婚就可以？

在一九八〇年代時的台灣，大多數年輕男女都有婚前交往約會的機會，等到論及婚嫁、尤其是訂了婚之後，發生性行為的可能性則會大了許多。因為，訂婚是正式進入結婚過程裡的第一站。並且，訂婚以後，發生性關係、甚至懷孕，只會使兩家的合約更為鞏固而牢不可破。

一九八六年的調查資料顯示，訂婚確實對婚前性關係的可能性有著顯著的影響。不管婚前性行為是發生在什麼年紀、不管教育程度的高低，或者不管是否有離家出外工作的經驗，已訂婚就是比未訂婚的婦女較可能發生婚前性行為。並且，訂婚到結婚之間的時間愈長，發生婚前性行為的可能性就愈大。但同時，婚前性行為若導致懷孕，訂婚到結婚的時間則會縮短。

婚姻情境裡的婚前性關係

從一九五〇到一九八〇年代的台灣，有了浪漫的愛、約會與婚前性行為等這些社會變遷。但是，發生在所謂「婚姻的」情境裡（a "marital" context），或以婚姻為前提之下的婚前性關係，在意義上則仍舊合乎中華文化的傳統。

這個傳統中華文化影響下的台灣婦女婚前性行為的模式，意味著有關婚姻與女性貞操的核心價值仍然存在。在一九八〇年代的台灣，年輕一代女性在她們轉變為成年人的歷程中，比上一代的女性享有較多自主的經驗。譬如，受較多的教育、有機會離開父母家自己在外居住、出外工作等。雖然知道自己遠在父母管束的視線之外，她們大多並未趁機享受自由而做出有違傳統價值的事情。她們骨子裡仍然與傳統的核心價值同在。

在快速現代化的初期，價值觀的變化速度遠比不上社會經濟發展的速度，⑩因此，人們往往用既有的舊價值來因應新的社會情況。其他的研究也發現，在一九六〇年代和一九七〇年代的新興工業化的台灣，女性將新的、能夠出外就業的機會，做為一個新的手段，來達成改善家庭經濟的傳統目的，盡孝道是許多年輕女孩外出工作的一個主要動機。⑪未婚成年子女與其父母的原生家庭仍算是同一個經濟單位，父母期待收到子女所賺的薪資。尤其，許多台灣人仍舊認為「女兒終究要嫁人」，「嫁出去的女兒是潑出去的水」，「女兒是賠錢貨」。所以，父母期待或者女兒自己也認為婚前應該盡量把賺來的錢供給家裡，以回報父母的養育之恩。⑫

對出生於一九四六到一九六〇年、成長於一九五〇到一九八〇年代間的台灣女性而言，她們雖擁有因為離家工作而帶給自己的自由、收入帶給自己的獨立自主性，以及從家庭以外的大世界裡接觸到許多新的觀念及價值，她們理當擁有對浪漫愛的憧憬和享有婚前親密性關係的機會。但是，這些核心的傳統家庭價值使得她們並未被花前月下的浪漫沖昏了頭，或是去利用婚姻情境之外的機會而發生性行為。

---

① Cernada et al., 1986
② Rindfuss & Morgan, 1983
③ Thornton et al., 1989
④ Gulik, 1974

⑤ Chiao, 1969

⑥ Mannheim, 1952

⑦ Wolf, 1972; Cohen, 1976; Hu, 1982

⑧ Freedman, 1970

⑨ 一九八六年的這項調查是一項非常嚴謹且質量極高的社會調查研究。經由隨機取樣，並透過受過專業訓練的訪員，對五千位代表全島當時二十到四十九歲、已婚或曾經結過婚的婦女進行面對面的訪談，完訪率高達八六％。我們並使用一種叫作「生涯事件的歷史年曆」（event history calendar）的研究工具，來登錄每一位受訪婦女在轉型到成年人或結婚以前人生階段中，各個主要的人生歷史事件和發生的年歲。譬如：她是在幾歲時受完教育、幾歲時初次離家外出工作、幾歲時初次離家生活、幾歲時第一次與異性約會、幾歲時訂婚、結婚、發生第一次的性經驗、幾歲時懷孕等等。對於高敏感度的問題，例如有關個人初次性行為，以及初次性行為對象的資料，則是由受訪婦女自己填寫完、親手放進一個匿名信封並黏好封口。即使有些受訪婦女或許不願意對這種有違傳統規範，或通常令女性難為情的問題據實填答，但是，我從這個調查中，至少已得到了最起碼或是最低限度的統計數據。也就是說，在這樣本裡有多少受訪婦女有過婚前性經驗的真實數字應該是只會多不會少。

以下我將只陳述本調查研究的主要發現，來印證我對一九八〇年代台灣婦女婚前性行為現象所提出的論點。有關本研究所採用的統計方法和資料分析技術的細節，以及所有呈現統計結果的表格均已省略，對這些方面有興趣的讀者請參見本書英文原著的第一章。

⑩ Ogburn, 1964

⑪ Hu, 1982; Kung, 1983; Greenhalgh, 1985

⑫ Kung, 1983

第 II 部

1990年代的台灣

2

傳統性規範開始鬆動

從第一章得知，一九五〇年代到一九八〇年代在台灣發生的「寧靜性革命」，其實並不是一個真正的革命，因為當時絕大多數台灣女性的婚前性行為，是在雙方已經訂婚，或至少是在論及婚嫁的階段裡發生的。這個模式意味著，浪漫的愛、約會及婚前性行為雖然代表了改變，但是，這種在「與婚姻有關的情境下」（a marital context）所發生的「婚前性行為」，仍然是合乎中華文化傳統的。那麼，台灣在一九九〇年代時的情況又是如何呢？台灣在一九九〇年代經歷了更多的社會經濟發展和文化變遷，處在那個時代的台灣人，是否仍舊受到傳統文化的制約？

台灣自從在一九六〇年代開始了快速的現代化，隨著國民政府在一九八七年廢除了「戒嚴法」，社會、政治、文化各方面更是加速地改變。因為戒嚴的廢除帶來政治上的鬆綁，人們得以公開接觸許多在過去所嚴禁的各種思想，尤其是政治思想。另外，傳播媒體的自由化也因此很快地從全球引進了大量思潮、價值觀與理想。這些屬於社會總體層面的自由化，也自然會影響到台灣年輕人對「性」以及婚姻的想法和行為。

在這多方面都快速改變的過程中，一般社會科學著重對性的行為層面的調查統計研究是不夠的。因為，我們得先瞭解台灣人在主觀上，是如何來解釋這些性規範及有關價值觀念的改變，尤其是探索不同性別、年齡與教育程度的人，對一九九〇年代台灣改變中的性道德規範有什麼不同的看法或解釋。

誠如第一章所提及，婚姻與家庭的規範是傳統中華文化的核心。在這種文化核心裡，對女性所要求的「貞操」觀念（婚前是處女，婚後守貞節），則是性道德的一個重要價值觀念。那麼，在一九九〇年代的台灣，年輕人經驗到哪些因為社會變遷所帶來性規範上的不確定或無所適從？年輕男女兩性如何看待貞操觀？貞操觀對年輕男女的意義為何？在全球、尤其是西方的性價值觀念及行為影響下，中華文化的傳統價值觀是如何過濾、揀選或修正這些外來觀念的衝擊？

也就是說，性規範日趨開放，台灣未婚的年輕人是如何看待、解釋與活出他們內心的性道德規範，及專對女性所要求的婚前貞操觀（即所謂的「處女情結」）呢？相較於台灣其他城市或鄉村的年輕人，台北市的年輕男女是走在台灣日益開放性風氣的前端。因此，本書第二章是透過一九九四年我在台北市對未婚、不同年齡與教育程度的年輕男女，針對我所提出的這些問題所主持的六個焦點團體（focus groups）討論而得到的結果。這些焦點團體參與者的性別、年齡與教育程度特徵分別記載於本章註釋一。①

處女情結：男人都有，但不見得付諸實行

「要娶處女」的觀念依然根深柢固

在我的三個男性焦點團體中，不論成員的年齡或教育程度，都持有傳統的處女情結，並認

為貞操觀念（只）適用於女性。不過，他們也意識到，隨著快速的社會變遷，貞操觀正在消滅。有一位男性成員認為「貞操觀」三個字眼將女性的童貞蒙上了道德的色彩，他寧可用中性的字眼，像是「對婚前性行為的態度」來討論這個議題。

即使男性團體成員認為，在一九九〇年代的台灣，貞操觀念正在不斷減弱，他們仍一致表示：「我希望娶一位處女」。他們口中的女性就只有兩類：「已婚的」，或是「可以結婚的」（「可以娶的」，marriageable）。理想上，可以娶回家的女性最好是處女。

主持人／作者：「在選擇對象時，你覺得女人的貞操對你來說非常重要嗎？」

CL：「如果我事先知道一個女孩子以前有過性關係，已經不是處女，我會對她有所懷疑，很可能就為了這個原因，我不會去追她。」（男：二十歲以上、五專學歷）

LB：「能娶到處女是最理想不過的了！如果我還找得到的話！」（全場的笑聲）（男：台大學生）

這位參與者的說法，還有他的話所引來的笑聲，流露出年輕男子們即使知道傳統的貞操觀正在改變，他們仍舊不放棄對於要娶處女的偏好或執著。

態度和行為不一致的婚前性道德規範

男性團體成員們雖有處女情結，並不表示他們不接受年輕人的婚前性行為。他們覺得，一九九〇年代台灣對婚前性行為的規範和價值似乎變得模糊不清。一方面聽從父母和學校老師教導的「不要亂來！」，另一方面，從來沒有過性關係似乎也有點奇怪。因為這麼多年輕人，包括自己的一些朋友，都有過性經驗，如果自己完全沒有，會覺得好像欠缺什麼，或是怕被別人笑話自己「太正經了！」。

焦點團體男性成員表示，可以接受別人的婚前性行為，但是，他們自己不見得會做同樣的事。他們所顧慮的原因主要是擔心萬一使女方懷孕，是否能負起責任的實際後果，而不是因為道德層面的考量。社會變遷導致年輕人出現態度和行為不一致的狀況，為了實際後果，他們認為在行為上得謹慎小心，但在態度上，他們則認為可以看起來很「酷」（cool）、自由派（liberal）和摩登（modern）。

在上述這些描述和考量背後，大多數的男性成員都持有一個還算清楚的態度。這個態度是，當雙方相愛、論及婚嫁的情況下，婚前性行為、或女方失去貞操都是能夠接受的。這樣的討論讓人聽起來，台灣一九九〇年代年輕人的貞操觀念雖比過去減弱，但是，這其實只是因為當事人在某種特殊情境下「愛過了頭」的結果，而不是代表他們「性隨便」。就像好幾位焦點團體的男性成員都表示，「只要雙方非常相愛，婚前性行為是可以的。」

但是，這個理由並不適用於多數男性成員所提到的另一種「就這樣發生了！」的情況（"just happened"）：即使彼此沒有結婚的打算，「雙方在花前月下，被浪漫的氣氛沖昏了頭，這種『意外』就這樣發生了」。這種所謂的「意外」情況，顯示出這些年輕男性在態度和行為上的另外一個不一致：他們談到別人的婚前性行為時，容忍度較高，他們表示可以理解並接受這種發生在別人身上的「意外」。但是，若是自己的女性對象過去發生過這種昏頭的事件，就不太能接受了。

主持人：「你對年輕人婚前性行為的看法如何？」

YC：「我對婚前性行為的態度是滿保守的，可是，我不認為這是一個道德的問題。我認為這完全是屬於個人選擇的問題。我個人還沒有性經驗，雖然有幾次機會，那種氣氛很浪漫、很特別，這種事很容易發生，但是沒發生。（其他團體成員笑了，說這話的成員看起來有點後悔。）那是因為，在當時我還不確定自己是不是真的愛那個女孩子、想跟她過一輩子！」（男：台大學生）

CL：「事實上，許多人在做了以後才去想將來要不要在一起。因為在當下，就這麼發生了，他們並沒有想這麼多。」（男：年齡十七到十九歲，大學以下教育程度）

這些討論顯示出兩種性態度和性行為之間的不一致。焦點團體男性成員對別人的性行為看成是行為比態度開放，也就是「做而不想」；但說到自己時，則是態度比行為開放，也就是「光說不練」。

變通的貞操觀和娶她以示負責

既堅持貞操觀又對婚前性行為的態度開放，兩者看似相互矛盾，但是這種態度上的不一致可以由男性變通的貞操觀來得到解決。如何變通呢？焦點團體男性成員認為，只要是雙方熱戀、論及婚嫁，則婚前性行為是可以的。並且，自己最好是女友第一個做愛的對象，也就是說，女友將她的「第一次」是給了自己，「她是個處女」。

主持人：「既然你們覺得只要兩人相愛、並且將來想要在一起，就可以有婚前性行為，你還是覺得想要娶一個處女嗎？」

BC：「是啊！她得把她的第一次給我，不能給別的人！」（男：十七到十九歲、高中教育程度）

LC：「如果女孩子把她的第一次給我，我會覺得很幸運！不管那是在婚前還是婚後。」（男：二十歲以上、五專學歷）

因此，大多數焦點團體男性成員仍然覺得男人應該對處女負責，最好是娶她。但，如果對方之前「失身」給別人，就沒有娶她的責任。這種合理化的邏輯值得進一步推敲。即使男方有意娶將第一次給了他的女人，以示負責，在現實中，當事與願違的時候，我們可以想像男方會有罪惡感，並會替女方感到難過。因為：「失去了貞操的女人會很難嫁出去的。」這種罪惡感在各焦點團體的討論中自然地流露出來。男性團體成員對這種罪惡感的共同反應，是用「怪罪被害人」(blaming the victim)的方式來合理化：「既然她知道貞操對女人來說是多麼重要，她當下就應該對自己有所克制、對自己的行為負責。」

男人其實也得接受婚前性規範正在改變的事實，因為，當他們面對愈來愈多的女孩不是處女時，他們得設法原諒非處女(nonvirgins)過去所犯的「錯誤」。所以在一九九〇年代的台灣，社會上興起一種「二度貞操」的觀念：「非處女」可以有「第二次機會」來表現她在性方面的廉潔和忠實。但是，這種對初次貞操的鬆綁，並不代表道德層面寬鬆到人們能夠接受一個女人可以有好幾段這樣的情史(serial monogamy)。

主持人：「如果你發現你的女朋友不是處女，會有什麼感覺？你會怎麼辦？還會願意娶她嗎？」

CL：「嗯，如果我把我自己控制好，她也把她自己控制好，那麼，這是公平沒問題的。可是，如果她不把自己控制好，……不管我有沒有控制好我自己，我會覺得很嫉妒。這大概和佔有慾有關。不過，對這種事，最好我們不要告訴對方……實際上，也不容易判斷對方是不是真的處女！(全體笑！)另一方面來講，她最好是處女，因為我還是不認為做這種事是『正常的』！」(男：台大學生)

HL：「因為現代醫學科技的發達，處女膜可以修補，所以把焦點放在是不是她的『第一次』其實是沒有用的。我們應該關心的是，我們兩個人是不是合得來，這個女孩子將來是不是會對我忠實，也就是所謂的『二度貞操』的觀念。」(男：二十歲以上、五專學歷)

不過，要達到「二度貞操」還是有難度的。誠如其中一位男性成員所說，如果他發現了那段使他女朋友失去貞操的關係，他會嫉妒那個男人，或是生她女朋友的氣，氣她過去為什麼這麼隨便。即使他決定繼續與這個女友交往，還是會懷有責怪女友的心理。

另外，也有些男性成員表達出內心的恐懼。他們害怕有些台灣女孩在性方面變得太開放、不受傳統的性別角色所規範。他們認為男人應該要小心，不要被這樣的女人玩弄，或為了這種女人而失去自己的「童子貞操」（virginity）。

YC：「看起來，現代的女孩子對婚前性行為非常開放，因為這個原因，我不敢隨便去約會，我怕會吃虧！（大家都大笑！）我的意思是，因為我對性抱著嚴肅的態度，如果對方不是這樣，我不就吃虧了嗎？」（男：台大學生）

風險管理的責任

雖然大多數焦點團體男性成員認為男人應該以結婚來對處女負責，但是，有幾位台大的男生用另一種邏輯來看待這份責任：他們不認為貞操和性必須與婚姻相連結。他們認為，只要雙方相愛、同意有性關係，這是屬於個人私人領域的事，不算是不道德或不負責任。這幾位台大男生這種「非道德」（amoral）的思考方式並不表示他們沒有責任感，他們認為，在這種狀況下所謂的「責任」是必須做好避孕措施。

那麼，有這樣責任觀的男性，如何面對在社會上仍然廣受支持的「娶她以示負責」的傳統觀念及做法？他們清楚瞭解，如果男人得到了一個處女的「第一次」，也就是傳統上認為女性最重要的貞操，而不娶她的話，這個男人會被視為無情或始亂終棄。我的焦點團體中的這些台大男學生覺得他們將無法承受這種外界加在自己身上「巨大的責任」，所以，避免之道就是寧可不要有婚前性行為。如果一旦發生，他們所能負起的責任就是，設法把懷孕、性病、流言等等可能產生負面後果的風險減到最低。

女性的多種性價值觀

如同焦點團體的男性成員，我的女性成員也覺得，一九九〇年代快速變遷的台灣欠缺清楚的婚前性規範和價值觀，讓人感到無所適從。即使父母和學校企圖傳達不要有婚前性行為的規則，但是，這條規則已經不再被年輕人視為一個絕對的標準。

同樣地，焦點團體女性成員的討論，也顯示出不一致的性態度和行為。她們往往把別人的經驗說成是：在浪漫的情況裡，超乎理智、還沒有結婚的打算，但是「就這樣發生了！」我所有的焦點團體女性成員都表示，可以接受別人的婚前性行為，因為「看多了，見怪不怪！」但是，當談到她們自己時，不同年齡和教育程度的女性對貞操觀則有不同的解釋。

如前所提到，即使有些男性成員對所謂的「負責任」有另類的界定，所有焦點團體的男性成員仍然非常看重女性的「第一次」。所以，總體而言，社會變遷對台灣男人性價值觀所造成的衝擊，其實並沒有像對台灣女人來得顯著，我們可以從以下女性焦點團體的討論結果看到些端倪。

女性的性價值觀因教育程度而異

在較為年長的二十歲以上的焦點團體女性成員當中，不同教育程度團體有著不同的貞操觀。大學教育程度的女性成員有著最理性、非道德色彩的和自我盤算的態度。她們傾向於不贊同婚前性行為，理由是懷孕的風險大，萬一懷孕後果不堪設想，所付的代價將包括妨礙事業的發展，和非處女折損婚姻的市場價值。但是，如果一個女人評估代價後，仍決定與自己所愛的人發生性關係，那她將不會在乎別人對她的看法。這種不受別人看法左右的能力，可以使一個女人把性活動和婚姻兩者之間的連結打斷，使她能更專心考量這段感情關係真正的風險和好處在那裡。

主持人：「妳怎麼看待婚前性行為？」

FL：「過去女孩子用道德的眼光來看性，現在她們用成本或代價的觀點來衡量情況。如果妳有能力來付這個代價，妳就會去做。如果妳在乎，妳就不會去做，因為代價太大……」

（女：二十歲以上、大學教育程度）

TL：「在我有過性經驗的朋友當中，據我所知，性行為都是發生在花前月下。在那個時刻，她們沒有想到將來要與對方結婚，在事後，她們並沒有後悔，也沒有想一定要和那個人在一起。有的時候，反而是男方對發生的事比較在意，覺得有義務要照顧她。」（女：二十歲以上、大學教育程度）

主持人：「如果妳所愛的男人非常看重貞操，妳會怎麼樣？」

FL：「如果他認為我是不是處女這件事比我這個人還重要的話，我不會認為他是個聰明的人而想嫁給他。我寧願單身也不要和這樣的男人結婚。」（女：二十歲以上、大學教育程度）

焦點團體中未上過大學的女性成員態度則相對比較保守。她們認為婚前性行為是不道德的，女性不應該有婚前性行為。而且，一失足成千古恨，非處女很難找到男人願意娶她，將是家庭和個人的災難。

有些成員描述她們所知道的真實故事裡確有這類的悲慘事件，尤其是告訴我們，持有這種保守態度的女孩，從來也沒有計畫或做好有婚前性行為的準備。當事情發生後，她們對後果手足無措：像是未婚懷孕；即使嫁給對方，經常也得不到家人的支持；而且，與對方的關係似乎一下子顛倒過來，變成「女追男」的情勢，女孩的自尊心從此受到很大的傷害。

WS：「最好是不要有婚前性行為！大多數男人很在乎妳是不是處女。我聽到有另外一種男人，他已經準備好要娶他的女朋友而發生了性關係。但是，在有了性關係之後，他變得不把這個女孩看得這麼重了，決定和她分手。他擔心她或許也會和別的男人也發生這種關係。……在這種事上，通常是女孩子承受社會上的道德壓力，而不是男孩子。所以，我認為，我們最好不要做，除非妳確定這個男人值得信賴、負責任，而且你們將來一定會結婚。」（女：二十歲以上、五專教育程度）

但是話又說回來，這種光是強調女人不應該有婚前性行為就能夠避掉災難的看法是值得商榷的。因為，事情並沒有這麼單純。我的高中學歷焦點團體的女性成員們提到，許多故事裡的女主角都是處在「不可能贏」的情況裡（a no-win situation）。也就是說，如果女孩子拒絕和男友做愛，她的男友也很可能就此離她而去，不再與她交往下去。結果，變成了做也是輸，不做也是輸。

因此，在我的兩個二十歲以上的女性焦點團體中，顯示不同教育程度的女性用著不同的觀點來看待男人的處女情結：受過大學教育的女性是以「風險」（risk）的觀點，高中教育程度的女性則是用「危險」（danger）的觀點來面對貞操觀。

男友 vs. 老公：年輕女孩的不同性價值觀

在十七到十九歲高中和高職教育程度的女性焦點團體成員當中，我們可以看到一種屬於年輕一代的價值變遷。她們融合了浪漫和實際：用浪漫主義來看戀愛關係，以及視婚姻為一種尋求安全保障而做的投資。大多數成員表示，想保留貞操給自己瘋狂愛上的帥哥，這些帥哥即使窮一點也無妨。但是，她們並不想跟這些帥哥結婚，因為英俊的男人容易有外遇。她們心目中理想的丈夫不需要長得特別帥，但是他得有錢又可靠。

CC：「在我高一的時候，我的一個同學告訴我，她要把第一次留給她老公。一年以後，她告訴我，她已經不是處女了。高三時，她告訴我，她需要驗孕。現在，貞操觀真是變得好快！包括我自己，大概有百分之十的班上同學不認為我們應該把第一次留給老公。如果我遇到一個好男生，彼此喜歡，如果他要求，我也想，那麼，我就會把『第一次』給他。我相信男人有性慾，女人也有……我不會想到將來要跟他結婚。」（女：十七到十九歲、高中教育程度）

LG：「我以前住在學校宿舍，我看到有些女孩到男朋友的地方過夜。當我問她們，她們會坦白地告訴我，『我已經給了他了！』起初，我很訝異，因為她們才高一，很難說她們將來會不會和現在的男朋友在一起。可是，她們都不擔心、也不後悔。一個朋友說，這是值得的，因為，是在她最愛他的時候把第一次給了他，她願意這樣為他付出。現在，我也有這樣的態度。我願意和自己非常愛的男生做愛，即使他只是我的男朋友。至於我要找的老公，我不必一定要很愛他，我愛他不會比他愛我多。我或許主要是愛他的錢吧！在我結婚之前，我希望談一場轟轟烈烈的戀愛。然後，婚姻是一輩子的事，我希望我的老公愛我比我愛他多。」（女：十七到十九歲、五專教育程度）

主持人：「妳認為一個理想的老公是什麼樣子？」

HL：「是比較穩重那種的，他不會隨便和別的女人聊天，他不喜歡炫耀自己，他比較會為別人著想，是個好人。可是，他不見得長得帥，因為帥的男人也會被許多其他女人喜歡。老公或男朋友是不一樣的！帥的男人適合當男朋友，我可以拿他向別人炫耀！和醜男生出去太丟臉了吧！妳想，如果我有一個醜男朋友要帶他到公共場合、介紹給大家，我得說他是我哥哥！（每個團體成員都笑了！）可是，如果我老公醜就沒關係，我會向大家說他的人非常好，他有內在美。」（女：十七到十九歲、高職教育程度）

CC：「我在找男朋友的時候不會想太多，只要兩個人高興就好，我不在乎他的學歷比我低、或者是年紀比我小。但是當我找老公，這些因素就變得很重要。」（女：十七到十九歲、高中教育程度）

這些年輕女孩子有沒有想清楚，把貞操給了一個自己不會嫁給他的男人會有什麼後果？從我的這個年齡層女性焦點團體成員的對話中，流露出一種「操之在我」的口氣。那口氣告訴我們：女人不應該在乎別人、尤其是男人怎麼看她，因為雙重標準應該改變，或者已經在變了。我焦點團體中的這些高中女生有個一致的看法：如果她們找不到合適並能夠接受她們不是處女的男人，她們寧可不結婚而去發展自己的事業。並且，這些女孩覺得，那些仍然抱持傳統性態度，認為男人應對處女負責的男人很可笑。

這些年輕女孩認為，中國傳統的性規範太過封閉和壓抑。然而，她們的喜歡開放和「操之在我」還是有個限度，她們並不是要像她們眼中的「美國人」這麼開放。對這些女孩而言，貞操觀或許正在式微，但是追求浪漫的愛情和婚姻的價值並沒有減弱。

雙重標準

前面的討論呈現出我的焦點團體男女成員們對女性貞操的不同看法。這些看法的差異，可以讓我們察覺到其中有雙重標準的問題。所有焦點團體成員都意識到，在貞操觀的雙重標準之下男女的不平等，但是，我的男女成員對雙重標準有著不同的態度和看法。

男性成員傾向於想要以「原諒」女人過去「錯誤」的方式來改善這種不平等的情況，他們的平等觀是指：男女兩方都可以有婚前性行為（只要是彼此相愛或者是論及婚嫁）。

雖然所有焦點團體的女性成員都認為，一九九〇年代台灣大多數的男人仍舊有處女情結，她們對男性的這種雙重標準多半抱持一種「妥協的」態度。也就是說，寧可不要有婚前性行為，她們所給的理由則因其教育程度或年齡而異。大學教育程度的女性成員偏重理性的考量，以避免風險（risks）和付出代價（costs），而高中教育程度女性成員的理由則是基於個人道德層面的考慮和避免危險（danger）。

除了女性成員抱有這樣妥協的態度，她們也認為男人應該「多控制衝動，而少做一些」。並且，二十歲以下的女性成員則提出了一種新的雙重標準：「男人應該在性上變得保守些，而女人應變得開放些。」這些年輕女孩伴隨這種新雙重標準的態度是：女人應該不必在乎男人對她們是否為處女的看法。此態度背後的邏輯是：如果所有女人都不在乎男人的處女情結，男人就不能再在乎了。這種新的雙重標準與我在一九八八年的一項對台灣全島青少年所做的調查研究裡得到的發現一致。②

年輕人眼中性規範變遷的原因

我所有焦點團體成員的討論都清楚地提到，台灣的性道德規範和貞操觀正在改變中，而且男性與女性成員對這個現象有不同的解釋。

有一種解釋是在台大男學生的焦點團體所提出，他們的觀點是以華人和文化為中心。他們認為，改變並不在性規範本身，而是在於能夠公開談論「性」這種題目的程度。在過去，華人有「性」，只是不能公開說而已。或是，有親密的行為，只是不能讓人看到。現在，隨著社會大環境變得開放，人們可以公開談論性。看到年輕人在公眾場合與男女朋友牽手摟腰之類的親密動作，已習以為常，廣為社會所接受。性不再是一個神祕、不能說或丟臉的觀念。所以，性的開放與否本身，是華人文化的一個部分，不需要從西方進口。台灣性規範的變遷只是由於大環境變得開放、人們可以公開談論或接受性的一個結果。

不過，我焦點團體中的女性成員並未持有這種以華人為本位的觀點，這是可以理解的，因為這其實是以華人男性為中心的看法。因為，傳統上對華人男性的性行為比對女性要寬鬆許多。相對而言，我所有的焦點團體女性成員和許多男性成員則抱持著另一種觀點。他們認為社會變得開放是性規範變遷的原因，所謂的「開放」表現在許多社會現象上，譬如：大眾傳播大幅度報導性的新聞和性有關的問題，所以人們不再視性為神祕；街上也看得到販賣性情趣用品的商店，年輕人樂於買些情趣用品當作朋友的生日禮物；避孕器材可以從保險套販賣機取得等等。

持有這種觀點的成員也觀察到，個人自主性愈來愈被大社會所包容和認可，他們認為，社會上性規範愈來愈開放的根本原因：是受到西方浪漫愛、自由和個人主義等理想的影響；而這些西方思潮的影響，主要是透過全球化，尤其是美國的大眾媒體和文化工業而來。

成員們視這種開放觀為不可逆轉的全球趨勢。雖然他們大體上認為開放要比封閉好，但是我的所有男性和女性焦點團體的成員都認為，在台灣，適合的性規範仍舊應基於中華文化，其開放的程度不應該像美國人那樣「隨便」（American "looseness"）。

不管成員們認為性規範變遷的原因為何，他們都意識到台灣媒體對性行為有關的新聞報導對自己所發生的影響。

TC：「近幾年來，你能常在報紙雜誌上讀到年輕人婚前性行為的調查統計數字。譬如，我讀到一個數字，像是二〇%的大學生有過這樣的經驗。每當我看到這樣的數字，我開始有不一樣的感覺。我覺得，我的許多班上同學都一定已經有了性經驗，我好像沒有生活在現實裡。當我看到這種數字變得愈來愈高，我就覺得自己必須有所調整。我在懷疑自己是不是太保守了？我的觀念是不是過時了？我認為這種媒體報導的消息對我們有直接的衝擊，每當我們接觸到，我們就會受到它的影響。」（男：台大學生）

好幾位焦點團體的成員都表達了類似的說法，這種看法可能會成了一種「自我實現的預言」（self-fulfilling prophecies），因為年輕人用性開放的趨勢來合理化個人婚前的性經驗。

對男女兩性、上下代間變化和教育程度對性態度影響的進一步瞭解

從一九九〇年代開始，台灣的本土文化意識逐漸增強，形成全球化和本土化在台灣同步起飛。而且，在政治、經濟、社會和文化各個層面，我們看到的都是一個「全球價值」（globalism）和「在地價值」（localism）並存的大環境。結果，如同我的焦點團體討論中所顯示，在性的道德規範方面，年輕人能夠理性地來比較、評估、選擇和融合適切於自己社會文化背景的價值。他們不想變得太西化，或者變得像美國人一樣。一個有趣的發現是，我的焦點團體男性和女性成員有著不同的揀選混合中西價值的模式。

男人的性態度和價值觀比女人更保守

我在本研究中發現，不管年齡和教育程度，大多數焦點團體男性成員仍持有處女情結，而且他們的性態度和價值觀念都比女性來得保守。快速的社會變遷帶給台北年輕一代女性的影響要比男性大。這也許是由兩個原因所造成的。第一個原因，是男性在中國傳統文化的性規範之下，本來就比女性有較多的自由，所以現代化所帶來的在性這方面的寬鬆尺度對女性的衝擊比較大。第二個原因，是因為現代化所導致的受教育以及外出就業的機會，對台灣女性生活的影響比較大，因為台灣男性一向比女性有較多受教育及出外就業的機會。

不同世代和人生階段影響女人的性價值觀

至於社會變遷對焦點團體女成員性道德規範的影響，本研究發現有兩種可能的影響機制。第一個機制是透過「世代」的影響（generational impact）。也就是說，每個人與他（她）同年、或先後幾年出生、成長於同時期、甚或是同時代的人而言，這些人都受到了同一個歷史時期裡所特有的社會文化脈絡的影響，所以大環境對這同一代的人造成了共同的時代命運、經歷和對某些事物的態度。

如前所提及，我的年輕（十七到十九歲）焦點團體女孩結合了浪漫主義和實用取向，而不把男人的處女情結及把婚前貞操觀看在眼裡。她們這種態度或許是因為她們還沒有真正處於擇偶的人生階段，所以還可以說出任憑自由思考和浪漫想像的看法。然而，如果我們與同樣年紀的女孩在十年前談論這些問題，她們的回答則不會像我這些焦點團體女孩的性態度這麼開放和有這麼強的自主性。

對我的二十歲以上焦點團體女成員而言，貞操觀仍有其重要性或與她自身相關。這或許是因為她們多半已經經歷過這類問題，必須做出遷就現實的決定或付出過代價。雖然她們的年紀才比十七到十九歲的焦點團體女孩大不了幾歲，這一年齡層的女性成員的態度似乎比較接近「上一代」的價值觀念。因此，在社會及文化快速的變化下，往往幾年之內的變化，會讓只有幾歲之差的同一輩人之間的觀念差異，大到像是兩代人之間觀念的差異。

教育程度影響女人的性態度

第二個機制是透過教育的影響。誠如家庭人口學者發現教育對婦女的家庭和生育行為的影響，③本研究結果再次顯示，受過大學教育的焦點團體女性成員在乎未來的事業發展。所以，在決定是否要有婚前性行為之前，她們會理性地計算好處和成本。換句話說，她們已經為自己的決定做好了準備。相對而言，高中教育程度的焦點團體女性成員在道德上最為保守，認為婚前性行為是不道德的，所以，她們在碰上婚前性行為這種「意外」時，則是毫無準備。

性別角色扮演的「腳本」開始鬆動

性別角色的界定以及角色扮演所需的「腳本」（scripts）多由社會化的過程中學習而來。在一九九〇年代快速變遷的台北，性別角色扮演的腳本亦隨著鬆動，兩性之間有時或許也會來個沒有腳本的臨場「即興演出」。

男性的責任：為她的「第一次」負責？

對我的男性焦點團體成員來說，一句話界定了所謂的「責任」：「你要為她的『第一次』負責」。在焦點團體的討論中，有幾位受高等教育的男性們因曾經從別人身上看到這句話的意義和後果，所以，他們視「責任」為將懷孕和得到性病的風險降到最低。避免有婚前性行為，主要是為了躲避別人將傳統式的責任強加在自己身上。因此，如果是在「對」的情況下，而且女方不提責任的問題，那麼他們可能會發生婚前性行為。不過，這些高教育程度男性的這種「另類」責任觀和機會主義，並沒有減低他們想娶處女的願望。

女性的評估：考慮道德還是風險？

我的女性焦點團體成員的觀念則較具多樣性。不到二十歲的女孩，將西方浪漫思想和她們的自主性相結合，或許因為她們還沒有面臨擇偶的情況或決定。二十幾歲的女性成員則把婚前貞操或「第一次」看得比較嚴肅：未受過大學教育的女性較以道德的觀點來考量，而受過大學教育的女性則會傾向以當下的情境來評估是否值得與對方發生婚前性行為。

以上的幾類型男女可以有兩種很「匹配」的情況：高等教育程度的女性，不在乎別人道德的眼光，可配上那些以減低懷孕和性病風險至最低的受高等教育的男性。同樣地，不到二十歲的年輕女孩也可能被這種擅於「風險管理」（risk management）的現代男性所說服而嘗試浪漫的性經驗。隨著社會不斷地改變，我們可以預期這兩種配對方式可能會在年輕人和「聰明人」裡愈來愈多。我將在本書第四章和第五章裡討論，二〇〇〇年代時的台北，受高等教育的男性和女性的婚前性規範有什麼進一步的變化。

對性教育和兩性教育的反思

乖乖牌女孩更需要性教育

如前面所討論，在一九九〇年代的台灣，我的高中學歷女性焦點團體成員表現出一種保守的性態度。但是，那種性態度其實把她們自己放在一個「容易受傷」（vulnerable）的位置。因為，她們認為婚前性行為是一件道德上的錯事，而從來不預備去做這種事。一旦發生「意外」，她們只有悔恨自己犯錯的份。因為沒有準備避孕措施而不幸懷孕的話，她們認為唯一的解決之道就是嫁給那個人。

從公共政策的觀點來看，這些女孩其實是處於一個最不利的位置，她們應該是政府性教育、性知識、安全性行為和避孕宣導的重要對象。可是，這群有著保守觀念、通常循規蹈矩的女孩們，往往最容易被父母、師長和公共衛生教育者所忽視。因為，她們這麼「乖」，社會的注意力和資源自然集中在比較惹人注意的那些行為開放、積極與異性交往的年輕人身上。其實公共政策及執行單位應該瞭解，這種持有開放態度和行為的年輕人，往往是知道後果、有備而來。政策上的焦點反而應該針對那些規矩、不惹人注意、卻處於不利位置的未受高等教育的年輕女孩身上。

是誰的責任？

根據我的男性焦點團體成員的討論，大多數台灣年輕男性認為只需對女朋友的「第一次」負責，而且是以娶她來負責。從這一點來看，女性的婚前貞操或是處女的身分才是男性最看重的價值所在，而不是雙方的關係本身。另一方面，如果男方無法以娶對方來負責，他們可能會將所謂的「責任」拋回給女方，怪罪她們當時沒有管好自己的貞操。

在這樣快速變化的環境裡，傳統性教育的內容對時下年輕人而言是不夠的。既然本研究發現台北年輕男女的性道德觀和態度有所不同，而且女性的處女地位和婚前貞操仍然受到多數人重視，我們應該對性的意義再加審視，也需要重新界定男女雙方在兩性關係裡的責任。

傳統的責任觀建立在男人或女人在未婚懷孕的情況下所應該擔負的責任：認定這個男人是否能像樣的負起娶她的責任，或者這個女孩是否德性良好、正經、不隨便和男友上床。而一個創新的責任觀應該是建立在男女關係的本身，著重在感情關係的質量（quality）和雙方對關係發展的共同責任（joint responsibility）。

經由雙方對話協商來重新界定兩性關係

其實，整個社會都應對如何達到良性的、和諧的男女兩性關係有一種新的共識，要鼓勵男女兩性經由雙方對話、共同討論來重新探討和界定什麼是關係、愛、性和婚姻的意義。社會上對這種兩性關係意義重新的界定，正是一種年輕人再學習和再界定的過程。在這新界定的兩性規範下，年輕男女的風險和危險可以降到最低，兩性關係的平等理想也就不遠了。

女性的貞操觀並不是一種來自傳統文化而將來注定會消失的價值觀念。我們其實可以把貞操觀當作一個男女協商的基礎，來尋求一種不同形式和意義的親密和有承諾的兩性關係。這種重新界定意義下的兩性關係帶有西方的浪漫愛色彩和個人的自主性，但是，它也篩選掉西方個人主義下，太過自我中心的行為或關係形式，像是性關係混亂（promiscuity），或是為了離婚找盡藉口。

本研究並且發現，台灣是由女性而非男性帶動貞操觀的改變，這是因為台灣現代化所帶來新的工作和受教育的機會對女性的影響比較大。至於本研究中的這些年輕女孩，在新舊價值觀並存一九九〇年代的台灣，她們所接觸到大眾媒體所呈現出來，關於如何做一個現代新女性的主要訊息是什麼？這將是本書第三章的主題。

---

① 團體一：八位男性，年齡十七到十九歲，高中或高職教育程度。
團體二：八位女性，年齡十七到十九歲，高中或高職教育程度。
團體三：八位男性，年齡滿二十歲以上（包含二十歲），五專或大學教育程度。
團體四：八位女性，年齡滿二十歲以上（包含二十歲），五專或大學教育程度。
團體五：十位男性，年齡滿二十歲以上（包含二十歲），國立台灣大學的大四或研究所學生（簡稱「台大學生」）。
團體六：十位女性，年齡滿二十歲以上（包含二十歲），國立台灣大學的大四或研究所學生（簡稱「台大學生」）。

② Chang et al., 1997

③ Caldwell, 1982

3

如何打造台灣現代新女性

一九九八年九月二十四日，台北，理當秋高氣爽，倒像炎炎夏日，我來到位於台北東區的一座大廈赴約，專訪台灣版《柯夢波丹》（*Cosmopolitan*）的編輯部。才坐下幾分鐘，一位看似二十八、九歲，有著大都會專業穿著、端莊入時的小姐微笑走來，遞給我名片。原來是副總編輯，她輕聲抱歉總編輯出差，由她來代表受訪。未婚的她，表示非常享受這份已經做了三年半的工作。

我請她聊好幾方面的問題，包括：從創刊以來，台灣版《柯夢波丹》的發行人和總編輯是如何決定該雜誌的內容？他們將雜誌定位針對什麼樣的讀者群？編輯和讀者群之間的關係為何？在這個年代，台灣讀者的口味對編輯的方針有什麼影響？我們相談甚歡，不自覺地聊了兩個小時，她其中的一句話令我印象深刻：「在編輯的過程中，我覺察到讀者的口味已經變成了我們編輯的口味！」她也解釋這就是為什麼從一九九二到一九九七年間，為了因應讀者的要求，由本地作者撰寫文章的比例逐年增加。

本章是把一九九二到一九九七年台灣版的《柯夢波丹》雜誌當作一個窗口。從這個窗口，可以看到一九九〇年代台灣所謂「現代女性」（"modern woman"）的形象是什麼。本章也把那段時期的《柯夢波丹》當成一個競技場（an arena）。在此競技場上，中西兩種社會系統和文化價值或許鏗鏘撞擊，但它們在某些層面也可能相互楔合（intermesh）。因為，華人可以用西方的科技為手段，來達成符合中華文化價值的目的。

女性雜誌裡所呈現的價值觀及其對女性的影響

過去許多西方研究採用女性主義的觀點，來解讀西方女性雜誌和「指點人生迷津的書」（advice book）。這些研究主要是探索這些大眾文化雜誌書刊裡，所提及的諸多婦女問題、對女性讀者提供的解決之道，其中所隱含或流露的價值觀念，以及這些價值觀念對女性帶來的影響等等。

譬如，有的研究發現女性雜誌中所宣揚標榜的女性化特質（the "cult of femininity"），其實卻是增強或複製了女性在父權之下受壓抑的處境。①有些學者強調女性「自助」（self help）的重點，應是發展自己而不是聚焦在幫助他人。②另外，有些學者們也批判這種教人自助的書刊文獻所提供的解答，只是給了女性們一個錯覺，讓她們以為可以靠自己單獨來解決這些其實是因為社會文化而產生的整體結構性問題。③

近年來，學術界對非西方文化背景裡女性雜誌的研究大致有兩類主題。第一類如同上述西方的研究一樣，是用女性主義的觀點，來看非西方的女性大眾讀物，是否也在複製父權社會的價值和做法。④第二類則是用暢銷的西方女性雜誌在非西方社會發行的版本（譬如《柯夢波丹》的土耳其版），來探討「在地的」（local）的價值和西方的價值是如何相遇、接觸和衝突。

這一類的研究起初也是出於對女性議題的關心，尤其是一些非西方社會女性，在現代化和全球化的快速社會變遷下，她們在家庭、婚姻及工作各方面所面臨的問題和產生的焦慮，都可能使她們需要新的角色模範（role models）和指點（advice）。結果在地版的全球／西方女性雜誌則成了有助於滿足當地女性需求的一種「文化混合」產品（cultural hybrids）。[5]

台灣版《柯夢波丹》的崛起

本章將從分析一九九〇年代台灣版的《柯夢波丹》雜誌，來瞭解這本流行雜誌如何將全球／西方價值和台灣在地價值，編織成一幅如何做一位現代新女性的織錦畫。畫中的智慧和忠告是源自當地、也超越當地，而為台灣現代女性生活上所面對的多種角色衝突和壓力提出解決之道，或指點迷津。

為了瞭解這本雜誌是如何將「全球主義」（globalism）和「在地主義」（localism）和諧的組合起來打造出台灣一九九〇年代的「現代新女性」（modern womanhood），本研究特別檢視台灣版的《柯夢波丹》主要關切的女性議題有哪些？雜誌主編是用哪些中西個別文化的價值或資源來處理台灣婦女的某類問題？本章以台灣版《柯夢波丹》雜誌做為一個研究的案例，可以顯示當代的台灣女性在身為華人和保持華人特性的同時（remaining "Chinese"），如何也「建構」（construct）出所謂「現代的」（"modern"）女性。這個案例也證明這樣的建構，能夠讓中西文化達到一種成功的「和諧組合」（harmonious combination）的境界，而不是像著名西方學者杭亭頓（Samuel Huntington）（1996）書中所稱的「文明間的衝突」（the clash of civilizations）。

《柯夢波丹》是一本全球暢銷的女性雜誌，其製作形式涵蓋「中央」和「地方」。各個地方的姊妹版可以向該雜誌位於紐約的「中央銀行」總部借文章來翻譯。同時，姊妹版也包括了本地作者的文章。由於，每一個地方或區域都有關於現代女性的問題，每一個《柯夢波丹》的姊妹版，則整合了全球和在地文化價值，製作出屬於自己獨特的雜誌內容，來打造當地的現代新女性。

台灣版的《柯夢波丹》創始於一九九二年一月。它的內容不只是刊載時髦的服飾彩妝，更基本的，是對一九九〇年代的台灣現代婦女提供如何界定自我的觀念。所以，導致台灣版《柯夢波丹》銷售成績亮眼的原因，不僅是這本雜誌象徵著時髦、現代和西方，另一個重要的因素是，它同時也是建基於台灣當代和在地問題上的一種大眾文化。它在一九九〇年代台灣流行的程度，可用銷售量的增加為指標：它的銷售數字到從一九九二年的二十三萬本，在短短的五年間，也就是到一九九七年我在收集本研究材料時，已增加到了一年銷售三十八萬本。相較之下，台灣本土最早發行而多年來頗受歡迎的《婦女雜誌》卻在同一時期停刊了。

台灣版的《柯夢波丹》有兩大特色：一是厚重，二是內容非常豐富。它每月出版一期，一本至少有二七〇頁，售價約十塊美金，比在美國或澳洲的售價還貴。雖然貴，但台灣版《柯夢波丹》是一九九〇年代全球出版《柯夢波丹》的各個國家或地區中，銷售比較成功的版本。並且，真正閱讀這本雜誌的人數一定比我們所知道的銷售數字更大。因為許多人是從朋友、鄰居那裡，或在髮廊、診所、圖書館中借閱。這些暢銷指標顯示出，一九九〇年代，許多台灣女性對於如何將自己打造成一個現代新女性感到興趣，而且能夠去接觸台灣版《柯夢波丹》裡所呈現的現代女性的形象和價值觀念。

本研究從一九九二到一九九七年，總共七十二期的台灣版《柯夢波丹》裡，每年隨機抽取一期來做為我研究的樣本。其中，共有八十七篇文章被選來做為我「民族誌的內容分析」（ethnographic content analysis）的材料。這些文章不包括雜誌中的猜謎、測驗、星座算命、保健、美容祕訣、食譜、旅遊或電影推薦等訊息。因為這一類內容大多為從美國版《柯夢波丹》直接翻譯過來，未含有「文化辯論」（a cultural debate）的內容。所以，我在本研究只分析這八十七篇涉及社會議題或討論文化價值的文章，來探討一九九〇年代台灣現代女性所關注的主要問題，和台灣版《柯夢波丹》如何從中西各個文化資源裡，找尋那些問題的答案或因應策略。

把台灣版的《柯夢波丹》當作一個窗口（*Cosmo* as a Window）

在本書第一章和第二章中曾提到，台灣的快速社會變遷，帶給女性生活的影響比男性大。研究也發現，教育和都市化帶給女性的家庭價值觀，以及對離婚態度的改變比對男性的影響來得大。⑥在台灣現代化的過程裡，仍舊深植人心的傳統性別角色，⑦使得做為或想要成為所謂「現代女性」的台灣婦女，經歷到許多在戀愛、婚姻、家庭、職場和現代生活情境裡，諸多角色衝突和困惑。這些婦女需要指點、或從別的女人成功的故事裡學習，以那些女性做為效法的楷模，或者至少有現代女性的形象（images）來做為自己模仿的標準。⑧所以，台灣版《柯夢波丹》中談論現代女性主要議題的文章，和對成功女性的訪談，像是給台灣女性提供了一個窗口。從這個窗口，年輕女性們可以看到屬於一九九〇年代，台灣現代新女性的一個清楚的形象，和如何做一個現代女性的許多示範。從這些成功的示範裡，讀者則看到了現代女性有哪些主要的生活領域、可能有的衝突，以及解決衝突的辦法。

一個台灣現代女性的形象

一般而言，不管談論的議題為何，《柯夢波丹》雜誌都呈現出一個「現代女性」的形象。本研究從台灣版《柯夢波丹》的廣告、名女人的親身故事和對成功女性的訪談中，來審視現代女性的形象。我的研究發現，一九九〇年代台灣的現代女性崇尚的形象，是帶著西式的穿著、化妝和打扮，過著自主性的生活。而她的自主性來自於：有自己的專業、自由派的兩性關係、健康的飲食、運動、旅遊、住處的裝潢現代，以及更重要的是，她能「掌控」自己的生活（being in charge）。這個形象與全球《柯夢波丹》的全球焦點和廣告行銷的訴求是一致的。

但是，如果我們看得更深入些，會發現這個一九九〇年代台灣現代新女性的形象，其實涵蓋了內外兩層：外層是她的身體和物質層面，內層是她的精神層面。我們就從雜誌光鮮耀眼的廣告明星身上，已經直接看到了這些外層、西式、現代形象的特質。雖然一九九〇年代末期，台灣的模特兒和東方式家具在台灣版的廣告中出現的比例愈來愈多，可是總體來看，台灣現代女性的外在形象和她們所擁有物質上的東西基本上都是傾向於西式的（Western），而一九九〇年代台灣版《柯夢波丹》所刊登當代華人社會中名女人的故事，以及與台灣成功女性訪談的文章裡，則流露了台灣現代新女性的精神形象。

在我的研究樣本中，有十一位名女人，其中二位居大眾傳播界要職、三位是名演員、一位是小提琴家、五位是公商業界的經理。這些成功的女性被描述成：努力工作、對社會有正義感、有自信和追求更高的學歷。趙鈺，《中國郵報》顧問，被描述成「蘊含傳統的新時代女經營人」。⑨這些成功的女性中，有的人對浪漫愛的觀點是既傳統又理想化。譬如，一位香港的名女作家張小嫻認為：「我相信天長地久的愛情是存在的，問題在於你能否找得到。」⑩黎姿，一位香港女演員表示，只要時機到了，她願意「放下一切，縱身悠游愛情海」。⑪這些名女人對浪漫愛情的看法，也將讀者從外在形象的考量，帶入內在精神層次的反思。

有一篇文章報導了對四位成功的台灣女性所做的訪談，主題是如何成為一個有吸引力的現代女性。受訪者包括演員高怡平、李玟和蕭艾，以及電視台主播兼製作人張雅琴。這些受訪者都對讀者提出她們的看法，認為在一九九〇年代的台灣，一個成功又具魅力的台灣現代女性應該是什麼樣子。⑫這四位女性都堅持：外貌的美麗並不是決定一個女人吸引力的最重要因素。她們所強調的是女性的精神層次，而這個層次也分為內外好幾層。最外面的精神層次是關於一個現代女性應該以何種態度，來面對外面的世界和身兼多種角色下的衝突。她需要全力以赴和持之以恆（蕭、高、李、張的看法），在這過程中，她會找機會自我反省和調整（張）。這些特質、自我實現、不斷的進步，使她能積極生活和享受生命（李、蕭、張）。

在女性精神層次最外層、面對世界的態度之下的次一層，則是關於她的個性。她的個性最好要有彈性、對人友善，才能潤滑人際間的互動（高、李、蕭）。這種容易令人親近的個性，也會讓人覺得她是誠懇的。這種友善而誠懇的互動能力，可以使一個女人顯得親切、自然不做作、有安全感，和有自信（高、蕭、李、張）。不過，這種能力不是天生的，而是透過內在的充實和智慧的累積（高、蕭、李、張）。所以，現代女性的個性是外柔內剛、堅強但不過份嚴格僵化。

以上這些個性觸及了更內一層的、關於倫理道德的一致性，因此，這四位受訪的成功女性進一步也將台灣現代的女性道德化。她們所認為的倫理道德包括：避免算計他人（或者以別人當作手段而非目的本身），強調負責任（蕭）。這樣的女人會有好的德性、風格和名聲（張、高）。

最後，在倫理的層次之下，則是台灣現代女性最內在的核心，也就是她的精神層次的美。所有四位受訪者都提到內在美的觀念和生活經驗豐富的重要性。她們強調，我們可以從每一個經驗當中得到學習和成長，不斷地學習才能深化女性對生命的瞭解、增進她的內在美。

總括來說，一九九〇年代台灣現代女性形象的硬體或是身體、物質的層面被描繪成是西式的，而軟體或是精神層面則被強調成是中式的，包括：努力、重視教育、有正義感、重倫理、誠懇、從自我反省中改善自己、外柔內剛的個性，並且，最重要的是有內在美。因此，這硬體和軟體的兩面正反映著，全球主義和在地主義是如何相互打造台灣的現代女性。就像一九九〇年代台灣版的《柯夢波丹》所描述的：西式的打扮和時髦現代的用品是台灣現代女性所嚮往的，但是，她們的核心價值觀和內在美則得是華人式的。

關注台灣現代女性的議題和中西文化資產

在本節中，我們將從台灣版《柯夢波丹》的這個窗口，看到哪些是有關於一九九〇年代台灣現代新女性所面對的問題，以及可能的解決策略。本節將對我的研究樣本，也就是前面所提及的八十七篇台灣版《柯夢波丹》雜誌裡的文章，來做「民族誌的內容分析」（ethnographic content analysis）。而我探索的重心是：在這些文章裡，哪些議題是採自於全球／美國版的《柯夢波丹》？哪些議題是源自於台灣本地作者對台灣現代女性的關注？哪些解決策略是來自於全球／西方的價值？哪些又是奠基於本土價值或中華文化的傳統？

表3-1摘要出與台灣現代女性生涯歷程轉變有關的一系列重要的事件和問題。表裡所列議題順序，是我根據「生涯發展」的觀點（a life-course trajectory），從年輕女性的自我界定、認同和性別角色這些個人層次的議題開始，接著是戀人關係（relationships）、愛情、性（sex）和婚姻等人

際層次的議題，最後則是涉及職場、工作和金錢之類比較廣泛的議題。和「關係」與「性」有關的文章，則進一步分為「常態規範」（normative and "normal"）和非常態規範下、甚至是一種「犯了規」（transgressive）的關係和性。

所有的議題都涉及女性能否，以及如何能夠「自我掌控」（being in control）這些主要的生活領域。在「關係」的這個主題下，討論的議題含括日常多數人所必經的事件和過程（例如：如何分手或結束一段感情），到某些違反傳統規範的情況（例如：一個女性同時擁有幾個情人）。但是，不論是面對哪種關係或情況，文章的內容和語氣都顯露出女性能夠自我掌控的形象，而不是躊躇、猶豫不決，或是不懂得做最壞的打算和最好的準備。

相對於一九九〇年代香港版的《柯夢波丹》雜誌裡，沒有任何關於「性」的文章，台灣版的《柯夢波丹》每一期都談到「性」。這些「性」的議題也是從日常的話題（例如：性的重要性），到某些非傳統的題目（例如：男女變裝）。我的研究樣本中，六三％是有關「性」和「關係」的文章，三〇％則是關於生涯發展的話題，例如：自我認同、性別角色、婚姻、工作和投資理財。這些話題的文章主要著重在討論成功的策略，有時也提及女性主義意識形態上的問題，譬如，女性是否能在「關係」和婚姻裡仍舊保有自我和自主性。研究樣本裡，另有少數文章則是有關旅遊或是探討人生幸福快樂之類一般性的話題。

《柯夢波丹》在紐約有一個文章總庫，各國或區域性的地方版本都可以從紐約總庫裡選取文章。台灣版的《柯夢波丹》顯示出一種獨特的「全球／西方」和「在地」（或本地）文化的

表3-1　台灣現代女性關注的議題和中西文化資產：
台灣版《柯夢波丹》，1992到1997年的研究樣本（共6期）

主題	關注的議題	相關文章篇數	文章採自於全球／美國版的篇數	文章採自於全球／美國版的比例（%）
自我	一個女性自我的存在	1	0	0
	自主性	1	0	0
	美麗和自信	1	0	0
	瞭解自我和生活裡的問題	1	0	0
	女人在兩性關係裡的自我	1	1	100
	女人在婚姻裡的自我	1	0	0
	小計	6	1	17
性別角色	男女兩性如何不同	1	1	100
	對傳統性別角色的批判	2	0	0
	女性主義者對男人的威脅性	2	0	0
	關於男人	3	2	67
	女性的角色模範	1	0	0
	小計	9	3	33
「常態下」的男女戀愛關係	擇偶和現代約會	7	1	14
	如何創造浪漫愛	4	4	100
	當男人不給承諾時	2	1	50
	與對方分手	6	5	83
	小計	19	10	53
「非常態」情境裡的男女戀愛關係	三角戀	9	2	22
	假日戀情	2	0	0
	女人同時有幾個情人	2	1	50
	其他	2	2	100
	小計	15	5	33

（接上頁）

主題	關注的議題	相關文章篇數	文章採自於全球／美國版的篇數	文章採自於全球／美國版的比例（%）
「常態下」的性	性的重要性	2	2	100
	性技巧	8	6	75
	性知識	5	1	20
	性道德Sexual mores	1	1	100
	小計	16	10	63
「非常態」情境裡的性	性交易	2	1	50
	性騷擾	2	0	0
	男女換裝（男穿女裝或女穿男裝）	1	1	100
	小計	3	1	57
婚姻、工作和金錢	婚姻的意義	3	1	33
	如何面試成功	1	1	100
	如何加薪成功	1	0	0
	做個成功的女經理	1	1	100
	事業規劃	1	0	0
	把公關當一份新事業	1	1	100
	在職場犯錯	1	0	0
	投資	2	0	0
	小計	8	3	38
生活上其他主題	把生命發揮到極致	1	1	100
	同理心帶給我們快樂	1	1	100
	自我防禦、保險、旅遊等等	4	2	50
	小計	6	4	66
總合計數TOTAL		87	40	46
1992年合計[1]		9	7	78
1997年合計		15	6	40

[1] 台灣版的《柯夢波丹》創始於一九九二年一月。

混合。雜誌中包含了三種內容來源：第一種是翻譯全球版紐約總庫的文章，第二種是由台灣當地作家所寫的文章，第三種是用全球版文章的框架但換上本地的人事時物改寫而成。由於第三種文章在本質上仍屬進口性質，所以，本研究將台灣版《柯夢波丹》的文章或文化資產來源二分為：「全球」及「本地」兩類。我的整個研究樣本裡，本地作家所寫文章的比例（五三％）略高於來自翻譯紐約總庫文章的比例（四六％）。逐年來看，仰賴總庫翻譯來的「全球／西方」文章的比例，則從一九九二年的七八％逐年遞減到一九九七年的四〇％。為求簡潔，本文以下將「全球／西方」、「全球」和「西方」三個詞交換互用。

下一個問題是，台灣版《柯夢波丹》文章的主題，和文章的來源兩者間是否有所關連？表3-1顯示，五七％與「性」和四七％與「關係」有關的文章是來自翻譯進口的文章。有關工作的文章本土與進口各佔一半。另外，有關自我、性別角色和婚姻的主題，則多半是由台灣作家所寫的文章。討論「性」和「關係」的主題得大量翻譯西方的文章乃是預料之中，因為西方女性雜誌吸引台灣讀者的原因之一，是對這類議題的開放態度。有關「性」的問題在華人社會裡還是有些禁忌，大家不好意思公開談論。

以下這一封由一位台北的年輕女性寫給《柯夢波丹》編輯的信，可以流露出台灣年輕女性對這類敏感的題目，是需要更多的資訊和指點迷津的：

親愛的編者：

對於貴刊不遺餘力深入報導兩性生活的種種，我和我的朋友們都十分感激。我們姊妹淘的疑難雜症，只有柯夢波丹誠實地面對女人的需要，提供了我們處理兩性關係的各種智慧。大部分的男人並不知道，能讓他們在床笫之間其樂無窮的做法，對女人其實不一定管用。而有些女人對伴侶公式化的做愛方式照單全收，斷送了自己快樂的權利。我並不是性解放的狂熱份子，但是我支持女人有追求性愛滿足的權利。有了柯夢波丹，我相信像我這樣的女人會愈來愈多。（《柯夢波丹》國際中文版六十八期，一九九六年，第三十四頁）

問題，文化資產，和給台灣現代女性的策略

台灣版《柯夢波丹》文章的主題，顯示出讓台灣女性憂心的主要問題。討論這些主題的文章，可能來自於全球／美國總庫或是台灣本土作家。以下我將分析和比較台灣版《柯夢波丹》，是如何引用全球／西方和本地的文化資產，來提供婦女們因應挑戰的智慧和解決問題的實用策略。

自我：女人的自我完成

研究樣本裡的八十七篇文章中，有六篇是關於認同或「自我」的本質（the nature of identity or the "self"）。而這六篇中只有一篇是翻譯自西方的文章，這篇文章的重點和主旨，與另外五篇台灣本土作家所寫關於自我主題的文章截然不同。這篇西方的文章主張，女性的享受和愉悅得來自她的自主性，因為，光為了取悅男伴而活的女人，到頭來注定是不會快樂的。這篇魚與熊掌難題的作者宣告，當她一旦不必遷就他人而壓抑自己，尤其假裝喜歡吃她前男友希望她吃的健康蔬果，而能大快朵頤自己愛吃的東西，她感到快樂多了。⑬

至於那五篇台灣本土作家所寫關於自我和自我認同的文章，則涉及了較廣、較複雜和多樣性的言論。有些文章提到但卻不認同西方女性主義的觀點。例如，在一篇柯夢波丹編輯所寫的〈活得怡然自在〉的文章中，就提出了這個論點：

> 對大部分的女性而言，擁有一份真摯的情感和安定的工作，以及平安喜樂地過一生仍是她們平生最大的心願。這樣的結果或許不能符合激進派女性主義者的期望，然而只要活得怡然自在，這又何妨呢?!（《柯夢波丹》國際中文版四十二期，一九九四年，第十頁）⑭

在另一篇題目名稱為〈女人的完成〉的本土作家文章裡，作者勾畫出文章中的女主角在大學和職場裡所經歷的幾段關係（包括性關係），以及一場在年輕時期的短暫婚姻。這個主角感嘆到：「當她賺到婚姻又終於失去婚姻時，她才知道做一個獨立的女人有多麼不易，因為她總也擺脫不了在性愛中期待婚姻的習慣」。⑮當她生活中沒有男人的時候，覺得少了些什麼而讓「自我」得不到完成。

多數本土作者寫的關於自我的文章，似乎總是離不開性別角色的議題。好幾篇文章都談到社會變遷對台灣兩性關係的影響，並且提供新的原則來指導現代女性。一位作者認為，不管在現代的求偶過程中是男追女還是女追男，真正重要的是：「二十世紀正接近尾聲，性別差異也不再構成主動或被動的障礙，新世界的主旋律是『健康、自然與真實』，關鍵在於我們如何做到『自己就是自己的主人』」。⑯

另一篇文章〈自信的女人才美〉，作者對自我和自主性這個主題做了更進一步的強調：「……事實上，無法散發自信，對自己充滿不確定感的女人，又如何能引人注意？……自信在面對衝突時便化為勇氣……」這位作者認為對男人逆來順受已經不再是一種女德。⑰自信與自主性都得奠基於自我瞭解，那麼如何來瞭解自我呢？有一位作者忠告讀者：「柯夢波丹可以幫助女性發展成為一個成功的流行者……不僅是教女性如何妝扮，而且提醒女性各種資訊和機會來探索和瞭解她的自我……柯夢波丹便是一本幫助你認識自我的雜誌」。⑱

男女戀愛關係：真實、和諧和成長

在以上探討台灣版《柯夢波丹》文章，如何對台灣傳統的性別角色有所質疑和重新界定之後，本節接下來探索的問題是：當「自我」進入了男女戀愛關係後，文章中所強調的這種男女關係的本質什麼？並且，這種關係裡的「男女兩性之間的政治權術」（gender politics）又是什麼？

我的研究樣本裡有三十四篇文章討論這個主題（顯然這是樣本中引起最多文章討論的一個主題）。多數討論「關係」的文章關心台灣女性如何成功的開始、歷經，以及結束一段「常態下」的浪漫關係（"normative" relationships）。其他少數文章則是解釋三角戀愛、一個女性同時有幾個情人、或「假日戀情」（"holiday love"）這些「非常態」情境裡（non-normative contexts）情人關係的意義，和如何處理這類關係的後果。

◎關係裡個人的自主性

我樣本中討論「關係」的西方文章，多半傾向個人主義的立場和強調自主性。認為女性是一個自主的個體，應當忠於自己的感覺（feelings），而不是關注在他人的意見。不管她的這份浪漫愛情是不是有基礎，或是加入理性的考量，最終的原則還是在於誠實面對自己和忠於自己（true to yourself）的這個原則。所有《柯夢波丹》的西方文章在討論戀愛關係的各個層面時，幾乎都強調：女性的唯一資源就是對自己誠實（對自己的感受誠實），和懂得技巧（學會如何得到男人的技巧）。

◎戀愛術

在談到如何才算彼此「相配」，一篇翻譯的文章〈小男人當紅〉告訴讀者，不必在乎別人的看法。所有關於如何點燃一段浪漫愛的討論，都是翻譯來自紐約總部的文章。這些西方的作者把兩人看對眼而墜入愛河當作是一個技術性的課題，教讀者一步步該如何做而能具備這方面的能力。譬如，有篇文章就在討論如何在第一次約會就得到他（how to get your man on first date）。⑲

這些西方文章對浪漫愛似乎有著相互矛盾的觀點。它們一方面將浪漫愛描述為非理性的一種化學效應，像是生命裡被注射了謎樣感覺的一針，或是中了丘比特射出的一箭，導致昏頭轉向，墜入情網。然而，在另一方面，浪漫愛也被指為兩性之間的政治權術，女性得頭腦清醒、步步為營。西方作者忠告女性：在初次約會結束時，最好表現出自己的獨立性自己回家，這是展開平等關係的第一步。如果在第一次約會時男人就想和約會的對象上床，這是一個警訊，表示這是個不值得信賴的男人。⑳

◎分手後向前看

樣本中共有五篇西方文章是討論分手的話題，而這些文章也是用兩性間政治權術的觀點來忠告讀者。作者們認為，當一個關係損及自我認同或是扭曲到自我時，就是該結束這段關係的時候了。他們並沒有提到關係是可以重建或者改造，所強調的則是如何維護女方的自尊，或是女方得重新拾回在關係中失落的自我，結束這段關係是為了自我「存活」（survival）。其中，有一個建議是，分手時得直截了當，不要光是為了顧及或遷就對方的感受，而誤導男方以為「我們還可以繼續做朋友」，㉑女性應當忠於自己的感覺而坦白地說實話。

作者們還提供了進一步的成本效益分析：如果女方覺得這個男人讓她的自尊受損，就應該拋棄他，㉒或者她應該扳回一城、㉓重拾自我、逕自向前走，把他留在後面。從「效益」來看，即使有小三介入，對心碎的女方而言，其實還是有正面效果的。因為，第三者讓自己不得不承認這段關係的確有問題，而必須面對現實。㉔這個例子顯示出，《柯夢波丹》是如何教讀者用正面的鏡片來看待自己的遭遇，並且能夠向前看。

◎外遇的療效？

有的作者也教讀者用這種正面的鏡片，來看待和處理一些非傳統規範下的情境。有兩篇關於外遇的西方文章強調，雖然外遇事件困窘，但是如果當事人能忠於自我、從中反省學習，這種事件本身還是可以有治療效果的（therapeutical）。另有一篇文章提到，一個女性必須用理性的方式，來處理與她最好朋友的男友發生關係的這件事。因為，男人像是動物，大多不會為自己的性行為負責，而這種事件總會被批評成是女方的錯，甚至到頭來演變成是一場兩個女人之間的戰爭。但是，文中也意味著：如果他真是令妳無法抗拒，那麼就去吧！㉕

另外兩篇西方文章描寫兩個已婚的男女，用外遇來彌補他們各自婚姻生活中所欠缺的興奮和樂趣。但是，當他們每次與外遇對象道別之後，他們卻覺得有一種失落感，和被遺棄的感覺。其中一篇文章裡的三十五歲男主角結束他的外遇關係後，他又清楚地意識到：「我還是原來的我，並沒有多大的改變，此後的我仍會是一個『通常都循規蹈矩』的男人。」㉖

◎他人的看法重要嗎？

相對於西方翻譯的文章強調個人的自主性，台灣本土的作家則以一種較為實際的態度和方式來處理人際關係。不像西方作家強調當事人得忠於自我的感覺，華人的實用主義則是針對行為和強調做正確的判斷。某個人是否是一個合適的伴侶得經由交往經驗中的測試，以及請教他人的意見。譬如，當一個女人賺錢比男友多時，或許會引起兩人財富不相配的緊張。當男友向她借錢時，她該如何反應呢？作者告誡她得小心，應該先瞭解他跟他的親人朋友之間金錢往來的情況如何。㉗所以，不像西方作者教當事人忽視其他人的看法，本地作家則要女性們特別尋求他人對這個男人的意見。

本土作家認為關係的和諧比關係的強度來得重要，並且挑戰所謂「完美」的這種觀念。在一篇名為〈他不差，他是我的親密愛人〉的文章裡，作者指出，如果女性們認為自己和對方可以發展出一種完美的關係，㉘她們注定會失望，而且只是在折磨自己，因為天下沒有完美的人。女性得有彈性和懂得與對方談判妥協。

本土作家甚至強調連分手時都最好講求和諧。六篇談到分手的文章中只有一篇是由本地作家所寫，這位作家強調能有同理心，設想對方立場和瞭解對方感受，並且為讀者提出一個較容易被對方接受的分手的理由。這個理由是「我有個家人不接受你」，㉙這種理由顯示出一種很強的家庭觀念，而且浪漫關係是被埋在家庭關係之下，希望這樣的說法能夠減輕個人之間的衝突和傷害。也就是說，本地作家忠告女性讀者要有同理心，找一個家庭的藉口來保護男友的自尊。

◎規範外的關係和生活方式：對女性的忠告

本地作者的忠告也強調小心和負責。有一篇文章報導，在一九九〇年代快速變遷的台灣，新的關係形式一一出現，㉚包括：單身貴族、雙收入但無小孩的頂客族和未婚媽媽。作者認為這些都是個人的選擇，女性可以選擇自己想要的關係形式或生活方式。作者並不對這些選擇作對錯或好壞的價值判斷，只是強調人們要對自己負責。這種責任觀，是在各式各樣多種關係可能性和未來結果不確定的情況下，個人行為和抉擇的基礎。

不像西方作者以有趣、刺激和可能對個人有益的角度來看待非常態規範下的關係，本地作者對這種關係的態度則嚴肅得多，並終究會回歸到道德的層面。譬如，談到外遇的文章則把焦點放在小三身上，忠告身為第三者的女性得理性、面對現實和考慮後果，並且強調「真誠無偽」的重要。這類忠告總是帶有道德的語氣：「婚姻有承諾，有責任，不能說變就變。有心動的能力是可喜的，但有自制的能力也是必需的」。㉛

不只是忠告，本地作者也對與已婚男人發生婚外情的女性發出警告。在一篇文章裡，作者提供做為「優秀第三者的十大成功準則」，但是作者也承認在現實中，沒有一個女人能擁有所有的這些條件。她寫到：「要成為優秀的第三者絕不是簡單的事，如果對自己沒有足夠的把握，勸妳還是及早收山，否則妳只能當一個『不優秀的的第三者』，終日在淚水和惱恨中徘徊。」㉜每篇本土的文章都呈現外遇是危險的。做為第三者的女性被描繪成堅強和孤單，就像是「沙漠中的仙人掌」。例如，每逢佳節外遇的男子多半得趕回自己家過節。並且，作者也警告：「如果妳玩火，隨時妳都會被燒到」。㉝

這七篇提到外遇的本地文章都不否認外遇的可能性，但是，它們大多著重在揭露行不通的層面。作者們以道德的口吻指出外遇是充滿了危險、不穩定，和對女人來說，是不利的。台灣作家幾乎在任何情況下都不會建議女性去追求這種關係。

中西各有一篇的文章談到女性在「性」的旅程上誤入歧途怎麼辦？中西兩位作者對此看法大不同。那位西方作者其實是建議女性同時要有幾個情人，以便在這些情人當中，因有所比較而能做出個具有充分資訊下的最佳選擇。那位西方作者並建議女性不值得或不必太早與一個男友定下來，或結婚。㉞

相對而言，那篇本土作家寫的文章則是探討同時擁有幾位情人的女性是怎麼過日子的。這樣的女性在他人面前或許像是毫不在乎，但是，她的內心其實是很在乎，而且會覺得自己在做見不得人的事。終究她的所作所為會被別人發現，而讓她覺得羞辱、顏面掃地，發誓下不為例。㉟

這中西兩篇文章對台灣女性的忠告看上去似乎有所衝突，但是，它們所強調的其實是屬於兩個不同層次的價值觀：那位西方作者強調自我為中心的算計，而那位本土作者強調的則是道德上的正直完整。

◎假日：尋求戀情還是心靈成長？

最後，如同有兩篇本地作者在談論假日戀情的文章中所強調的，台灣版《柯夢波丹》給予女性們一個精神或心靈成長的目標。不像西方《柯夢波丹》版本教導女性如何在假日能找到戀人的技巧，本土文章著重在精神的層次，也就是鼓勵女性利用假期的經驗來達到自我肯定和心靈成長。

其中一篇文章的作者提到為何聖誕佳節往往使得單身女人覺得寂寞：「假日戀情之所以迷人，往往在於那份沒有過去，可能也沒有未來的『瞬間美麗』。寂寞被歡樂的氣氛放大了，談戀愛的心情也就更加迫切。」文中的女主角決定出國渡假並期待有豔遇。當美夢成真，假期結束回到工作崗位時，她反省道：「寂寞也好，失落也罷，假期過後大家又回到各自的軌道。可能因為那年代的聖誕美好順利得太不真實，倒讓莉美突然頓悟原來迷戀假期戀情不是因為自己寂寞，只是需要一份意外的戀情，印證自己真的很不錯，有了愛自己的心情之後，假期時便不再需要忙碌與盲目的約會了。」㊱

第二個主題是自我成長：「找一個理由放鬆一下忙碌、緊張、甚至有些單調的生活，本是無可厚非，但你必須弄清楚的是狂歡的動機和目的。如果你覺得寂寞，那可能是成長的契機，即使是單身一個人，也別急著否定自己，何妨靜下心來聽聽自己內心的聲音，……」不然的話，「……把握機會瘋狂一下，也未嘗不可。」㊲換句話說，台灣版《柯夢波丹》將這種性感的西方話題加進了中華文化的價值，鼓勵台灣女性來抓住聖誕假期的機會，使心靈得到成長。

在以上所分析的三十四篇關於兩性關係的文章中，不管所談論的是傳統規範內、還是規範外的關係，那十六篇西方的文章視兩性關係為自己尋找快樂的途徑。愛是個謎卻很珍貴，人們關注的焦點是創造出點燃愛苗的情況，享受愛，把愛看成是珍寶，或者奉承愛如同長生不老的仙丹。至於別人、意見、後果和承諾都是次要的。

在尋找快樂的過程中，西方作者向讀者提供建議、技巧和本事，以算計自我利益和把握當下的情況，做最好的發揮。但是，比起西方作者強調追求個人快樂的語調，台灣版《柯夢波丹》的十八篇本地作者寫的文章則有一種更大、更嚴肅的聲音。這些文章提醒讀者許多具體實際的考量，而且他們考慮到的人比西方作者考慮的多得多，尤其是在乎家人的看法。本地作者們也一再強調中華文化所重視的家庭、人際關係、道德的正直完整和心靈的成長。

性：妳得有技巧和智慧

「性」是個賣點！台灣版《柯夢波丹》在扮演性教練的角色時，得綜合了台灣當地的文化禮儀和人們的敏感度。在我的八十七篇研究樣本中，有二十一篇是關於性的文章，僅次於兩性關係的主題。在這二十一篇討論性的文章中：有八篇是談性技巧（六篇是來自翻譯西方的文章），六篇是關於性知識和智慧（五篇為本地作家撰寫），剩餘的七篇文章則是涉及傳統規範外的性議題，像是性騷擾、男妓，或是藉著男穿女裝或女穿男裝的「變裝」（cross-dressing）來表達性叛逆。

有十篇西方文章是討論傳統規範內的性主題，且多半是關於性技巧，包括：如何進行口交，㊳如何建立在臥房裡的自信㊴等。有一篇文章列出了「非要當晚做愛的二十五個理由」。另一篇文章則鼓勵女人在床上率先「來起頭」，這樣男人就不會覺得是在「做所有的活」。㊵但是，女人也被鼓勵來享受當下的性快感，而不只是把焦點放在如何取悅她的男伴。㊶有一篇〈魚水之歡時的尷尬意外〉的文章，教授女性如何預防發生床上意外的策略。例如，正要相好時婆婆闖了進來，或是寵物小狗跳上床來攪局等。最後有篇文章解釋男人不想做愛的十大理由，並且教導女性具體策略來克服每一種困境，㊷這些策略包括：設法瞭解並且支持她的男人、不能瞧不起他、聽他訴說困擾他的事情、讓他重拾信心而覺得他自己仍能掌控這份關係等等。㊸

總括而言，在這六篇討論性技巧的西方文章中，它們要讀者重視性的愉悅，及如何能帶來愉悅的性技巧和策略，這些方面彼此都有相互加乘的效果。性的愉悅不是與生俱來，或是偶發的（just happen），而是靠學習而來的一種能力。提高性愉悅會增加當事人在床上的自信，他／她們也就更能享受性，這就是一種良性的循環。

關於「性」的六篇本地作者的文章，都是以嚴肅的口吻來強調兩性關係的「質」（quality）和意義。譬如，有位本地作者訪談四位台灣男性的口交經驗，㊹所有四位男性都認為口交比性交更為親密。為了能享受口交，戀人雙方需要較長久和深厚的關係，因為雙方得互相信任對方才行。這些本地作者的重點不是在該怎麼做才能做對口交，而是：什麼樣的「對的」（right）關係才能有質地好的口交。

六篇本地作者的文章中有四篇關注於性知識和性智慧。一篇關於女人性高潮的文章主張：隨著年歲成長，女人的自信、自我覺察力、和把自己心房敞開的能力都會增加，而這些特質都是女人能達到性高潮的基礎。㊺有一篇文章提出老化對性影響的迷思。該篇文章作者認為老年人仍舊可以、也應該享受親密關係，而不是過於在意像機器般的性能力表現。㊻有兩篇文章問到體味是否能激起伴侶的「性趣」。㊼本地作者的文章明顯地重視年歲成長和身體的議題，而不像西方文章強調當事人要的是什麼，以及如何在外表上和舉止行為上保持年輕的策略問題。本地文章流露出一種開放的可能性：好的「性」會在一生當中自然地發展呈現出來，而不需要仰賴短期的策略來協商（negotiate）、甚至像是把玩兩性間的政治權術與較量。

最後一個議題是關於性騷擾。這個問題在台灣自一九九〇年代起，開始引起廣泛的討論。在本研究樣本中，一位本地的新女性主義者李昂寫了兩篇文章來鼓吹女人的自主性。她評論所謂把性與愛相連結的「好女人」的道德觀。李昂認為只有破除千古不移的「好女人」道德觀，

女人真正的性自主才能產生。㊽

李昂也對台灣一九九〇年代流行的新女性主義口號「我們不要性騷擾，我們要性高潮！」做出評論。可惜經過一段時間，人們似乎忘記了在開始時這是為了反對性騷擾而有的一個口號，而只記得這個口號的後半段。李昂強調去除性騷擾的辦法是：女性敢於表達自己，尤其是根據她們身體上的感覺。對女人而言，重要的是聽自己的身體，而不光是聽自己的大腦。李昂認為前者比後者來得重要，因為大腦裡如果裝的是傳統的性角色，是不能解決性騷擾這個問題的。㊾

工作和金錢：要有務實的策略和顧及倫理道德

本研究樣本中有六篇文章討論女性工作的議題，三篇來自翻譯，三篇由本地作家所寫。兩篇關於金錢的文章都是翻譯西方的作品。

三篇談論工作的西方文章著重在提供女性事業成功的策略，以使女性在各個與工作有關的環節上，知道如何能夠達成目標。譬如，通過應徵面試，㊿如何做女經理，(51)如何換跑道到公關這一行(52)等等。作者強調，身為女性可以運用這些策略來達成目標，而且是在女性自己的掌控之中。同樣地，兩篇討論金錢的西方文章也是在教導女性投資理財的具體技巧。

三篇本地作家關於工作的文章則是討論加薪、(53)事業規劃和在職場犯錯(54)等題目。這些文章所用的口氣偏重道德和倫理，與西方文章提供女性具體技巧的語調大不相同。

這三篇本地文章的共同點是它們並沒有將論點只針對著女性讀者，而視職場的道德倫理是不分性別的。譬如有篇文章的作者主張，不管是職員或老闆，任何人不必害怕在職場犯錯，因為每一樁錯誤都是一個可以從中學習的良機。不做不錯，反而是最大的錯。犯錯對員工而言，「既然是已發生的事實，就應該坦然以對」。對僱主來說，當主管階級犯錯時，「第一次錯不能罵，不輕言換人，……若是錯誤一再發生，顯示默契尚未足夠，必須再多多培養，不是責怪他，而是要他『和你一起打仗』。」㊺

窗裡窗外：從台灣版《柯夢波丹》看到的中西觀點

以上的討論始於自我，終於這個世界。在自我和外在的世界之間，存在著和兩性有關的私人生活領域及工作上的人際關係。本地和西方文章顯示出很不一樣的觀點。台灣作者似乎著重在成長的過程（process-oriented），視經驗為師。有些狀況對女性或是任何一個高尚的人來說都是具有危險性的，因為它會損及顏面和道德。相對來說，西方作者提供策略給女性讀者來改變現況或當下的情況（change the status quo），作者看問題的取向比較著重如何應對眼前的挑戰。他們不強調得由經驗中學習，因為西方文章裡的「自我」早已在個人心中形成，成功的源頭是「做對選擇」而非「靠經驗」。所以西方文章的內容處處是充滿著務實的技巧和策略。

在許多西方文章裡，作者似乎將「自我」擺在一個居於享受的位置（a site of enjoyment），因此，自我認同是建立在從消費中來實現享受（identity is based on consumption）。在本地的文章中，則將自我寫成是不去熱烈追尋刺激或享受，而是一個建立或維護社會關係及承受其結果的中心所在，因此，自我認同有其條理和一貫性（the site of coherence）。

譬如，台灣版《柯夢波丹》雜誌的重點不只是像一本在教女性改頭換面或學會兩性之間角力的教戰手冊，而是強調和深化女性讀者身為女人的價值感。當女性在尋求自我的一致性、穩定性，並且顧及道德倫理的過程中，這種身為女人的價值感自有其發展和成形的軌跡（this value has its own life trajectory）。女性必須忠於她們自然原貌的自己，培養自信心，和相信她們有權保有自己努力追求得來的一切。另外，絕大多數本地的文章都提及女性需要男人來圓滿她的家庭生活與人生。但是，這並不意味著女性必須附屬在男性之下或是依賴男性。這些台灣本地文章對女性生涯的見解，或許也值得西方現代女性一讀。

把台灣版的《柯夢波丹》當作一個競技場（*Cosmo* as an Arena）

社會變遷多半會帶來傳統和非傳統價值之間的磨擦或衝突。台灣版《柯夢波丹》在出版前，其內容勢必得先經由編輯扮演著文化守門員（gatekeeper）或調節人（modulator）的角色，就像是對文化競技場上的中西各種價值做一番篩選過濾。我認為台灣版《柯夢波丹》的編輯們並不是扮演著文化守門員的角色，而是在當一個文化調節人。她們的任務是篩選過濾所有價值後，將適當的中西價值加以混合調配，以滿足讀者的口味，而且內容大致仍然在中華文化的主體之內，能被台灣讀者接受。雖然，編輯們事先篩選相關文章來打造台灣的現代新女性，免不了總有些本來看起來不適切的中西價值仍會從濾網裡滲透進來。這些仍舊滲入的價值，可以被視為中西文化裡的核心價值（所以過濾不掉！）。

進一步來看，雖然本地作家寫的文章多半強調當地或中華文化的價值，有些本地作家也會策略性的採用全球或西方的價值來支持自己的觀點，或是用西方價值來批判台灣當地的制度或系統。另一方面，台灣版《柯夢波丹》雜誌本身雖然給讀者一個多元價值的印象，我們仍可感受到某些受到特別強調的基本價值。

因此，在這個台灣版《柯夢波丹》的文化競技場上，本節所探討的問題共包括四方面。第一方面是，《柯夢波丹》的編輯如何在建構台灣現代女性形象和實質內容的過程裡，扮演著文化調節人的角色？第二方面是，歷久不衰的儒家智慧如何被整合進這諸多打造台灣現代新女性的議題討論中？第三方面是，傳統中國華文化的智慧在台灣現代女性生活中，哪些領域變得比較無關緊要，甚至受到西方價值所批評？第四方面是，全球或西方的價值、知識或觀點如何被引進做為一種工具，來支持台灣本地體系裡的華人價值觀？

進口文化的篩選過濾

本節提出一個重要的問題：像《柯夢波丹》這樣在全球各地都有在地版的雜誌，到底是挑起了當地人文化的敏感神經，加強了中西文化的碰撞？還是減緩了在地人們對外來文化的排斥感、扮演了調解衝突的折衷角色？台灣版《柯夢波丹》則正處於中西兩大文化脈絡之下，或許有許多文化價值衝突的機會，譬如，華人的家庭觀念與西方的個人主義相衝突；一個女性該為了家庭而放棄事業嗎？成年子女賺的錢是該拿回家孝敬父母呢，還是為了該有個人的自主性，留給自己花用？中西價值會給這類問題如何不同的答案？

這本雜誌面臨一個明顯的挑戰：它必須顧及讀者群的口味才有廣告商的支持，所以內容不能太過激進或被視為太過西方化。但同時，內容也不能只是老生常談、框限在傳統文化之下，而失去名為「大都會」（Cosmopolitan）的國際化特色。為了要同時顧及兩方面的考量，台灣版《柯夢波丹》得在中西文化間尋取均衡，調和處理中西這兩方面的內容。

美國版《柯夢波丹》包含許多關於性、性技巧、異國風情的性邂逅、性實驗和同性戀等題目，這些主題卻不見於台灣版或香港版。⑯反過來說，強調孝道的八股文章不會吸引正在享受自主性、或是逍遙在台北夜生活的年輕女孩。所以，台灣版《柯夢波丹》的編輯們得先用濾網篩選掉兩個文化來源裡不適合、或是有損銷路的文章或主題。經過篩選過濾後的台灣版《柯夢波丹》所打造的台灣現代新女性，不僅避免了主要的中西文化兩者衝突，並且能夠將入選的全球價值與在地的華人價值和台灣社會系統互相契合起來。

仍舊滲透進來的核心價值

濾網是有滲透性的，有些中西傳統的價值偶爾還是擋不住而滲透了進來。有些文章在結尾時，不自覺地回歸到其所屬文化的基本價值。譬如，在描述與最好朋友的男友發生性關係，或有了婚外情之類規範外的行為之後，西方作者們提出如何面對後果或收場的建議。但是，有時這些作者並不就此打住，而是意猶未盡地加了一句話，但那一句話卻推翻了整篇文章一貫的語氣，而對這種犯規的性行為合理化。這句話是什麼呢？例如：「如果你們真心相愛，這就無妨！」換句話說，翻譯這類主題的文章雖經過篩選，在某些狀況下，像是個人主義這種西方文化的核心價值，終究還是在最後滲透了進來。

同樣地，雖然我的研究樣本中並沒有直接有關教育的文章，大多數本地作者的文章仍舊有形無形的強調教育的重要。即使在看起來最不可能提到教育價值的，有關影星私生活的文章，竟然還是偶爾提到了教育的價值。譬如，一篇關於得獎影后陸小芬的報導，作者指出陸小芬忙著在加州大學洛杉磯分校進修，「一趟美國求學之行，無論對人生或知識的啟發，她都有著豁然開朗的喜悅……」。(57)

全球主義與在地主義相互契合（Intermeshing Globalism and Localism）

一九九〇年代台灣版《柯夢波丹》顯示出了兩種全球主義與在地主義相互契合的情況。第一種情況是全球／西方資源被用來支持在地中華文化的家庭價值和道德觀念。譬如，有一篇翻譯文章的名稱上用這樣的字眼來描述好萊塢名星克林・伊斯威特（Clint Eastwood），「在他剛硬的外表下，其實還有柔情的一面」，⑤⑧說到這位大明星是個顧家的好男人。丹尼斯・奎德（Dennis Quaid）則被報導為：「在真實的生活中，這位性感、心直口快的美國影星，目前的職責是扮演稱職的父親。」⑤⑨多數關於外遇文章作者的口氣基本上是要讀者小心，警告女性做一個已婚男人的情婦「無異是跌入苦痛的深淵」，⑥〇別人的丈夫終究是要回家的。⑥①或者，一個同時有幾個情人的女性，她最後的下場是，和一個情人在一起時被另一個情人撞見的窘境，而使她無地自容。⑥②

第二種情況是有些全球主義或西方價值被用來批判在地的問題。幾篇本地作者的文章，用新女性主義來挑戰台灣兩性系統下的一些問題，譬如，本地人對發生在職場的一些男女之間的肢體接觸，或是男同事當著女同事的面講黃色笑話，習以為常。但是，女性主義作家則會以「性騷擾」的觀念來提醒台灣女性讀者重新界定和認識這類行為。

總體來說，我在本章第二節「把台灣版的《柯夢波丹》當作一個窗口」中，已經分析出一九九〇年代台灣《柯夢波丹》的本地作者寫的文章，傾向將女性關注的議題「道德化」（to moralise topical concerns），而編輯則傾向將西方文章「工具化」（to instrumentalise the global or Western sources），用大多數的西方價值來支持（少數用來挑戰）本地的價值和社會系統。換句話說，全球／西方的資產被當作「手段或工具」（a means）來有效的處理新情境的所需，譬如，進入一個新的浪漫關係、第一次與這個男人發生性關係，或是得到一份新工作。本地或中華文化的資產則是被用來強調為最終的目的（the ends）。對現代台灣女性而言，最終嚮往的目的是達到內在的一致、符合倫理，以及在工作與家庭領域之間能夠得到均衡的發展。

台灣《柯夢波丹》在打造出一九九〇年代台灣成功的大都會女性時，區分出「手段」和「目的」，這樣的區分可以用來解釋為什麼全球主義和在地主義可以不必互相衝撞。換句話說，全球主義和在地主義之間的關係不必一定是像學者[63]研究日本女性雜誌時的發現：現代日本年輕女性在處理戀愛、婚姻、工作和追求自由時，必須面對價值衝突和壓力。但是，如同一九九〇年代台灣版《柯夢波丹》所呈現的，中西價值其實可以運作在兩個不同的層次：以中華文化的道德層次為主宰，而導引著台灣女性邁向她們所追求的目的地。中華文化價值的優勢，可以在台灣版《柯夢波丹》一九九〇年代的內容和銷售趨勢見分曉。隨著本地作者的文章比例逐年增加、翻譯文章的比例漸減，銷售總數和價格則是逐年上升。

在此我要進一步闡述以上的解釋。在一九九〇年代台灣版《柯夢波丹》的任何一期內容裡，我們都可以看到，中西文化價值的都涉及兩個看來二元相對立，實際上卻是互補相契合的「手段」和「目的」這兩種元素。

在我的研究樣本中，可以分析歸納出三對這樣的手段和目的，來化解西方的個人主義和華人的家庭主義表面上的互相衝突。這三對「手段」與「目的」分別是：「技巧」相對於「品德」（skills versus integrity），「選擇」相對於「責任」（choice versus responsibility），「當下」相對於「過程」（moments versus processes）。從這每一對手段與目的來看，第一元（也就是手段）蘊含著西方價值或觀念及其副作用或風險，但是，其副作用或風險可以被屬於中華文化的第二元（也就是目的）來解決。

舉例來說，如前面所提到的，在一九九〇年代台灣版的《柯夢波丹》，對於每一個受到關注的議題，西方文章傾向談技巧，而本地文章強調德性。在這相對的焦點之下，讀者面臨的挑戰是：太過講求技巧，可能會被看成是投機、操弄和膚淺。所以，編輯們得將西方和本土文章兼容並蓄、搭配得當。譬如，光是擅於運用人際關係技巧的人，看似八面玲瓏長處的另外一面，則可能冒著被看成是不夠誠懇的風險。這種西方文章內容裡因為講求人際關係「技巧」所帶來的風險，就可以由本地文章裡所強調「品德」的相關內容來消除。例如，本地文章常常強調個人由反省而來的自我覺察，以及內在心靈的平和一致。

同樣地，當台灣版《柯夢波丹》裡的西方文章鼓勵台灣現代女性要做對自己有利的選擇，本土文章則會提醒女性：算計自我利益本身是不會帶給自己快樂的。本土作者強調：唯有內在的深度和將自己的角色扮演好、符合道德倫理，才是帶給女性快樂的必要途徑。因此，編輯們用本地文章強調和諧和責任的價值觀來平衡西方文章鼓吹女性追求個人的自主性。

最後一點是，西方文章強調對眼前或「當下」的把握與掌控，本地文章則強調人生「過程」的必要和可貴。台灣版《柯夢波丹》文章顯現這樣的中西對比也等於提供給台灣女性一個有關人生的解答：著重當下並不能帶給妳深度。如果妳能將注意力集中在導致這些當下事件或感受的過程，並且透過反省，這些當下發生的情境才能組合拼湊起來，成為妳對人生點點滴滴的領悟，以及真正屬於妳自己有意義的人生故事。

台灣版《柯夢波丹》提供現代女性最有利的中西合璧策略

在一九九〇年代的台灣，台灣版的《柯夢波丹》不僅是全球消費市場上一個受歡迎的大眾文化成品，其實也是一個流露出多方複雜性的社會現象。從社會變遷的觀點來看，我的分析發現，台灣版《柯夢波丹》的編輯在決定雜誌內容時，她們扮演著像文化調節人的角色，負責過濾並且挑選出她們認為最適用於台灣現代新女性的全球與傳統的價值觀，以及運用西方的科技做為一種達成目標的手段或工具，來實現現代新女性所保有的傳統價值觀、多重角色的扮演和追求各方面的成就。

對這些文化調節人而言，全球化（globalization）與在地化（localization）並不相衝突，而是可以將彼此最精華的成分相輔相成地結合起來，尤其是西方的技術搭配上中華文化的道德倫理與價值觀念，正是符合中國在十九世紀末及二十世紀初，所謂「中學為體，西學為用」的精神。比如說，台灣新女性可以利用西式的專業妝扮、求職面談的技術、充滿自信的自我表達，來積極爭取嚮往的工作，和爭取職場的升遷或加薪等等。但是這些新女性最高的人生價值仍然是希望有一個和諧美滿的家庭。也就是說，在她們努力取得家庭與事業之間平衡的同時，是不能犧牲家庭幸福來成就事業的。

雖然台灣版《柯夢波丹》的封面仍是金髮碧眼、穿比基尼泳裝的西方女明星，但是，這本在台灣最暢銷的女性雜誌真正的賣點，則是因其與每個台灣新女性都有切身相關的獨到內容。這也證明現代化並不等於是西化，因為一九九〇年代台灣版的美國《柯夢波丹》雜誌，已經將本來是相互衝突的中西文化價值，轉換成對台灣新女性在現代社會中最有利的中西合璧策略，讓她們追求自己夢想的同時又能兼顧家庭。

或許有一天，《柯夢波丹》在羅馬、雪梨、伊斯坦堡等城市，甚至紐約總部的編輯們將會翻譯、而且納入台灣版的文章到他們的版本中。到那時，全球村裡其他國家的現代女性，就可以吸取到台灣版傳授給台灣新女性的人生智慧。

① Ferguson, 1983
② Friedan, 1963
③ Simonds, 1994
④ Zhou, 1991; Ford et al., 1998
⑤ Rosenberger, 1995; Leung, 1996; Sakamoto, 1999; Kirca, 2001
⑥ Tsai & Yi, 1997
⑦ Thornton & Lin, 1994; Chang, 1999, 1996; Yang, 1997
⑧ Chang, 1996; Wang, 1997
⑨ 張景虹，一九九三
⑩ 黃憶欣，一九九六
⑪ 蔡惠民，一九九五a
⑫ 蔡惠民等，一九九六
⑬ Livingston（愷莉譯），一九九四
⑭ 編輯室，一九九四
⑮ 阿嫚，一九九七，第二八頁
⑯ 張敏君，一九九三，第六頁
⑰ 編輯室，一九九三，第八頁
⑱ 張敏君，一九九二，第六頁
⑲ Pietropinto（彭小涵譯），一九九五
⑳ Pietropinto（彭小涵譯），一九九五，第一三八頁
㉑ Kramer, 1994
㉒ Halpern（侯延卿譯），一九九四

㉓ Barreaca（鄭其倫譯），一九九五
㉔ Smith（宇萱譯改），一九九六
㉕ 法蘭西斯，一九九四
㉖ Smith（侯延卿譯），一九九五，第一〇頁
㉗ 葉達蓉，一九九五
㉘ 蔡惠民，一九九五b
㉙ 吳由美，一九九四
㉚ Snowden（吳雙譯），一九九六
㉛ 萬儀，一九九五c，第一四七頁
㉜ 吳若權，一九九七，第二六頁
㉝ 鍾雅晴，一九九三，第二三、二四頁
㉞ Snowden（吳雙譯），一九九六
㉟ 高禔，一九九四
㊱ 萬儀，一九九五a，第一四頁
㊲ 萬儀，一九九五b，第一三二頁
㊳ Meade（張世音譯），一九九二
㊴ Bakos（侯延卿譯），一九九四
㊵ Hill（侯延卿譯），一九九四
㊶ Jacoby（Amanda譯），一九九三
㊷ Hill（侯延卿譯），一九九四
㊸ Davidson（鄭其倫譯），一九九五
㊹ 葉達蓉，一九九六

㊺葉達蓉，一九九七
㊻江漢聲，一九九四
㊼喬瓊恩，一九九五，一九九七
㊽李昂，一九九四
㊾李昂，一九九六
㊿〈攻無不克的面談EQ〉，一九九七，第九六頁
(51) Kleinman（吳玟琪譯），一九九三
(52) Newman（韓良憶譯），一九九二
(53) 蔡惠民，一九九六
(54) 吳玟琪，一九九三
(55) 吳玟琪，一九九三，第二六頁
(56) Lueng，1996
(57) 陸小芬，一九九二，第一一二頁
(58) Segell（小綠譯），一九九三
(59) Mills（愷莉譯），一九九四，第一三六頁
(60) 鍾雅晴，一九九三
(61) 法蘭西斯，一九九三
(62) 高禔，一九九四
(63) Rosenberger, 1995

第 III 部

1950年代迄今：
台灣、香港和中國大陸

4

華人「性」的自由化，與西方殊途同歸？

本書的前三章，探討了快速現代化和西方思潮，如何影響台灣華人的婚前性行為和性規範。本章進一步要問：那麼，其他的現代華人社會呢？台灣華人的「性」是否與別的華人社會中人的「性」有共同之處，而有所謂「華人的性」？要回答這個問題，我們首先得將在台灣的研究發現和其他的主要華人社會（譬如香港和中國大陸）相比較。

我在台北做完對年輕人性態度和性規範的焦點團體訪談之後，接著展開了到香港和中國大陸的研究之旅。一九九四年，初次踏上對岸土地的興奮之情真是無法言喻。記得訪問了香港家庭計畫指導會之後，我迎著雨後的彩虹，在傍晚與一群港大師生，舉行了一場有關我的華人性學研究的研討會。

到了上海，我與一群女大學生在女宿舍裡天南地北地聊。從本科學習、聊到擇偶的條件、雙重標準對女性的不公、父母親對自己交男友的態度，以及她們對未來的夢想。她們掩不住對台灣的好奇，要我當場做起兩岸的比較。在另一個豔陽高照的下午，我與幾位上海的男大學生，徒步城隍廟，邊啃著道地的蟹殼黃，邊聽他們說著對兩性關係的看法，跟對未來在事業家庭的期望和規劃。我也訪談了幾位大學畢業的專業在職青年、倡導性教育的輔導老師和研究家庭婚姻的學者。

這次歷史性之旅奠定了我往後對華人社會研究的基礎，他們對我研究題目感興趣、侃侃而談的聲音猶在耳前。接下來我多年往返兩岸三地的研究，也都得到許多人的支持。大家的參與，堅定了我在這長途旅程中向前邁進的每一步，我永遠銘記在心。

本章即是回顧並比較中國大陸、香港和台灣（俗稱「兩岸三地」）這三個主要華人社會，邁向性自由化的趨勢和路徑，來探索是否有其「性」方面的共同點。

探索兩岸三地性規範的變遷

整體而言，對現代化的常見或傳統論述，所謂的「傳統的現代化觀點」（the conventional modernisation argument）認為，兩岸三地在歷經現代化的同時，人們的舊規範也就隨著鬆弛甚至解放，包括：性規範和性行為變得比較開放；求偶過程中，由父母包辦的傳統婚姻逐漸被自由戀愛的婚嫁所取代，婚前的性親密度也跟著增加；一些「常態外的」（"non-normative"）性態度和性行為，像是色情書刊（俗稱「黃色」書刊）、娼妓業和同性戀也變得愈來愈普遍等。

但是，這種一概而論式的現代化的論點，並無助於瞭解這幾個華人社會，各別的性自由化的路徑，以及彼此之間改變的相異之處。譬如，一九八〇年代中期到一九九〇年代初期，雖然兩岸三地的婚前性規範都在改變，為什麼香港高中生的性態度比台灣的高中生來得保守，但他們的性行為卻比台灣高中生更開放？①同樣地，在一九九〇一九九〇年代中期，再拿台灣和香港的大學生跟上海的大學生相比，為什麼上海大學生的性態度和性行為比台灣和香港的大學生都更開放，②即使那時台灣和香港要比上海來得更「現代」（modern）？

自從一九九〇年代中期以後，兩岸三地主要城市的婚前性規範及行為開始變得愈來愈像。

那麼，在這樣的趨勢下，這些主要的華人城市會步上西方一九六〇年代性革命的後塵嗎？那些日益普遍的色情書刊、娼妓和同性戀等「常態外的」現象，也是現代化的結果嗎？

儒家傳統對「性」的觀點：食色性也

在探索當代華人社會性規範的變遷之前，我將先簡短地回顧一下儒家傳統對「性」的觀點是什麼。儒家有一句老話：「食色性也」，可說是解開中國人「性」之謎的一把鑰匙。食色性也點出了「性」對中國人而言，基本上是一種自然的饑渴衝動。性的活動只要是與合法的對象和發生在合宜的場所，就是恰當的，通常不會涉及宗教上的罪惡或是道德上的過錯。③歷史上，中國男人合法的性對象可以包括妻、妾和妓女。但是，中國女人的性對象只能是丈夫。性的合宜場所是臥室，在臥室之外的性行為和談論「性」都是不恰當的。對象和場所大致設定了傳統中國人的性規範，違反這樣的性規範多半會損害當事人的顏面，並使其家族蒙羞。

華人社會「規範內」和「規範外」性態度和行為的變遷

本章將分別探討中華文化傳統之中，「規範內」／「常態內的」（normative）和「規範外」／「常態外的」（non-normative）的性態度和性行為，並比較當今中國大陸、香港和台灣傳統的規範內和規範外的性態度和性行為，在過去數十年經由何種路徑發生改變。我將討論從一九五〇年代到一九九〇年代中期，兩岸三地如何經由不同的政治經濟體系和殖民經驗，使得「規範內」的婚前性態度和性行為，在邁向自由化的路徑時有所不同。但是，這三個華人社會在現代化的過程中，有幾項有關「規範外」的性領域（譬如色情書刊、娼妓和同性戀），卻是經由一條共同的路徑，而變成了「常態的」性態度和性行為。本章的結尾並將探索在一九九〇年代中期之後，當今兩岸三地日益類似的婚前性規範，將會向哪一個方向走下去？而這個方向對傳統的現代化的觀點又有什麼樣的啟發？

一九五〇到一九九〇年代中期：兩岸三地邁向婚前性自由化的不同路徑

華人社會婚前性自由化的共同趨勢

自從一九六〇年代西方發生性革命以來，婚前性行為已是當代西方社會常態的性規範裡的一部分。近數十年來，兩岸三地在這種西方「後性革命」的性規範影響下，已有愈來愈多的華人經驗過婚前性行為。尤其是女性的婚前性行為，原本在傳統的中國是不被准許的，現在也在大環境邁向性自由化的趨勢中變成像是「規範內／常態化」（normalised）之下的性態度和行為。

台灣和香港在一九六〇年代開始現代化，中國大陸則是在一九七〇年代末期開始所謂「改革開放」的過程。這三個華人社會快速現代化的過程和成果，曾被西方稱之為「亞洲的奇蹟」（Asian miracles）。

現代化涉及幾個主要的層面。現代化的第一個層面是，隨著工業化、都市化、教育擴張、城鄉遷徙，導致社會結構的改變。第二個層面是，由於接觸新思潮，尤其是西方的主流觀念和價值所帶來的文化變遷。一些西方的主流觀念和價值，已經隨著全球化而儼然成為非西方世界裡人們所認同的所謂「普世價值」。譬如，浪漫愛、自由、平等、個人主義（即著重個人自主性和能做選擇）、兩性平權和環境保護等價值。自從一九九〇年代以來，個人電腦和網路的興起和普及，全球的大眾文化（popular culture）透過媒體和電腦網路，迅速將這些西方的思潮、理想和全球偶像的形象傳布到兩岸三地的華人社會。

過去數十年來，兩岸三地的華人社會已陸續脫離傳統的奉父母之命、透過媒妁之言的婚配方式，轉向了自由戀愛和婚前可以發生親密行為的關係形態。本書第一章曾提到，在一項一九八六年對台灣全島五千名二十歲到四十九歲已婚育齡婦女所做的家庭計畫社會調查顯示，生於一九三六到一九四〇年的婦女，九．五％的受訪女性有婚前性行為的經驗，而出生於一九五六到一九六〇年的受訪婦女則有三八％有過婚前性行為。有過婚前性行為的比例的確呈現大幅度的增加，但是，在此調查樣本內，絕大多數有婚前性經驗婦女的初次性經驗，都發生在訂婚後或論及婚嫁的階段，也就是說，她們初次性經驗的對象都是她未來的先生。

香港並沒有類似台灣的這種調查資料，能夠反映二十年來關於性的社會變遷，但香港有一系列的、針對十九到廿七歲離校青年隨機抽取樣本而進行的性方面的調查。在例年的男性樣本中，有過性經驗的比例為：一九九一年，三六．七％（樣本人數：五八一人）；一九九六年，三九．八％（五一七人）。④在例年的女性樣本中，有過性經驗的比例為：一九九一年，三二．七％（五七八人）；一九九六年，三九．四％（四四七人）。由於這些調查樣本也包括了已婚的青年人，而已婚的人雖有性經驗，但不一定有婚前性經驗，所以，我們可以判斷這些數據要比實際有婚前性經驗的比例為高。

中國大陸從一九七八年開始推行改革開放的新政策後，在一九八〇年代主要的大城市裡，和一九九〇年代部分的鄉村裡，兩性關係也產生了變化。⑤在中國農村，「約會文化」是在一九八〇年代末期和一九九〇年代初期出現的，但是，約會多發生在年輕人訂婚或論及婚嫁以後。這種中國式的約會伴隨著與未來配偶婚前性親密的增加。比起一九六〇年代時婚前性行為是個禁忌，在一九九〇年代，許多訂婚男女都有婚前性行為，而且是被社會所接受的。閻云翔（Yan）（2003）針對一個北方農村的研究發現，在一九九〇年代末期，約有三分之一的訂婚男女有婚前性行為，而且，聽從父母之命的包辦婚姻在那個農村已經是少數了。⑥

至於中國的城市裡，在一九八〇年代和一九九〇年代中期之前，有些大學生也有婚前性經驗。多項調查資料顯示，一〇％到二〇％的大學生有過性經驗（男性有過的比例比女性高）。⑦一九九一年由上海大學性研究中心，對全大陸所舉行的一個兩萬人的性文明調查（樣本不是隨機抽樣而來），則發現了更高的數據。⑧其他的資料也多少反映出某些婚前性行為的情況，譬如，有一些都市研究的報告指出，城市醫院的墮胎案例有三〇％到五〇％發生在未婚女性身上。⑨另外，一九七八到二〇〇二年間，有一項研究針對九個城鄉搜集並分析婦女婚前強制健康檢查的資料，發現大約有五四％到八〇％即將結婚的婦女有過婚前性經驗。⑩

共同趨勢下的相異路徑：不同政經制度和殖民經驗的影響

在婚前性經驗增加這個共同趨勢下，我們可以回到本章前面曾提出的問題：在一九八〇年代中期到一九九〇年代初期，為什麼香港高中生的性態度比台灣的高中生來得保守，但他們的性行為卻比台灣高中生更開放？為什麼台灣與香港比中國大陸早開始現代化二十年，上海大學生的性態度和性行為卻比台灣和香港都更開放？

從個人層次來看，年齡、城鄉成長的背景、教育程度、性別、成長的時代、婚前是否與父母同住，以及是否信奉基督宗教等個人的背景因素，固然都會影響華人社會裡年輕人的婚前性道德觀，但是，這些個人層次的因素顯然並不足以來回答我上面提出關於社會總體層次的問題。

那麼，有關社會制度層次的因素呢？在一九九〇年代中期之前，兩岸三地與性行為有關的一些社會制度層次的因素大致類似。譬如：一夫一妻制的婚姻法，離婚的條件是基於過錯，學校教育普遍缺乏適切充分的性教育，墮胎只限於已婚婦女（未婚墮胎只能求助地下密醫），單親媽媽沒有社會福利保障等。所以，這類制度層次的因素也無法解釋兩岸三地（在社會總體層次）為什麼會經不同的路徑來邁向性的自由化。當時，這三個社會唯一最明顯不同的制度是：只有香港官方提供正式的管道讓未婚男女取得避孕器材。

既然在一九九〇年代中期之前，兩岸三地有關性規範的個人和制度層次的因素大多類似，那麼我們得由比制度因素更基本的總體層次因素，來探討這三個華人社會邁向婚前的性自由化到底是經由什麼路徑，以及為什麼路徑會有不同。

因此，本節將進一步探討，從一九五〇年代到一九九〇年代中期之前，這三個華人社會在邁向婚前性規範自由化的過程中，是否「各有其不同的路徑（varied pathways）？」並且「為什麼會有不同的路徑？」等這些關於社會總體層次的問題。

我在本研究的論點是：這三個華人社會性規範變遷的過程和路徑並不相同，根本原因則來自不同的社會背景與文化脈絡。

例如，中國大陸從一九五〇年代之初到一九七〇年代末期改革開放之前，大力掃除所謂「封建的」儒家傳統，而以社會主義做為建國與百姓們日常生活的指導意識形態。香港的大環境則是融合了中國的家庭主義、英國的殖民行政、基督宗教信仰和國際貿易。台灣的背景則是身為曾被日本殖民的華人移民社會，在國民政府與共產中國抗衡並且致力於現代化的目標和動力之下，仍然堅持與傳承著儒家文化。結果是：這三個社會各有其獨特的總體層次的因素，影響著一九九〇年代中期以前的性規範和人們的婚前性態度與行為。

換句話說，我們可以用這三個社會不同的政治經濟制度（political economy）和殖民經驗這兩個社會層次的總體因素，來探討並解釋中國大陸城市和香港、台灣走向性自由化的不同過程和路徑。

中國大陸的婚前性自由化：來自「雙重否定傳統」（double negation of traditions）的背景

中華人民共和國自從一九四九年建國以來，尤其最初的三十年，何謂「共產主義的本質」是可以有許多不同意涵或內容的。如果要研究那段時期共產中國與「性」有關的議題，人們的第一個印象似乎是：「性」在共產中國初期是受到壓抑的（repression）。

從一九五〇年代到一九七〇年代中期，建設新中國的目標是以共產主義的政治意識形態和行動為要，而共產主義的政治意識形態也是老百姓日常生活中用來斷定道德的唯一標準。在公開場合有關於性的思想、談論、興趣和行為都被視為「封建」或是資本主義的道德淪喪。雖然過去研究發現，在這段時期曾發表過有些關於性的出版品，像是青少年的衛生教育、避孕、戀愛、婚外情和離婚等議題，⑪研究者的論點是：在那段歷史時期的一般氣氛之下，性是一個禁忌的題目。人們在公開場合表達浪漫的感覺或行為，會引人側目、不悅和指指點點。⑫在文化大革命的十年當中（1966-1976），女性穿上與男性一樣的「毛裝」，盡可能以中性化的制服來減弱女性化的程度，而增強共產主義下「清教徒式」的性道德規範。

在男女性別角色的層次上，毛澤東喊出「婦女能頂半邊天」的口號，強調女人可以像男人一樣強壯，動員了中國女性加入共產主義建國的行列。中國共產黨經由人民公社、學校、工作單位、委員會等等家庭以外的結構來主導人民的政治思想和日常生活。許多中國人和西方人都認為一九五〇年代到一九七〇年代的中國大陸，是中國歷史上「性壓抑」（sexual repression）最為嚴重的時期，即使共產黨企圖摧毀被視為「壓抑」（"repressive"）、「封建」（"feudal"）的儒家傳統來「解放」中國。

我的論點是：這種加在中國男女身上的政治／「清教徒式」的性道德規範或許只能算是一個性的「抑制器」（suppressor），就像新儒家時期強調女性的貞節。唯一不同的是，在中國共產黨的主義政策和制度下，合法的婚姻制度為一夫一妻，娼妓受到禁止，中國男人的合法性對象只限於妻子。和過去一樣，與「性」有關的場所仍限於臥房。

進一步來說，在共產黨建國理想之下，這種政治／「清教徒式」的性規範並不表示年輕人在婚前完全沒有浪漫的情愫和經驗。即使在十年文革時期，著毛裝的男女婚嫁，得以政治背景和目的為主要考慮，而不能只憑著「不自覺地墜入情網」，人們一旦違反了性規範，就會被送去勞改加以懲罰，但研究仍舊發現，文革時期有些女性還是在中性毛裝上，插朵紅花做為女性化的裝飾，⑬一些下鄉的年輕人在諸多情境下也有了婚前性經驗。⑭

一九八七年時，美國社會學者懷特（M. Whyte）於四川成都針對二十歲到七十歲、已婚或曾經結過婚的婦女做調查。發現樣本中曾經與未來配偶發生過婚前性經驗的比例，在共產黨時代要比共產黨之前的時代高出許多。懷特用兩種方式來做分析比較：取最低值和最高值來估計成都婦女與未來丈夫發生婚前性行為的比例。在前共產時期，樣本中於一九三三到一九四八年之間結婚的婦女（也就是國民政府在大陸執政的最後十年），最低和最高的估計值分別是四％和十二％。在共產黨時期，於一九四九到一九五七年間結婚的婦女，她們與未來先生發生婚前性行為的最低和最高估計比例分別為十五％和廿一％。於一九五八到一九六五年間結婚的婦女，最低和最高的估計值分別是一五％和二四％。於一九六六到一九七六年間結婚的婦女（也就是在文革時期），最低和最高的估計值分別是十九％和二五％。⑮

改革開放在文革之後的一九七〇年代末期展開，基於市場經濟的資本主義式的社會主義，對中國共產主義的中央極權和集體主義的社會經濟系統做了改變。過去的集體農場化和商業運作現在允許某種程度的私有化。主要城市和經濟特別區域開始了快速現代化的過程。工業化、都市化、國際貿易及外商投資的成長都創下紀錄。廣東的深圳特區已被稱為「亞洲的第五小龍」。在政治上，一九八九年六月四日的天安門事件，起於知識份子向中國政府訴求民主和人權。在文化方面，中國大陸對外開放，尤其是主要城市和東岸地區，經由商業和電影、流行歌曲等大眾文化的接觸，受到了日本、韓國、台灣、香港和當前西方／全球文化的影響。

自一九八〇年代末期以來，由於大幅度、快速度和不可逆轉的改革，以及引入市場經濟，現代思潮、理想、形象和生活形態已經大量湧入中國。經濟成長對改革開放後家庭系統的影響之一，是回歸到傳統的婚姻儀式和禮俗。與毛澤東時代新人身著毛裝、向毛主席的肖像鞠躬的婚禮相比，「後毛」時代的婚禮豪華許多，而且男女雙方家庭可互換禮物。這種「後毛」的婚禮儀式顯示，儒家傳統的家庭主義雖經共產黨掃蕩了近三十年，嫁娶婚宴的禮俗仍存，或仍舊算是人們心目中的一個「老」願望。只要情況許可，人們還是希望能夠一償宿願。

但是，以新的財富來達到老的願望（譬如辦一個符合傳統中國的婚禮），並不代表經濟改革使人們回到了共產黨之前民國時期的社會道德。中國大陸的婚前性規範在這四十多年間，隨著幾個極大的政治經濟社會變動而不斷地改變。從共產主義建國、文化大革命，到隨後的改革開放，每個階段都開啟了一個新的「傳統」來取代或大幅修正前一個階段的舊「傳統」（negation of "tradition"）。可以說，一九九〇年代以後逐漸鬆綁的婚前性規範，已經在一個「雙重否定傳統」（double negation of traditions）的背景下發生了。

為什麼我說這是「雙重否定傳統」呢？因為從一九四九到一九七八年，共產革命否定了所謂「封建的」儒家價值；而一九七八到一九九〇年代中期的改革開放與現代化，則是否定毛澤東主義。就結果來說，傳統儒家和共產主義的道德價值觀經過這樣的「雙重否定」皆已式微，社會裡則充滿了從中國大陸以外蜂擁而來、新的和不同的價值觀。

許多都市青年從進口的大眾文化的內容呈現所得到的印象是：浪漫愛是一個理想，性的親密是表達愛的一種方式，是浪漫關係裡的一部分。他們視浪漫愛和親密關係是「現代的」或「摩登的」價值（being modern）。因此，婚前性規範已經變得寬鬆。一九九〇年代中期時，在訂婚後或是論及婚嫁關係裡的婚前性行為是可以被接受的。

許多中國人從媒體和日常觀察中，看到中國人的一種「向錢看」的新價值觀正在興起。在這新的社會制度下，百姓能享有的社會福利比改革開放前的共產時期減少許多，所以，新的賺錢機會提供了一種生存的手段（a means），新的賺錢機會也成為了一個目的本身（an end）。因為，社會上有愈來愈多的人在市場經濟裡變得非常富裕，這種現象在長達三十年的毛澤東時期是不存在的。一九八七年，學者們⑯對上海、青浦區和鄰近鄉鎮的兩千位居民做調查，來研究居民對改革時期價值變遷的看法。他們發現，對中國人來說，物質的願望和金錢變得非常重要，並在其研究著作《殘破的長城》（*The Great Wall in Ruins*, 1993）中提到：

> 「中國人當前的物質慾望部分是與毛的共產政策轉向鄧的經濟改革有關。在三十年來的艱難歲月後，中國人驚訝地發現，外面的世界是這麼的繁華耀眼。他們不再視貧窮為毛澤東政策下革命力的象徵，現在致富不僅是可被接受的，而且還成了官方經濟改革的目標。人們不再接受貧窮為他們的生活形式，他們想要物質的舒適，而且是現在就要。傳統的德性和過去革命的理想都被推到一旁了。」（Chu & Ju，一九九三，第三一七頁）

對一些年輕女性而言，「向錢看」的心態在自由化的性規範之下把她們推向了娼妓業，與性開放的西方人發生性關係，或者成為來自台灣或香港的生意人包養的「二奶」。「二奶」如同舊傳統時代的妾，是中國男性史上合宜的性對象之一。

台灣的婚前性自由化：在傳統中國文化框架下的現代化（orthodoxy with modernity）

在十七世紀中國大陸沿海的漢人遷移並定居台灣之前，台灣島上主要是原住民，他們與一五一七年經過台灣的葡萄牙人時有接觸。台灣部分地區曾在一六二四到一六六二年間被荷蘭人殖民，基隆在一六二六到一六四二年期間被西班牙人佔領。西班牙人的影響主要在北台灣。到了十七世紀明朝末年，鄭成功驅逐了在台灣的荷蘭人之後，福建、廣東等東南沿海省分的中國人開始遷移到台灣，他們將傳統中國的生活方式帶到當時為農業社會的台灣。清朝對台灣正式實行墾殖，經由文化、教育和社會發展，建立起了一個儒家的中國人社會。⑰

台灣後來又被割讓給日本，由日本殖民達五十年（1895-1945）。在日本殖民期間，台灣主要為日本生產農作物品。所以，台灣當地的農業技術和工業化的雛型都是在日治時期打下基礎。在社會文化方面，即使在一九三六年殖民後期，日本決定對台灣推行皇民化運動與措施，要求台灣人民改用日本姓氏和改說日語，但是，整體而言，日本殖民者並未破壞台灣當地的家庭及親屬系統，台灣的百姓仍得以維持中國的家庭結構和價值。⑱

一九四九年，中國共產黨贏得國共內戰，成立了中華人民共和國，失守的中華民國國民黨政府則退居並執政於台灣。國民黨為了與大陸的共產黨相抗衡，以及為求取國際間的認可來代表所謂「真正的中國」，企圖在台灣建構起一個「正統的」中國人的文化認同所在地。除了訂定中國的官方語言，也就是標準國語（即普通話）為台灣的官方語言，並致力於將傳統儒家的核心文化（譬如，家庭主義和敬重權威），強化至台灣人民的意識形態系統和文化制度裡。⑲

尤其是當共產黨在大陸如火如荼展開文化大革命的十年間，國民黨在台灣則大力推行並貫徹中華文化復興運動。各級教育系統，全國中學和大學入學聯考及國家公務人員考試，都將儒家四書五經的內容納入教材，並列為必考科目（即國文）。因此，儒家的傳統已被策略性和政治性地移植到台灣，並且更增強了台灣人民的傳統中華文化價值觀，即使台灣人民絕大多數原本是三、四百年前來自東南的中國。

如本書第一章所述，台灣在一九六〇和一九七〇年代經驗了快速的工業化、都市化、教育擴張和接觸西方價值，女性有了正式受教育和離家外出工作的機會。⑳處女情結仍被社會所強調，年輕人在擇偶時是基於自由戀愛，雖然大多時候得徵求父母同意。在一九八〇和一九九〇年代，台灣進入新興已開發國家之列，民主政治的發展受到國際矚目，開始嶄露頭角。

本書第一章和第二章已詳細分析了台灣婚前性規範和性行為的變遷，我在此只強調那兩章的兩個重點發現。第一點是，根據一九八六年的台灣全島調查樣本顯示，婦女婚前性行為的比例顯著增加，但是，這個西方學者所稱的「悄悄的性革命」其實並不是一個真正的革命。因為，絕大數台灣婦女的婚前性行為是發生在訂婚後或論及婚嫁的階段。換句話說，從一九五〇年代到一九九〇年代中期的台灣，浪漫愛、約會和婚前性行為雖然有所改變，但這種發生在以結婚為前提的「婚姻情境」（marital context）裡的婚前性行為，還是以傳統中華文化的價值為基礎。

第二點是根據一九九四年我所收集的焦點團體的資料，發現台北年輕男女的婚前性道德觀隨著性別、年齡、成長的世代和教育程度而有所不同。並且，他們所表達出來的性道德規範，顯示出兩性對親密關係本身的期待和在關係中的角色已經做了調整。

這種調整似乎不是直接採自西方進口的性觀念，而是一種全球和在地價值的混合體。當女性失去了她的「第一次」而不再是處女時，中國傳統文化裡的處女價值觀則顯露出來。男方覺得應該負起對女方的責任而娶她，因為多數人的性行為多半不是隨便或胡亂發生的。而女性則得預期不再是處女的後果，評估對她在婚姻市場價值的影響，以及嫁不出去而不結婚的風險。

另一方面，婦女在經濟上的新的獨立地位，讓她們看到婚姻不再是她們未來生活唯一的依靠，所以，她們可以不必把自己是否為處女看得這麼重要。並且，她們也增加了對男方性忠誠的期待。在同時，男方或許也得學習接受女方「未加熟慮」的過去。因此，在這種男女期待的再調整之下，我們可以預期台北的男女兩性在親密關係方面將走向一種新的平衡。

香港的婚前性自由化：在英國殖民統治下背負中西文化傳統的雙重影響（doubling traditions）

清朝在鴨片戰爭中敗給了英國，香港被迫租借給英國而被殖民了九十九年（1989-1997）。英國政府把香港發展為國際貿易港口，給了香港在一九六〇年代快速工業化和都市的動力，㉑婦女也開始有了正式受教育和離家就業的機會。㉒

到了一九七〇年代中期，由於殖民政府的不干預政策、發展良好的基礎建設和通訊系統、低稅率與訓練良好的勞動力等等優勢，香港已經享有「中外投資者的天堂」的美譽。㉓在一九八〇和一九九〇年代，與台灣一樣，香港在國際間也享有「亞洲四小龍」之一的名聲，殖民國和殖民地雙方都受惠於繁榮的經濟發展。

在社會方面，英國政府並未干預香港的華人家庭系統，譬如，類似一夫多妻制的妻妾安排一直到一九七一年才被廢除。㉔在文化方面，中國傳統的儒家文化則無法從殖民地的正式教育系統或由在地的精英來傳遞。香港的華人主要是透過家庭和民俗活動來接觸中國文化。㉕香港的中國文化可以從《香港華人的精神》（*The Ethos of the Hong Kong Chinese*）這本書的一段話見出端倪：

「因為殖民地沒有農地地主或是鄉紳學官這一類的階層，這類階層原本是保護儒

> 家道德規範的守衛，和有能力影響當地教育課程的內容，沒有了他們，香港中國社會的傳統已經被大幅減弱。另外，香港的文官考試不考儒家經典，更是將儒家包涵的諸多實用價值貶黜或邊緣化。雖然儒家影響仍存，但是，主要是靠社會習俗和家庭裡的社會化，而不是來自制度性的支撐。」（Lau & Kuan，一九九一，第三四頁）

因為香港被英國殖民近一百年，受到西方文化的影響是無庸置疑的。如前面提到，儒家文化對香港的影響主要經由家庭，而多數「公領域」則是以殖民者的「輸入／投入」（inputs）為主。所以，英國文化、系統、制度對香港的影響處處可見。如同陳健強（Chan）（1986）的論點：香港人是「中國的」／「華人的」，也是「英國的」，但也是兩者都不是」（"[Hong Kong people] were both Chinese and British, Hong Kong people were neither category"）。㉖在殖民系統下，任何被分類成屬於「中國的」／「華人的」（Chinese）則被看成是比不上或是次於「英國的」（British）和「西方的」（Western）。㉗

西方傳教士文化在香港有其特別的影響力，多數私立精英中小學是基督教會學校，宣導基督教是必修教材的一部分，儒家經典則不是必修課程。並且，香港人所接觸到的是西方一九六〇年代性革命之前的基督教，所以，難怪香港年輕人的性道德觀念是受到基督教教義的影響，㉘而將非生殖有關的性愉悅或違反傳統基督教的性規範視為罪過，而和罪惡感連在一起。

同時，傳統中國的家庭主義和性規範，以及違反性規範而導致丟臉的後果，也經由家庭的社會化，成為香港年輕人性道德規範的一部分。換句話說，香港人所接觸到的，是來自家庭外殖民國的基督教文化，和來自家庭裡傳統中國文化的雙重保守價值觀。當他們違反了這雙重文化下的性規範時，將承受到「最完整的」道德上的約束力（the fullest sanctions），包括：宗教上的罪惡、內心的罪惡感和在外覺得丟自己和家人的臉（sin, guilt and shame）。

我們可以從兩岸三地年輕人婚前性態度和性行為統計數字的比較，看到這種雙重道德上的約束系統對香港年輕人的影響。在一九九一年一項對一〇四一〇位香港和上海大學一年級學生的調查樣本顯示，香港學生的性態度和性行為都比上海學生來得保守。上海學生在「後毛」（Pos-Mao）時代所受到的道德約束力僅來自家庭和有關面子的考量。

另一項比較是我在一九八〇年代末所做的香港和台灣高中生性態度與行為的研究。我發現香港高中生的性行為比台灣學生開放，但是他們的性態度卻比台灣學生保守。有關數據如下：

性行為方面，台灣三〇二二位女學生的樣本中，二．三%有過婚前性行為，在一五三七位男學生的樣本中，一〇．七%有過此行為。而在香港七二一位女學生的樣本中，一三．五%有過婚前性行為，七五〇位男學生的樣本中，一七．四%有此行為。

有關性態度方面，台灣高中學生的性態度與對兩性關係的嚴肅程度有關。對於「女生喜歡男生」的情況下，二一．二%的男生和二．九%的女生認為婚前性行為是可以接受的。若是在「女生與男生相愛」的情況下，三三%的男生和七．二%的女生認為婚前性行為是可以的。若是在已經訂婚的情況下，五三．六%的男生和一四．六%的女生贊同性行為。相對來看，一

一・四％的香港男學生贊成在約會的階段可以有性行為，只有二・六％的女學生表示贊成。㉙

至於為什麼香港學生的性行為比台灣學生開放，但是他們的性態度卻比台灣學生保守？一個可能的解釋是，模仿行為要比改變根深柢固的觀念與態度來得容易。另一個可能的解釋，則是與社會中促進或抑制的機制有關。譬如，在一九八〇年代的香港，避孕器材普遍，墮胎也是合法的，兩方面都被視為受西方文化的影響，對年輕人的性行為有鼓勵的作用。在台灣正好相反，西方價值影響了年輕人的性態度，但是，他們的婚前性行為受到許多限制，因為避孕器材和墮胎在台灣只限於已婚婦女能夠獲得。所以，這個例子顯示出社會制度如何影響到人們的性行為。

總括而言，在一九九〇年代中期以前，兩岸三地華人社會各有其不同的過程和邁向性自由化的路徑。香港華人的保守性態度，來自儒家傳統和將近一百年英國殖民之下基督宗教的價值，因此，香港年輕人是在此雙重文化價值影響、但又易於得到避孕器材的路徑上，走向性的自由化。相對來看，中國大陸接連兩度推翻傳統，也就是從一九五〇年代到一九七〇年代，中國共產黨先是推翻了所謂「封建的」儒家傳統，從一九七八年改革開放開始，已經建立的毛澤東思想和清教徒式的共產主義傳統又遭拋棄。在這種「傳統」接連受到否定的背景下，舊的性道德規範正在鬆綁，新的價值觀則如洪水般湧進。㉚在台灣，現代化和傳統儒家價值相結合，西方價值被修正為適合華人的傳統，導致了一種特有的中西合璧結果。

所以，兩岸三地華人社會年輕人有三種邁向性自由化的路徑：在香港是經由「雙重的文化傳統」（doubling traditions [and sanctions]），在中國大陸是經由「雙重的否定傳統」（double-negating of traditions），而在台灣是經由奠基在「傳統中華文化框架下的現代化」（orthodoxy with modernity）。

這三種不同的路徑正可以回答我在本章一開始所提出的問題。因為二度否定了傳統，所以出現在一九九〇年代中期以前，即使上海比台灣和香港較晚開始現代化，上海大學生的性態度和性行為卻比台灣和香港的大學生更開放。受到雙重的文化傳統約束和避孕器材的方便取得，使得香港高中生的性態度比台灣高中生來得保守，而香港高中生的性行為卻比台灣高中生要開放。㉛

一九九〇年代中期以後的性自由化趨勢：一個像西方一九六〇年代的性革命來臨了嗎？

與一九九〇年代中期以前相比，一九九〇年代中期以後，不論是否處在論及婚嫁的關係裡，更多的兩岸三地的年輕人有過婚前性行為。例如，香港計畫指導會在一九八六、一九九一、一九九六與二〇〇一年，每五年對香港十九到廿七歲已經離開學校的青年所做的一項「青少年與性研究」中發現，男女青年有過性經驗的比例都在逐年增加。男性青年有過性經驗的比例為：二六・八％（一九八六年）、二九・三％（一九九一年）、三一・一％（一九九六年）與三九・

七％（二〇〇一年）。女性青年有過性經驗的比例則是：一八・九％（一九八六年）、二二・八％（一九九一年）、三〇・九％（一九九六年）與三二・四％（二〇〇一年）。不過，這幾次的離校青年調查樣本都包括了單身和已婚或同居的青年，所以，這些數據同時包括了婚前和婚後的性經驗。㉜該研究在一項二〇〇一年對香港十三到十八歲在學青年所做的調查顯示，一一八六位男生中，八・七％有過性經驗，而在一六七八位女生中，五・二％有此經驗。㉝

在台灣方面，婚前性經驗的研究多半是針對在學學生所做的調查。例如，行政院衛生署國民健康局的前身機構，衛生署家庭計畫研究所，於一九九五年和二〇〇〇年，對台灣地區所有高中、高職及五專在校學生，抽取隨機樣本而做的調查研究中發現，男女學生在這五年期間，婚前性行為的比例都顯著地增加。男學生有過性行為的比例由一九九五年的一〇・四％增加到二〇〇〇年的一三・九％，而女學生的數據則是由六・七％增加到一〇・四％。㉞另一項一九九七年對十九到二十歲台北五專學生的調查發現，三五・二％的男生和二六・七％的女生有過婚前性經驗。㉟

中國大陸方面，並沒有像香港或台灣一樣對青年性行為做一系列隨機抽樣來得到調查數據，以顯示一九九〇年代大陸年輕人婚前性行為的變化趨勢。大陸在這方面只有一些零星的、小樣本的調查報告。例如，二〇〇三年，一項對深圳高中學生的調查報告指出，一〇・三％的男生和四・四％的女生有過婚前性經驗。㊱二〇〇四年，一項對雲南大學生所做的調查報告刊載，三九・四％的男生和二〇・八％的女生有此經驗。㊲在同年，一項對江蘇十五到四十九歲談過戀愛的未婚女性的研究發現，二八．五七%有過性經驗。㊳這些量化調查資料並無法呈現中國大陸一九九〇年代中期以後人們對婚前性行為的態度和行為的全貌，或足以與一九九〇年代中期以前的統計數據相比較。但是，中國大陸的一位性研究學者李銀河，在二〇〇一年的訪談裡指出：「在一九八九年我做的一項調查顯示，有一五%的北京人有過婚前性經驗，現在的數字至少是三到四倍」。㊴

一九九〇年代中期以後，兩岸三地年輕人的婚前性態度和道德觀何以漸趨相似？

我個人對這三個社會變遷趨勢的一系列質化研究則顯示，儘管這些社會邁向性自由化的路徑不同，於兩岸三地大城市成長並受高等教育的年輕人，在一九九〇年代中期以後，婚前性行為的態度和行為變得很相似。這個社會階層的青年接觸到的是最前衛的價值觀念。所以，我曾在一九九四年和二〇〇五年對中國大陸、香港與台灣受大學教育以上的都市青年做過深入訪談。

我於一九九四年在上海所做的訪談中，大學生基本上將「性」的適當性與論及婚嫁的關係相連，他們強調重視女性的貞操。多數女性受訪者相信，不是處女者將很難找到丈夫，並且大多數男性受訪者的確想要娶處女。

在我二〇〇五年的訪談裡，所有在上海、北京、香港和台北成長的受訪青年都贊成，只要是在相愛且已有相互承諾的戀愛關係裡，性行為是理所當然的，因為性是戀愛關係很重要的一部分。大多數受訪的青年估計，在他們所知道的人裡面，約有五〇%到八〇%的人有過婚前性行為。

至於在中國大陸的小鎮和鄰近農村地區，有些年輕人在還不到論及婚嫁的階段就有性行為了。學者們在二〇〇五年對上海周邊靠近農村地區所做的一項質化研究發現，在某些情況下，年輕戀人的初次性行為父母是默許的，或至少不會阻止，因為父母認為，有了性關係可以讓小倆口的關係更穩定。㊵

我的質化研究顯示，自一九九〇年代中期以來，兩岸三地年輕人婚前性態度和道德觀趨向類似，或許是由於三項因素：三地的經濟發展水平趨於類似；未婚男女容易取得避孕器材；而且經由電腦網路和全球化的媒體，人們廣泛接觸到西方性潮流和浪漫愛情的理想。那麼，進一步的問題是：在這樣的共同趨勢下，兩岸三地是否已經走上了像西方社會一九六〇年代那樣的一個真正的性革命？

華人社會尚未真正經歷過性革命的原因

我在本書中的論點是：這些當代華人社會並沒有經歷過一個真正的性革命，因為，婚前性行為主要還是發生在具有承諾的長遠關係裡，並且，年輕人仍然是以他們的家庭角色來界定自我，並以實踐家庭主義為日常生活的根本價值。在我二〇〇五年對二十九位成長於兩岸三地大都市年輕人的訪談中，受訪者表示仍以家庭的和諧為一個重要的人生價值。譬如，他們擇偶的要件之一是：「對方必須要和我的父母合得來，而且要對我父母好才行！」㊶

家庭取向

這樣的家庭取向，毫無疑問地促使兩岸三地年輕人的性規範走上相似的模式，尤其是中國共產黨在改革開放之後，已經從上向下積極宣揚恢復儒家哲學和價值。在二〇〇五年九月廿八日的孔子二五五六年誕辰日，透過黨營的電視台，全國上下舉行自從一九四九年共產黨建國以來，最盛大的一項官方公開慶祝活動，包括許多高階共產黨幹部在內，超過二五〇〇人到孔子出生地山東曲阜進行朝聖之旅。㊷

中共政府在二十一世紀初最新的文化政策，是將儒家主義回復成社會裡的道德基礎，來填補因為否定傳統而導致的社會價值真空，以及抗衡蜂湧而入的西方價值。同時，儒家價值還可以用來恢復社會的和諧與穩定，因為自從改革開放以來，市場經濟所伴隨而來的快速社會變遷，使社會貧富不均愈來愈嚴重，社會的不穩定也愈趨惡化。這個回到儒家傳統的文化政策，也強化了一九九七年回歸大陸後的香港對中國文化有更多的認識。

和諧：一個華人內心的習慣

如同我在本書自序中提到過，我曾在二〇〇七年對北京的十二位和香港的五位文化精英做深入訪談。這裡所指的文化精英包含三類：文化政策執行者、文化媒介或傳達人，以及文化創新者（請參見〈自序〉註釋①對這些文化精英類別的界定）。其中最年輕的將近三十歲，最年長的大約五十五歲。所有受訪的文化精英都不約而同地提出「和諧」這個價值。不管這些文化精英是如何來界定他們口中所謂的「傳統」，他們認為，「和諧」應該被當今世界所保存，並做為理想現代中國或香港的一個重要的傳統價值。尤其是我在北京的受訪者，對於當前中國社會的貧富不均，和有些僱主嚴重剝削員工的現象，深為感傷並抱不平。

身為一個研究者，我所看到在北京和香港的受訪者中，「和諧」這個價值觀念在他們心中的分量，聽起來像是身為中國人的一個根深柢固的價值觀念。它似乎是遠遠超越近年來任何一項中國政府的文化政策，或是「發展一個文明和諧的中國社會」的口號，在短短幾年內所能夠對中國人帶來的影響。即使有些受訪者對政府抱持批判的角度，堅信現代中國應該接納自由、民主和多元價值等所謂的當今世界的普世價值，但他們仍舊認為「和諧」這個中國人的傳統價值在今天的重要性。

我個人則視「和諧」這個價值觀念為一個「華人內心的習慣」（"the habit of a Chinese heart!"）。多數受訪者認為「和諧」的價值是：「如果我們與家人及周遭其他重要的人之間沒有和諧的關係，我們的內心就沒有平靜。一個內心有衝突的日子是不好過的。」他們完全同意儒家的名言：「家和萬事興」。他們也覺得，中國人善於用實際的方法或策略來降低人際間關係的緊張，終而使個人能夠達到內心的平靜。

儒家所強調的人際關係的和諧，是自我能夠達到內心平靜的一個基本要素。我有一個受訪者，擔任進口女性雜誌北京版的編輯，她在宣揚雜誌的三個「F」，也就是：好玩（fun）、不怕（fearless）和有女人味（feminine）的同時，也仍舊強調中國文化裡的和諧觀念與價值。對她來說，身為一個三十幾歲、已婚、有一個小孩的女性，她認為內心的和諧與另一個中國文化的傳統觀念「中庸」是密切相關的。她說：「太過極端或激進的東西或做法，是不會帶給這個社會和個人內心平靜的。這就是為什麼我不贊同西方的女性主義，因為男人和女人大不相同，但是彼此的角色是可以互補的，要求兩性變成一樣真是又極端又沒有幫助！」

我的北京和香港的男女受訪者，多數都持有跟這位女編輯一樣的，「不要太極端」和男女性別角色是互補的觀念。這位女編輯也強調，她所編輯的國際女性雜誌的北京版，雖然是一本在地雜誌，但是該雜誌同時宣揚西方和中國的兩種文化價值。她所指的西方價值主要包括：忠於自己、做自己的選擇、對自己所做的決定負責，以及當事情發展不符合預期時，不要去怪罪別人。而她的中國價值則包括了一長串的項目：「我認為有些傳統中國人的德性是很好的，譬如：溫和、善良、有禮、節儉、含蓄、犧牲自己、任勞任怨和重視家庭。」

同時宣揚這兩套西方和中國的價值，表面上看似相互衝突，但是，中國人的德性似乎還是處於一個比較基本的位置。也就是說，一個任勞任怨、含蓄、溫和、強調為家庭犧牲的女性，當事情不如所願時，是不會怪罪別人的，因為這是她自己的選擇。

孝道

最後，我所有北京和香港的受訪文化精英都認為，孝道是優良的中國傳統核心，應該保存下來。如同一位香港三十幾歲女性主義學者、也是倡導古蹟維護的女性受訪者所指出：「香港從一九六〇年代以來的國民住宅政策，主要是為瞭解決過度擁擠的住房問題。每一個成年人都可以用自己的名義申請一戶國民住宅，可是，不幸的是，這種住宅政策使我們不能和年老的父母住在一起來盡孝道。香港現在人口老化的現象，已經使政府重新來檢討這個未經仔細思考的住宅政策。」

雖然如此，另一位身為某大報編輯的男性受訪者則提到，他年邁的父母與他哥哥同住，兄嫂照顧父母，而他的父母也照顧兄嫂的小孩。一位北京明星學校負責公民教育的年輕女主任則表示：「我們教導學生要對父母感恩，贍養年老的父母是我們的責任，而且中國有法律來處罰不奉養父母的不孝子女。」

因此，台灣已不再是唯一保存核心儒家價值的華人社會。

從規範內變成規範外：一條迂迴轉折的共同路徑

本章已經解釋了兩岸三地邁向婚前性自由化的不同路徑，以及一九九〇年代中期以後對婚前性態度和性行為的共同趨勢，我在本節將探討中國歷史上過去被視為「常態」或屬於「規範內」（normative）的性，也就是色情繪畫、色情文學和書刊，娼妓以及同性戀。但是，在現代華人社會裡，因受現代化和西化的影響，這三方面的「性」反而已經變成「非常態」或「規範外」（non-normative）的性了。

色情繪畫、色情文學和書刊

在中國傳統文化中，色情繪畫、文學和書刊已經存在了一千多年，並且，歷史上娼妓是中國男性被容許的、「規範內」的性管道。在共產主義下的中國大陸，毛澤東思想或社會主義思想，源自於馬克思的政治意識形態，其實可視為一種特殊的西方化。自從社會主義的中國在一九四九年建立之後，色情繪畫、色情文學、書刊及娼妓都立刻被禁止。然而，到了改革開放後的二三十年間，色情讀物的印刷和錄影帶猖獗，黃色刊物已經成了當今中國大陸無論在都市還是鄉村的年輕人，性教育最主要的信息來源。㊸

在香港和台灣，色情印刷品都有年齡限制的分級制度。成年人擁有或是看色情刊物並不犯法，但是散布它們、尤其是給十八歲以下的青少年閱讀，則是觸法行為。在一項香港一九九六年對九六四位十八到廿七歲年輕人樣本所做的調查顯示，七〇．二％的男性和四三．四％的女性曾經購買或租過色情雜誌、錄影帶、電影、漫畫、電腦網路或電話。㊹在台灣，根據一項一九九六年對高中和五專學生的調查，九〇％的男生和六〇％的女生曾經閱覽或消費過這些色情讀物或影片。㊺研究並發現，如同在中國大陸，色情刊物已經取代了父母和學校的位置，成為兩岸三地青年學習性知識和技性巧的來源。㊻

娼妓

中國大陸上娼妓的再出現對政府官員來說是個挑戰，法規也因此變得嚴格。有些被查到的地下妓院經營者甚至被判處死刑。㊼根據學者們在一九九〇年代和二〇〇〇年代初所收集的實地田野質化資料，娼妓業是在一九八〇年代再現江湖，並從一九九〇年代開始在中國主要大城市迅速擴張。妓女主要的來源是內地貧窮的農村省分，㊽市場需求的主要來源則是來自其他國家、香港、台灣的生意人，和本地出得起錢的男人。一項一九九九至二〇〇〇年芝加哥大學對一八九〇位二十到六十四歲中國男性所做的隨機抽樣調查，發現有三．三％已婚或同居中的男性，和二．六％未婚男性在過去一年內曾經嫖妓。㊾

在英國殖民下的香港，娼妓業自一九三五年開始變成非法行業。雖然一九九七年香港回歸後，經營娼妓業仍是非法的，但是，香港的性產業已經變相轉到了地下，包括色情按摩館、魚蛋妹、時鐘酒店、私鐘妹、高鐘妹等等形式。對香港十九到廿七歲的離校年輕男性所做的一系列三個調查發現，一九八六年時，三六・二％的受訪者贊成單身男性去買春，在一九九一年和一九九六年的調查中，贊成的比例則分別為二八・四％和三〇・七％。⑤⓪此外，在一九九六年的調查中，有一〇・二％受訪者的初次性經驗是與妓女發生的，並且，一三・九％受訪者至少跟一個以上的妓女有過性關係。⑤①

在台灣，娼妓業在日據時期是合法的，由日本政府發給執照營業。當台灣於一九四五年歸還中華民國，中華民國在台灣的政府則禁止娼妓，停止發給經營者執照，但已經擁有執照的妓院則允許繼續營業，直到妓院擁有人過世為止。⑤②但是，性產業仍舊存在，轉成了地下經營。

兩岸三地資本主義的市場經濟，尤其是改革開放後的中國大陸，在某個層次上提供了部分年輕女性一個新的手段來達成舊的（或傳統的）目的，譬如，她們把賺來的錢供給在貧窮地區的老家負擔家計。或者，在另一個層次，一些年輕女性用賣春這個舊手段來達到新目的，譬如買昂貴的名牌精品給自己。

同性戀

男同性戀的戀愛對象不屬於傳統上恰當的性伴侶類別。也就是說，他們不算是妻、妾或妓女，所以，男同性戀在中國歷史上是不符合傳統性規範的理想形式。但是，只要男同性戀者仍然娶妻生子、盡到傳宗接代的義務，就能為社會所容忍或接受。另外，男同性戀被視為是一種屬於皇室和上層社會貴族的活動。[53]

中國歷史上女同性戀的例子則比男同性戀少見，但是「磨鏡」一詞可以證明有女同性戀的存在。磨鏡是指女同性戀者的性行為，也是社會所容忍的。[54]在社會主義下的中國大陸，同性戀活動者過去被視為流氓罪，被抓到的話，可判最重五年的徒刑。[55]公共輿論傾向譴責同性戀，尤其是怪罪於西方不良的影響，認為同性戀是對中國的精神污染，或這是一種「西方社會的疾病」。[56]

我們應該瞭解，同性戀在中國的傳統和歷史上是社會所容忍的。其次，我們應該反思，在二十世紀的前半個世紀，到底是透過何種的社會、文化和政治變遷過程，同性戀在中國會從一個還算是「常態」的行為而被界定成為「非常態」的？這可追溯到民國初年，五四運動時期的知識份子，鼓吹現代化就是要西化，強調科學至上。二十世紀初西方科學的論證把同性戀視為一種疾病。在共產主義的中國，現代化則是受到蘇聯和毛澤東的馬克思主義及其道德觀的影響，將同性戀看作是道德的墮落。[57]

因此，在現代的中國大陸，同性戀者和支持同性戀的人得努力的將同性戀從社會主義道德標準下所界定的「非常態」的地位，再爭取為一個「常態」的地位。抗爭的理由則是強調當代西方所重視的人權價值，而不是回歸中國歷史傳統的脈絡。同樣地，西方學者也傾向用「個人慾望的民主化」（democratisation of desire），以及主張各種不同「性取向」（sexual orientation）是個人所應賦予的「性公民權」（sexual citizenship）等的觀念，來看待與討論當今中國大陸同性戀者的權益問題。⑱

我認為用西方的觀點來討論中國人的同性戀是不適切的。我們可以從我在二〇〇七年對一位北京男同性戀者，和一位上海的女同性戀者的深入訪談中看出端倪。他們兩位都是二十五、六歲的年輕人。我的男性受訪者是北京一所名大學的博士班學生，計畫申請博士後的獎學金到歐美去深造。我的女性受訪者是中專畢業生。他們深怕父母因為自己的性取向和別人不同而丟臉，所以刻意隱瞞。因此，父母親都不知道自己兒女的同性戀取向。他們說，在他們圈子裡的人，通常都不會讓父母知道。

我的兩位受訪者都表示，終究有一天，他們會為了顧大局而離開他們現在的圈子，跑去結婚、生小孩。聽起來，他們似乎把同性戀看成是婚前的一個人生階段，而且，同性戀的生活方式可以只限定在他們的小圈圈裡，不必持續到永遠。誠如我的一位男同性戀受訪者所說：「因為，到了真正成年人的人生階段時，我們將有許多重要的事要做，或者有責任要負。」

他們兩位都提到，在他們的圈子裡面，有些人會用某些方法來完成父母的期待。譬如，為了父母而結婚，生了小孩之後就離婚。或者，有些男同性戀者和女同性戀者結婚，但雙方各自有自己的情人。這些策略性的安排，無疑會影響到他們無辜的小孩，或者被蒙在鼓裡的配偶的福祉。但是，對這兩位受訪者和他們所提到的小圈子裡的人來說，他們的看法和做法都顯露出，他們對傳統中國家庭觀念的遵循，多過於關注自己同性戀取向所應享有的人權。這也顯示出，這些同性戀者並不是以他們的性取向來界定自我。孝順父母，以及男同性戀者應有的傳宗接代義務，才是界定「他們自己是誰」（who they are）的最基本因素。

香港在英國殖民的大部分期間，同性戀活動是違法的，直到一九九一年近殖民末期才予以除罪化。原先針對同性戀的法條是，犯了任何「粗暴猥褻」的行為可判兩年徒刑，肛交可判以無期徒刑。59在台灣，同性戀活動並沒有特別在刑法的條款中加以規定，但是，在公共場合發生違反他人意願或是被視為妨礙風化的行為，則會遭警方取締和處罰。60在一九八七年台灣戒嚴法廢除之前，有關同性戀的論述很少。戒嚴法廢除之後，社會上開始出現許多關於同性戀者的人權和公民權益的議題與討論。

如同中國大陸，西方學者基本上也是用「性公民權」的觀點來看待台灣同性戀的問題。他們認為在戒嚴時期國民黨專政時，因為壓制有關同性戀的議題使同性戀者沒有發聲的管道而被邊緣化。61這種解釋大有商榷的餘地。我的解釋是，戒嚴時期同性戀者的無聲基本上與政治迫害無關，因為同性戀在那時不是個政治議題，並不像台灣獨立運動在戒嚴法條之下的確是個禁忌以及被禁止的。不論異性戀或是同性戀，有關性的議題都不是公共領域所討論的話題，因為，就中國傳統性規範而言，性是在臥房內說的。

並且，在儒家傳統裡，異性戀比同性戀重要得多，因為家庭主義強調傳宗接代，所以公共議題和政策只關注在與異性戀有關的課題上。從這一方面來看，在西方的人權觀念輸入到中國社會之前，同性戀在個人層次雖然不符合傳統性規範的理想，但是，只要盡了傳宗接代的家庭義務，個人同性戀的取向不是一件了不得的事情。

近些年來，台灣人對同性戀議題的接觸，和對同性戀者權益的支持都增加許多。每年在台北舉辦的同志遊行，由二〇〇三年的五百人變成二〇一〇年的三萬人。二〇一〇年的遊行主題是「投票給同志政策」，因為台灣同志運動者抱怨沒有任何一個政黨對同性戀議題提出具體的政見。62

雖然，台灣社會的同性戀議題已經在同志運動者的宣導下能見度大增，但是，許多同性戀者所過的生活與對岸中國大陸同志生活的取向差不多，這可由一對三十多歲在台北的女同性戀伴侶的故事中流露出來。這兩位女同志過去不敢告訴母親自己的性取向，直到她們從國外讀書返台住在一起後才向母親透露。其中一位不敢告訴父親，她認為父親很固執，一定不能接受。另一位的父親已經過世，她認為即使父親還在世，他的思想觀念也不會有足夠的彈性可以接受這樣的事實。換句話說，她們兩位都想像自己的父親會因個性上的限制而使他們無法容忍她們不符合傳統的性取向。她們的母親則已經接受了自己女兒的同性戀取向。其中一位母親認為，有一個好伴侶來照顧自己的女兒才是重點。另一位母親也沒把這件事看得太嚴重，只告訴她女兒：「這只是妳現在的情況而已，有一天妳也許會改變主意的。」

這對戀人表示：「或許因為我們沒有像男同性戀者傳宗接代的壓力，所以，對我們的媽媽來說，我們的這種關係雖然和傳統的不一樣，可是還是可以令她們接受的，或者，至少是可以容忍的。而且，現在許多受高等教育的女生本來也都不結婚。我們知道男同志比較難取得家裡的同意，因為有傳宗接代的問題，不過，現在很多父母也都不再這麼在乎傳宗接代這種問題了。如果有愈來愈多的父母都不在乎這個問題的話，男同志的日子就會好過多了。」

華人社會色情書刊、娼妓與同性戀的自由化：從「規範內」到「規範外」，再變成「規範內」的一道獨特路徑

總結來說，中國歷史上「常態下」或「規範內」的性態度和行為，在現代化和西化的過程中已經變成了「非常態」或「規範外」的性活動。並且，因為全球化之下西方的人權和正義等普世價值的影響，這些規範外的性活動又再被「正常化」而邁向解放之途。譬如娼妓業所謂的「性工作者」的專業化（professionalising sex workers for prostitution），色情書刊被「言論自由」（free speech）的法條所保護，以及同性戀性行為的除罪化（decriminalising homosexual acts）等。

這些性自由化的全球趨勢使得兩岸三地看起來也是趨向這個不可逆轉的、西方現代化的潮流。可是，在這潮流之下，華人社會裡的這些「非常態」或「規範外」性活動所邁向自由化的共同路徑，與這些規範外性活動在西方得到自由化的路徑是不同的。因為這些所謂「非常態」的性活動其實原本是中國傳統「常態」的一部分，在華人社會表層之下這些活動其實總是存在的。

跨文化「橫切」比較的誤謬

從一九五〇年代到一九九〇年代中期，兩岸三地邁向婚前性行為自由化的路徑有所不同。在一九九〇年代中期以後，這三個社會裡年輕華人的婚前性態度和行為變得相似，看似走向西方的潮流，但是，在表面趨勢之下的意義卻與西方不同。另一方面，這些和全球接軌的現代華人社會，經由現代化的共同路徑，他們原本歷史上已經存在並被容許的色情文學、繪畫或刊物，娼妓以及同性戀等，都在近代被重新界定成「非常態」或「規範外」的物品或活動。然後，再經過西方人權觀念的洗禮而又邁向了自由化。

所以，經由本章的論述，我們可以再次地驗證，直接採用以西方為本位的現代化觀點，來瞭解東方或是其他非西方社會裡的現像是不恰當、也不正確的。

打個比方，在當今的全球村裡，許多國家都因現代化而看起來很像：處處是高樓大廈、大城市裡車水馬龍，人們愛穿牛仔褲、吃麥當勞、喝可樂、提著名牌包等等。如果我們看到與鄰近國家有這些與現代西方相似的表面，就以為我們和鄰國的居民們愈來愈像，那麼我們則犯了類似「攔腰一截」、「斷章取義」或「一概而論」的誤謬。我們應該先問：我們的鄰居是從哪兒來的？他們真正要往哪裡去？這種「橫切」比較的誤謬可以比喻成：我們把兩株大樹的樹幹攔腰一截，直接把兩截樹幹拿來做比較，而不管它們上頭的樹葉或是下端的樹根是否屬於不同的種類。

我將在本書第八章對中西文化傳統和現代背景下，性規範的來龍去脈做更深入的探討和比較分析。在此之前，我將先於本書的下一章探索兩岸三地當今年輕人心目中，所謂「現代」的意義是什麼（what being "modern" means）。

---

① Chang et al., 1997
② Fan et al., 1995
③ van Gulik, 1974; Hsu, 1983
④ Hong Kong Family Planning Association, http://www.famplan.org.hk
⑤ Zhou, 1989; Whyte, 1990; Xu & Whyte, 1990；劉達臨等，1992; Zha & Geng, 1992; Fan et al., 1995；李銀河，1996, 1991
⑥ Yan, 2003
⑦ Zhou, 1989; Zha & Geng, 1992
⑧ 劉達臨等，1992
⑨ Lyle, 1983; Honig & Hershatter, 1988; Riley, 1989
⑩ Qian et al., 2004
⑪ Evans, 1997，第二頁
⑫ Zha & Geng, 1992

⑬ Ip, 2003
⑭ Honig, 2003
⑮ Table 3, Whyte, 1990，第一九二頁
⑯ Chu & Ju, 1993
⑰ The Story of Taiwan, March 2004; Rubinstein, 1999
⑱ Barclay, 1954
⑲ Chun, 1994
⑳ Chang, 1996
㉑ Buckley, 1997
㉒ Salaff, 1981; Pearson & Leung, 1995
㉓ Chan, 1986
㉔ Pegg, 1986
㉕ Lau & Kuan, 1991
㉖ Chan, 1986，第二一〇頁
㉗ Tsang, 1990
㉘ Tsang, 1990
㉙ Chang et al., 1997
㉚ Lu, 1995
㉛ Chang et al., 1997
㉜《二〇〇一年青少年與性研究》，Hong Kong Family Planning Association, http://www.famplan.org.hk
㉝《二〇〇一年青少年與性研究》， Hong Kong Family Planning Association, http://www.famplan.org.hk
㉞ 林惠生，二〇〇二

㉟晏涵文等，一九九八
㊱謝立春等，二〇〇三
㊲于萍、趙文，二〇〇四
㊳岳慧等，二〇〇四
㊴Asia Week, 6 July, 2001
㊵Wang & Davidson, 2006
㊶Chang, 2005a
㊷Asia Times, 16 November, 2005
㊸Wang & Davidson, 2005
㊹Janghorbani, 2003
㊺林惠生等，一九九六
㊻Ng & Ma, 2001
㊼Ruan & Lau, 1999，第三六八頁
㊽Farrer, 2002; Yuen et al., 2004
㊾Merli & Hertog, 2004
㊿Ng & Ma, 2001，第二二四頁
(51)Ng & Ma, 2001，第二三四頁
(52)Taiwan Judicial Yuan Website: http://coswas.org.tw/
(53)Lau & Ng, 1989; Hinsch, 1990
(54)Hinsch, 1990; Ruan & Bullough, 1992
(55)Ruan & Lau, 1999，第三六二頁
(56)Ruan & Lau, 1999，第三六三頁

㊼ Evan, 1997
㊽ Jeffreys, 2006
㊾ Ng & Ma, 2001，第二二八頁
㊿ Taiwan Judicial Yuan Website: http://coswas.org.tw/
(61) Damm, 2005
(62)《聯合報》二〇一〇年十月三十日

5

教育水準愈高的都市青年愈不中國式？

「以前我們說，『有些人很開放』，現在呢？我們只說，『有些人很保守』！」

「我們不希望婚前性行為的風氣變得像西方一樣，因為沒有愛和承諾的性是沒有意義的！」

「我挑選的女孩必須和我父母合得來，而且要善待我父母才行。」

「將來我會照顧我的爸媽，公婆麼，我想我會盡力照顧他們，……也要看情形，看公婆怎麼對待我們。」

如同第四章中所討論，過去幾十年來，經濟發展、政治自由化和社會文化變遷等都陸續在台灣、香港和中國大陸發生。這些邁向現代化的變遷也影響到了兩性交往的形式、擇偶標準、婚嫁安排和婚前的親密關係。傳統性規範的鬆綁，成了社會變得開放、現代化和西化的一個指標。這種趨勢看似與傳統的現代化理論相吻合，其論述是：西方社會在現代化之下，性道德規範變得開放；而非西方社會的性規範，也在現代化和接觸到西方價值的西化過程中變得愈來愈開放。

建立在本書前四章的研究之上，我在本章進一步提出一個論點：表面上鬆綁的性規範，並不意味著所謂「現代」在這些華人社會的意義，與「現代」在西方社會的意義是相同的。

本章主要是在探索台灣、香港、中國大陸兩岸三地的年輕一代，在邁向婚前「性」自由化的同時，他們行為背後的性道德規範、對自我的認同、性別角色的界定，以及對愛情、婚姻、家庭的觀念，是否逐漸脫離了中華文化傳統而趨向於當代西方人的價值觀？對他們而言，「現代」的意義是什麼？

我的研究對象是這三個華人社會大都市裡，至少受過大學教育的年輕人。因為這一群人的教育及生活層面，比較有機會接觸到更寬廣的世界，尤其是西方的觀念及思潮。比起沒有受過高等教育或住在鄉村的年輕人而言，教育水準愈高的都市青年在這些方面的態度與價值觀念，或許比較不傳統、傾向西化，或是所謂的「先進」。瞭解這一群年輕人在這些方面的想法，或許可以幫助我們對這三個華人社會裡新一代年輕人的未來，看到一點蛛絲馬跡，包括他們是否真的會走向類似西方一九六〇年代的性革命。

我是用滾雪球的方式從不同的來源分頭招募合乎本研究受訪資格，受過高等教育的都市年輕華人受訪者。一個先決受訪資格條件是：受訪者必須目前對自己所處的或來自的華人社會很熟悉。他們可以是目前居住在兩岸三地的大城市，也可以是近年來雖然住在墨爾本，但是經常回去探訪、而且瞭解他們社會裡當前主要的社會文化議題。

每一個滾雪球的過程始於我分頭訪談至少兩位來自同一個社會（台灣、香港或中國大陸）符合資格的年輕人，但是這兩三位不能彼此認識，以避免物以類聚觀念相近的危險。我每訪談完一位，就請該受訪者推薦下一位，如此一個接著一個訪問下去。對每一個來自同一社會的人，或來自不同社會的人做訪談，都能增加新的訊息，使我對探討的問題有更深入的瞭解。這種滾雪球的過程不斷地進行，直到達成了所謂「理論飽合」（theoretical saturation）①的程度就停止。也就是說，若再多訪談一個人，也只是重複之前受訪者們的述說內容，並不能帶來對這個研究問題瞭解更多的新訊息時就停止。

根據上述的方式，我在二〇〇五年對兩岸三地共廿九位居住在台北、香港、北京、上海、廣州與四川，或目前住在墨爾本但是原先來自這些城市，具有高教育水準、經驗過兩性戀愛關係的年輕人做深入訪談（indepth interview）。其中有八位中國大陸人、九位香港人、十二位台灣人。這廿九人中有廿二位目前住在墨爾本，來到墨爾本的時間都不到一年半，五位受訪者目前住在台北，兩位目前住在香港。②

所有受訪者都受過大學教育，有四位並受過學士學位以上的教育。多數受訪者是在學學生，只有兩位是在職的專業人士。大多數受訪者的年紀介於廿至廿四歲之間，只有五位是在廿五到卅五歲之間。共有十四位男性、十五位女性。

鬆綁的婚前性規範

處女價值和雙重標準減弱，意義和對象也已經改變

我的訪談資料顯示，對受訪者而言，鬆綁的婚前性規範主要是表現在對處女價值和雙重標

準減弱的這兩方面。我的所有跨兩岸三地的男性受訪者都表示，他們不在乎自己的女朋友是否為處女。有些受訪者甚至說：「如果她是的話，是一個 bonus（意外的獎賞）！」但是，他們也提到，有些男人（特別強調不是他們自己！）還是想要娶處女。有句俗話：「男人希望自己是女友第一個約會的男人，而女人希望自己是男友最後一個約會的女人！」

相對於所有男性受訪者認為，自己不在乎未來的妻子是否為處女，我的多數女性受訪者，尤其是在台灣和中國大陸長大的，卻認為即使男人嘴上不承認，他們的內心其實仍然存著要娶處女的想法。當我問她們如何對應男人們的這種雙重標準，她們則回答：「我不想要這樣的男人當我男朋友！我會找不在乎我是不是處女的男人。」

另外，多數的男性受訪者認為，其實並非是男性、反而是女性自己仍舊持有處女情結。「許多女人只想把她們的第一次獻給她們真正所愛的人，或者是她們要嫁的人。」確實有些女性受訪者提到：「我很珍惜自己的貞操，我只想把它獻給我真正愛的人！」對這些女性受訪者來說，「第一次」是很珍貴、意義深重的。她們要把第一次保留給自己生命中一個特殊的人，而不是為了符合社會或是男人的期待。因此，傳統的處女價值不只是正在減弱，它的意義和對象也改變了。

婚前的性是基於愛情和責任

我的所有受訪者，不管男女、不論他們現在住在那裡，都把婚前性行為和愛，以及一個穩定長遠的關係連在一起。他們認為，當兩人相愛而且互作承諾，性是自然的，是整個關係的一部分，是表達愛的一種方式。所有女性受訪者都表達了這種類似的說法，但是，她們也提到這樣的說法或許不適用於全部的男人。

另一方面，即使所有男性受訪者都認為，性對男人而言只是一種生理需求，但是，他們都會不約而同地加上一句：「沒有愛的性，對我來說是沒有意義的！」

所有的受訪者都強調一種因婚前性關係而帶來的責任感。他們所提到的「責任感」包括兩個方面。一個方面是指安全的「性」，尤其是不能讓對方懷孕。如果一旦發生婚前懷孕，香港和大陸的受訪者認為墮胎是一個解決的方式；而台灣的受訪者則認為，若是關係穩定成熟，結婚比較好，墮胎是最後不得已的一條路。關於兩岸三地的避孕政策，香港是最先讓未婚的人可以合法取得避孕措施的社會。譬如，避孕藥在藥房就可以買到，不必醫師處方，保險套也可以在超商或自動販賣機方便購買。台灣和大陸的年輕人，則只有在一九九〇年代中期以後，才能像香港一樣容易取得避孕措施。有些台灣和大陸的男性受訪者還提到，在向老一輩的店主或店員購買保險套時的尷尬和難為情：「他們好像是用有色眼光來看我、不贊同的樣子！」

「責任」的另一方面是在這樣的情況下流露出來：「我要對跟我發生過性關係的女孩負

責。」有較多台灣和大陸的受訪者說出這樣的話。當我問：「你要怎麼負責呢？」他們則回答：「這樣我就會比較難和她分手！我會覺得必須多照顧她一點。」對這些台灣和大陸的男生而言，婚前性關係不只帶給他們和對方的親密感，還讓他們多了一份「男人對女人」的長期責任感。雖然這些男性受訪者聲稱自己不在乎女朋友是否為處女，他們還是覺得自己得對有性關係的女友負起責任，尤其如果女友是將第一次給了他們。

一九九〇年代以來的性自由化趨勢

所有受訪者都觀察到，自從一九九〇年代以來，在他們所住的大城市都愈來愈性開放。一位廿四歲來自北京的男性受訪者說，「以前我們說，『有些人很開放』，現在呢？我們只說，『有些人很保守』！」他的話意味著，在過去，性開放的人是少數，但是現在，性保守的人變成了少數。另一位廿二歲來自廣州的男性受訪者則注意到語言上的變化：「現在當我們問你曾經有過幾個真正的女朋友時，是指你有過性關係的女朋友有幾個。沒有性關係的不算是真正的女朋友。」

所有女性受訪者都認為婚前的性是重要的，因為若是婚後才發現彼此在性生活上不協調就太遲了。（男性受訪者倒是沒有提到這一點。）她們認為離婚是很糟的，尤其對小孩的傷害最大。所以，她們贊成婚前同居，「不然，我們怎麼知道兩個人每天在一起時能不能合得來？」

大多數受訪者認為，自己的父母如果知道自己有婚前性行為或是同居的話，是不會贊同的。不過，所有受訪者都提到，這種安排對已經離家而不再與父母同住的人來說就容易得多。

所有受訪者都將他們社會裡性自由化的趨勢歸因於受西方的影響：「透過每天來自網路和全球媒體大量的資訊」。但是，他們不希望「婚前性行為的風氣變得像西方一樣，因為沒有愛和承諾的性是沒有意義的！」他們都不贊成隨便的性關係、一夜情和婚外情。

傳統家庭價值的存續

擇偶：部分是為了父母

如果父母不喜歡自己所選的男女朋友，受訪者表示他們會設法說服父母，希望父母能逐漸認識並接受他們的伴侶。雖然聽起來，這些年輕受訪者像是堅持自己的自主性，大多數受訪者卻也提到，他們的伴侶「必須和自己的父母合得來，並且要善待自己的父母才行」。尤其，大多數台灣和大陸的男性受訪者更是不假思索地提到這一點。一位廿二歲廣州的男性受訪者描述他的先決條件是：「好像一半一半：百分之五十是彼此相愛，百分之五十是她要對我父母好。」所以，這個一半一半的先決條件，其實是包括了兩個必要條件，缺一不可。多數大陸的女性受訪者也提到「對方必須對自己的父母好」是擇偶的一個重要條件。

為什麼大陸的男女受訪者都堅持，對方得善待自己的父母是擇偶的必要條件呢？一個原因是與中國一胎化政策的結果有關。這群青年在這個政策之下身為家中的獨生子女，在訪談裡流露出一種強烈的情緒：「我是父母唯一的小孩，當我父母年老時，我得要照顧他們才行。所以，我的妻子／丈夫必須得支持我來照顧我的父母親。」另外，對女性受訪者而言，不管是在台灣、香港或大陸，「對我父母好」這個條件其實還包括男方的物質或經濟能力。她們的說法是：「不只是他是個好人就夠了，最好這個男人要有點錢，或者至少得經濟穩定，這樣才能給我和我們的小孩一個安全的家，和有能力支持我來奉養我的父母親。」

總結來說，對我所訪談的受過高等教育的華人都市青年而言，雖然他們得瞞著父母和相愛的伴侶發生婚前性行為，但是，他們對父母的高度重視是這麼明顯，父母永遠存在這些年輕人的心目中。

孝道

這些受訪者雖然是他們社會裡年輕人當中最為現代的一群人，可是他們仍舊保持並看重中國家庭價值。所以，這些擇偶條件與受訪者的人生取向是一致的。他們人生最高的願望和目的是為了家庭，認為家庭價值是華人「核心的傳統價值」。他們在訪談中不斷提到孝順或感恩，尤其是他們將來照顧年邁父母的責任。雖然，有些受訪者說，他們的父母並沒有這樣的期待，男性受訪者都果斷地表示：「這當然是我這個做兒子的責任！」女性受訪者也有類似的表達：「即使我嫁出去了，我的爸媽還是會希望我常常回家看他們。」在大陸長大的女性受訪者們特別強調：「我是爸媽唯一的小孩，當我父母年老時，我必須而且也想要照顧他們！」

關於如何照顧年邁的父母這個實際的問題，所有受訪者都回答：「我要給我父母親錢，讓他們過好一點的生活，或者不再需要去擔心錢的問題。可是，照顧年老的父母不只是給錢就夠了，我知道爸媽喜歡我他們身邊、花時間在他們身上。」受訪者也提到他們寧可不要與父母同住，而是比較喜歡住在父母附近，譬如，住同一棟公寓大樓，但是住不同層或隔壁。

當我問到：「你將來想要長住在哪裡或哪個國家？」他們全都回答：「父母在哪裡，我就住在哪裡！」一位廿三歲來自廣州而在墨爾本就讀法律系的女性受訪者說：「即使將來我在澳大利亞留了下來，我要把我父母接來與我同住。不過，我爸媽可能不喜歡在這裡久住，因為他們不會說英語，而且，他們所有的朋友都在中國，他們在這裡會很無聊。如果是這樣的話，為了和我爸媽在一起，我想我終究是會回去的。」

我的受訪者也提到孝道的其他方面，譬如：不做令父母擔心或丟臉的事，要做令父母驕傲的事；盡量學習獨立和對自己負責，「所以，我可以把自己照顧好，父母就不需要來照顧我」；或者，企圖滿足父母的期望。多數在國外讀書的受訪者感受到自己給自己的壓力和緊張，得把書讀好，「我爸媽用他們一生的積蓄送我出國念書，我欠爸媽太多了。有一天，我要還他們。現在，我至少該把書讀好，可是，有時候我因為太緊張而考得不好，我恨自己讓爸媽失望。」

當我問受訪者是從哪裡學會分辨什麼是孝順和不孝順的行為？他們都認為是自己的爸媽，是從父母如何對待祖父母和外公外婆那兒學來的。他們也提到，從父母對別人的批評裡，瞭解什麼是不孝的行為。比如說，儘管年老的父母不想住進老人院，他們的子女還硬是要送他們去住，就是不孝。當我問：「為什麼那些子女不尊重父母的意願呢？」一個共同的回答是：「因為兒子和媳婦都在工作，沒法照顧父母。」「那麼兒子的感受呢？」回答變成：「兒子當然也不好過，可是，這通常都是媳婦的主意。」

這樣怪罪「不孝媳」公平嗎？當受訪者表示將來要照顧自己父母的強烈心願時，我藉機問他們：「那麼，你是否願意照顧公婆或岳父母呢？」幾乎所有男性受訪者都一致地說：「當然囉！我會支持我的太太去照顧她的父母！」女性受訪者的回答則不是這麼直截了當，有些人說：「我會盡力。」有些說：「要看情形！看公婆怎麼對待我們。」換句話說，女性受訪者對自己父母的愛是無條件的，可是對她們公婆的態度卻是「有條件」的。

這其實也是可以理解的。兒子對岳父母的孝行是在支持的層次，包括孝敬金錢和慷慨支持自己的妻子花時間來照顧岳父母。既然大多數例行日常照顧和家務事都是女性的責任，這就是為什麼女性，尤其是忙碌的職業婦女，把照顧自己父母的責任擺在第一位。一對已婚夫妻得照顧兩對老人，這是中國一胎化政策的後果。

既然我所有女性受訪者都希望有職業並且能結婚、生小孩，而且她們在外工作的收入有助於她們在家庭裡的地位和發聲，所以，當她們回答「得看情形」來決定怎麼對待年老公婆時，這個答案本身其實是很真實的。我的這個發現和解釋與兩位美國學者在二〇〇五年所發表的研究結果相一致。他們發現獨生女的父母親是一胎化政策的最大受益人，因為現在年輕女性在婚後比較有能力來照顧娘家的父母，尤其是當做女兒的有很好收入的時候。③

最後，我問受訪者：「你最想將什麼樣的核心價值傳給你的小孩？」絕大多數受訪者都說是「孝道」，雖然他們多數人並不指望當自己年老時子女會來照顧自己，「因為社會變化這麼快！」一位廿一歲來自上海的男性受訪者說：「我認為孝順是一個最重要的價值，如果一個人連對自己的父母都不好的話，他們怎麼可能對其他的人好？他們怎麼可能真正的把自己的工作做好？或是對自己的老闆忠誠？」因此，對這些年輕華人而言，孝順這個文化理想確實是一個核心的價值，仍舊深植他們的心中。

由家庭角色來界定「自我」

受訪者的另外一個有關家庭的取向，可以從他們對「自我界定」這個問題的回答過程中流露出來。所有受訪者都無法直接或很快地回答我的這個問題：「你是怎麼來界定你自己是誰？」當下的回答像是：「嗯……我從來沒有想過這個問題」，或者是：「這是個好問題……

我不知道」。他們給的一個主要理由是：「到目前為止，我都是盡量在做父母期望我做的事。」只有兩位女性受訪者給了這樣的回答：「我想我還算是個好人吧，我還滿樂於助人的。」但是，大多數受訪者對另外一個問題則回答得很快：「身為一個男人／女人，你是怎麼界定你自己的？」所有男性受訪者都說：「當一個男人是指能負責任，能夠為他的家庭負起責任，做為一個男人就是經歷過做兒子、做先生和做父親所有的人生階段。」

所有的女性受訪者則做這種的回答：「當一個女人是指當一個妻子和媽媽，她能做飯做菜、養育小孩，照這樣來說，我還不算是一個女人！」兩位來自離婚家庭的女性受訪者強調經濟獨立的重要性：「做一個女人得有賺錢的能力，這樣如果婚姻不順利時，她才有能力離開丈夫而獨立生活。」一個廿二歲的香港女性受訪者甚至說：「我爸爸在我十五歲的時候拋棄了我們，我媽媽離婚後靠著在餐館廳當服務生來扶養我和姊姊，甚至送我出國讀書。最近我的父母在談和好的可能性，姊姊和我都叫媽媽不要再讓爸爸回來，因為媽媽老的時候我和姊姊會照顧她。我們告訴媽媽，她不需要任何一個男人，因為她有我們，我們會有工作、會給媽媽錢！」

當我問：「當你／妳四十歲的時候，你／妳想要有什麼樣的生活？」男性受訪者多半這樣回答：「四十歲的時候，我要有一份穩定的工作，給我的家庭好的收入。我要有能力照顧我年老的父母，和有能力建立好一個家給我太太和小孩。」所有的女性受訪者則希望有一份好工作，結了婚，也生了小孩。工作和家庭能夠平衡、都顧及到。鬆綁了的婚前性道德規範，似乎並沒有伴隨著新一代年輕華人改用個人主義思想來界定自我，他們基本上還是以家庭角色來界定自己，以及如何做一個男性或女性。

其他的核心價值

在我的訪談過程中不斷出現以下這些價值觀。第一，是與為家庭勤奮工作有關的價值觀，譬如，男人應該負起責任，讓家人可以過好的生活。女人應該把家管好，不能讓她的事業妨礙到家庭。第二是強調教育。第三是在重要節日祭祖。第四是講究人際之間和諧，善盡義務，以及忠於家庭、朋友和工作。第五是不去傷害別人。

不知儒家的名，卻活出了儒家的價值

雖然這些價值觀源自於儒家的固有傳統，在中國大陸和香港成長而受高等教育的青年，不一定瞭解或者稱呼這些價值為儒家的價值。即使有些台灣的受訪者認同台獨意識和宣揚台灣本土的文化，這些受訪者則還是稱呼這些價值為儒家的價值。

台灣的受訪者傾向於具有很強的儒家觀念，並且將傳統價值與中華文化和儒家畫上等號。這是因為，台灣從小學到大學的各級教育都把孔孟的四書五經設為必修科目。相對而言，中國大陸和香港的教材則在這方面包含得極為有限。只有少數四書五經的章節被收錄在中國語言和文學的課程裡。

中國大陸：年輕人以為儒家傳統文化是指歷史文物，但華人價值仍經由家庭傳承下來

中國大陸經歷了社會主義革命、文化大革命，以及一九七八年以來開放改革時代社會主義式的資本主義。我的訪談資料顯示出，這些受過高教育的大陸都市青年在我的訪談中，表示不知道這些價值是來自儒家思想或者該如何稱呼這些價值。但是，這些核心的儒家價值歷經巨大的社會、政治、經濟變動，還是透過家庭的環境而傳存下來，而且，正被人們在每天的日常生活裡真正過了出來。即使婚前性規範已經改變，在我研究中的中國大陸年輕受訪者，並不是生活在一個價值真空的狀況裡。

另外，來自香港和台灣的受訪者，都不像來自中國大陸的受訪者這麼愛國。後者在訪談中常說出「我愛中國，我愛我的國家」這樣的話。在有強烈愛國情操的同時，來自大陸的受訪者也有著購買全球名牌物品的偏好和慾望，以及想過有樂趣的生活，但是，他們依然忠於中國。對身為還在國外留學的受訪者而言：「中國有這麼多給年輕人發揮的機會」，為了家庭，而不只是為了自己，他們將來還是想要回到中國去發展自己的未來。一位來自上海的二十歲女大學

生表示：「我要好好讀書，訓練我的能力，將來回到中國找一份好工作，有好的收入，我要對父母親好，買名牌東西給他們。我父母那一代的人，沒有能力、就算有能力，也不會去買這些東西給他們自己的。」

在中國大陸長大的受訪者，傾向把儒家和傳統文化看成是古老歷史文物，而不是一種價值觀念。他們把儒家或儒學看成指的是孔子、孟子的四書五經，他們覺得在學校對這方面所學非常有限。他們也把傳統中國文化和節慶時的民俗活動和對藝術、廟宇類的古蹟保存、繁體字、書法、傳統藝術文學、中國哲學歷史等等畫上等號。

他們很贊同改革開放時期政府致力宣揚傳統的文化活動，好幾位受訪者希望回復到傳統的中國繁體字，「所有其他華人社會都用繁體字，這是了不起的中國藝術，我們不應該繼續失去我們的傳統文化！」這種對傳統文物藝術的覺察體認，和情感上希望它們能夠恢復重現，是與政府的新文化政策有關的。而且也與中國共產黨在一九七九年的全國第六屆中常會，由鄧小平檢討文化大革命的作法有關。鄧小平公開反省和總結，在文革中，推翻所謂「封建」的儒家傳統是一個錯誤，強調中國社會主義應該包涵中國傳統文化。

香港：「無根」的感覺，使香港人有著比台灣和大陸人更強的家庭主義

香港的受訪者慶幸自己擁有兩種文化和語言背景，能夠使香港人比台灣和中國大陸的人有

更寬廣的觀點。他們也覺得英國殖民經驗並沒有抹殺香港人傳統的家庭主義和人際關係。如同本書第四章所討論，香港高中生比台北高中生有較開放的性行為，但有較保守的性態度。一九九〇年代之前，香港青年較為開放的性行為是由於方便取得避孕器材，他們保守的性態度則是來自於本地華人文化的價值觀和英國殖民的基督宗教規範的雙重影響。但是，在一九九〇年代末期和二〇〇〇年代，我的來自香港和台北有過戀愛經驗的受訪者，其性態度和性行為的情形變得很相似。兩地的受訪青年都指出，婚前性行為的自由化主要是因為香港和台灣都透過網路，從全球媒體大量接觸到西方的思想和觀念，以及容易取得避孕措施。

我的香港受訪者擔心大量接觸西方思想和觀念的不良後果：「西方的影響使得年輕一代嚮往物質生活，尤其是喜歡買名牌的東西，而且變得很個人主義，只關心他們自己！」當我問他們：「只關心自己是什麼意思？」聽到的回答是：「他們只關心他們自己個人和他們的家庭，他們不關心香港這個社會或發生在世界上其他地方的事情。不像是台灣的年輕人對台灣獨立或未來感到和自己切身有關。」從這樣的回答中我們可以聽得出來，所謂香港年輕人的「個人主義」其實仍然是指包含在家庭的範圍內，而不單單是指他／她自己個人而已。

如本節前面提到的，與台灣和大陸的受訪者相比，香港的受訪者顯得較不愛國，以及對整個大社會比較冷漠。所以，難怪他們似乎不太知道香港政府或社會正在倡導些什麼核心價值，他們也想不太出來香港有些什麼振奮人心之處或值得追求的地方，除了所有女性受訪者都會提到，「香港是購物者的天堂」。有趣的是，在兩岸三地裡，香港受訪者在處女情結方面似乎最開放先進，最不在乎這個傳統的價值觀，可是，所有香港女性受訪者都認為，約會時應該是男性負擔所有的費用並買禮物送給女方。④台灣和大陸的女性受訪者則認為，女方有時應該分擔約會費用，或者雙方輪流付帳單。

香港是一個移民社會，人們主要來自中國大陸的東南沿海。英國近百年在香港的殖民和一九九七年回歸中國大陸，是不利於香港人產生對在地的歸屬感，或是想在當地植根。這種「無根」或是被放逐的感覺，使得香港人無論移民到哪裡，都可以繼續向前遷徙（to "move on"）。當然，這也有助於他們對移民社會的適應。或許也因為他們不依戀或認同這移居的當地社會，香港人唯一所有的和歸屬的就只剩下他們的家庭了。所以，香港人必須在所到之處都在自己的家裡保留傳統中國人的家庭主義，這或許就是為什麼香港人的家庭主義似乎比台灣或大陸的人都來得強。

台灣：正統儒家傳統價值觀念在地植根

相對於香港的雙重傳統，如本書第四章所討論，自一九五〇年來，台灣支撐起正統的儒家思想價值。像第三章指出，進口女性雜誌所呈現的大都會、年輕一代，外表光鮮亮麗並且「性」自主的職業婦女，受到台灣正統儒家傳統的再造，而變成符合中華文化的家庭主義。這種中西合璧的結果是，台灣年輕一代女性的性態度變得比她們的行為來得開放。誠如我的一位廿三歲的台灣女受訪者指出：「許多我這一代的台灣女孩，包括我和我的朋友，觀念上可以很開放，但是，我們只是在想法上開放。實際上，我們是不會去這麼做的，因為父母師長都教我們對性方面不可以隨便。」

另外，透過兩次政黨輪替，台灣成功地轉型進入民主的政治制度。首先是主張獨立的民主進步黨打敗了在台灣一黨執政長達五十年的國民黨，在二〇〇〇年贏得了全民普選下的總統選舉，完成了第一次的政黨輪替，原先執政的國民黨變成了在野黨。此後，在二〇〇八年時國民黨又經由全民投票擊敗了執政八年的民進黨，而贏回了執政權，完成了第二次的政黨輪替，樹立了只要做不好，人民就投票讓你下台的政治典範。

在台灣半個世紀的演變歷程中，人民心中的一種對台灣本土認同的感情，在近幾十年來已經萌芽成長。全國教育系統也發展出一套強調台灣歷史和文化為主體的教材。雖然如此，國民黨自從一九四九年以來，因為政治上的策略，在台灣四十多年來由上而下貫徹以儒家為正統的文化政策，已經將傳統中華文化價值觀念在台灣植根。不管我的台灣受訪者的政治態度，是傾向台灣獨立還是與中國大陸統一，他們比香港和大陸的受訪者都更深刻地感受到中華傳統文化價值的長處和重要性。

我的這些生長在兩岸三地的年輕受訪者對彼此或對方都存有刻板印象：例如，台灣人被所有受訪者視為最為「傳統」或最「中國式」的；香港人被看成是最「西化」的；大陸的人則被視為界於兩者之間。只是，台灣和大陸的女性受訪者都不太能瞭解：「為什麼這麼西化的香港女性，竟要男方負擔所有約會的錢？」

所有受訪者都在抱怨一個頗讓他們擔心的社會現象，那就是大多數的人似乎都是在「向錢看」。他們不希望看到傳統價值在西方價值的影響下式微。他們傾向於把個人主義和自私畫上等號，認為一味地追求物質主義和消費主義就是沒有精神層次的目標。誠如一位廿四歲來自北京的男性受訪者說：「有些西方的東西是好的，像是現代科技，可是我們不能失去中國的根本，就是我們傳統的價值，和做為中國人的目的，畢竟我們不是西方人！」

中學為體，西學為用

這些年輕人所陳述的人生最高願望幾乎都與家庭有關。我們可以看到這些在兩岸三地裡算是最西化的年輕人，他們的心靈深處其實還是很中國式／華人式的。在香港及中國大陸長大的受訪者，有些或許不知道這些中華文化的核心價值即為儒家的價值，或者使用不同的詞句來表達，譬如，受訪的大陸青年不直接說孝順這兩個字，而說成對父母「感恩」、「將來父母年老了，要好好照顧父母」。當我問，「如果有一天，你做了父親或母親，你最想把什麼樣的價值觀念傳給自己的孩子？」絕大多數受訪者的第一個反應都是說「孝道」。所以，這些兩岸三地的高等教育都市青年的確是生活在這些中華傳統的核心價值觀念裡。

因此這一群接觸到西方思潮或見識過國外世界的年輕人，雖然他們對婚前性行為的態度趨向寬鬆，認為在「彼此愛著對方」的前提之下發生性關係是非常自然的，但是，這並不表示他們已失去了其他核心的傳統價值觀。消費主義和電視影集《慾望城市》（*Sex and City*）並沒有將上海、香港或台北變成了一個「性」的城市（"sex city"）。

另外，這些受到高等教育的都市青年在我的訪談中也再次顯示出「中學為體，西學為用」的精神：他們說要認真學習最新的西方專業技術、努力工作、成就事業，好讓他們將來有能力奉養年邁的父母，並且讓他們的子女能夠接受到最好的教育。有些年輕女孩還說要買進口的名牌皮包送給媽媽或外婆，「因為她們自己永遠不會去買這些東西！」這些女孩等於是透過西方社會消費主義（cosumerism）的途徑來表達她們的一片孝心。總而言之，這些華人青年或許不知道儒家之名，卻是活出了儒家的價值。

---

① Strauss & Corbin, 1997

② 對住在墨爾本的受訪者，我與他們一一進行兩小時的面對面深度訪談。對來自台灣和大陸的人，是用普通話做訪問，對來自香港的人，則是用英語訪問。對住在墨爾本以外的受訪者，我用電子郵件將訪談題目以中文打字先寄給他們，並用長途電話追蹤訪談，直到每位受訪者回答充分為止。

③ Greenhalgh & Winckler, 2005，第二八二頁

④ 在我的男性受訪者中，香港男性提到香港女性期待他們負擔約會的費用，可是他們並不介意女方有時分擔一些費用。大陸男性受訪者認為男性總是應該負擔約會費用，即使沒錢，也得借錢來表示自己有付錢的能力。台灣男性受訪者則認為男性得付第一次約會的費用，一旦關係形成和穩定之後，男女雙方可以輪流來付約會的費用。

第 IV 部

西方

6

西方女人是怎麼看男人的

投書女子的痛苦：

「我的婚姻在各方面來看都不能算是失敗……可是在性生活上卻是一大敗筆。因為我先生在生理上和心理上都激不起我的興趣，我發現自己開始會被別的男人所吸引。我和我先生似乎距離愈來愈遠……我現在愛上了另外一個男人……我還沒有告訴我先生這件事。現在好像還沒有必要告訴他，我們小孩剛入學，他們才是重點：現在我想聽聽妳給我一些實際的忠告。」

「止痛阿姨」的解答：

「沒有在戀愛中的人會聽實務性的忠告。妳儘管享受妳的婚外情吧！只要愛情存在，就一直享受下去吧！當妳開始對婚外情遲疑或感到困惑時，在放棄妳的婚姻前，妳不妨尋求專業諮商。在同時，妳或許可以和妳先生分享從外遇關係裡學到的閨房祕訣。」（美國版《柯夢波丹》，一九八六年九月號，第六〇頁）

投書女子的痛苦：

「我覺得好像在跟我男朋友的色情雜誌競爭……我發現他會買那種骯髒的雜誌，一面看一面手淫！我就是不能接受他這樣的行為……他怎麼能認為我的身材可以和雜誌裡的女人來相比呢？……他發誓愛我、不管我是什麼樣子，但是，所有的男人不都是這麼說嗎？…不管他怎麼說，我都覺得自己很沒有吸引力……我怎麼能原諒我男朋友這種不可原諒的行為呢？我又怎麼能不靠美容來增加自己的自尊呢？」

「止痛阿姨」的解答：

「如果妳想解決妳的問題，就該停止騷擾妳的男朋友，而要針對妳自己的不安全感來下功夫、做改善。」（美國版《柯夢波丹》，一九九〇年三月號，第五〇頁）

本書第四、五兩章，已經從兩岸三地間華人社會的相互比較，探討了在「性」這方面是否有其共通性，及瞭解到對三地華人年輕的一代而言，所謂「現代」的意義到底為何。為了要進一步瞭解跨這三個華人社會裡，有關「性」的共同特色到底是不是真的所謂是在中華文化下獨特的「華人的性」（Chinese sexuality），我們得把它和其他非中華文化裡的「性」來做比較才行。

我選擇用當代西方社會來做為比較的對象，這是因為當今兩岸三地都受到了西方文化的衝擊和影響，而且，中西社會是建立在兩個完全不同的文化基礎上。誠如本書前幾章的討論，在表面上，中西社會看起來有殊途同歸的趨勢，但是，在這看似共同趨勢的底下，中西文化各自的特殊成分仍舊存在。

在進行中西文化及社會裡「性」的相互比較之前，我們得對現代西方人對「性」和有關方面的價值觀念先有個基本的瞭解。為了這個目的，本章中我的研究取向是從當今西方的大眾媒體來探討它們是如何呈現有關「性」、性別角色、自我認同、以及戀愛關係之類的議題。就像第三章是對台灣一九九〇年代最暢銷的台灣版的美國《柯夢波丹》（*Cosmopolitan*）雜誌，以「民族誌的內容分析」（ethnographic content analysis）方法來探討這方面的議題。為了跟第三章有一個共同的比較基礎，本章則是針對美國一九八二到一九九〇年代，美國版的《柯夢波丹》雜誌進行內容分析。

雖然是用相同的內容分析方法，對同一種女性雜誌的兩個國度裡的版本作分析，但是，我在這兩章裡探討的焦點卻是不同的。這是因為一九九〇年代的《柯夢波丹》雜誌，台灣的版本跟美國的版本是用不同的角度及呈現方式（representations）來探討與性有關的議題。

一九九〇年代台灣版的《柯夢波丹》雜誌為了適應台灣當地的讀者而加以本土化，逐年納入了愈來愈多由台灣本地作者所寫的文章，而從美國版直接翻譯過來的文章則不斷地減少。所以，我在第三章裡分析的重點，是利用當時台灣版《柯夢波丹》的這個特點，來分析全球（或西方）價值觀與在地（或台灣）價值觀之間的消長關係。譬如，全球價值是如何衝擊在地價值的？全球價值又是如何為本土所用？尤其，雜誌編輯是如何選取中西不同的價值觀，以及如何有效的為台灣現代新女性，打造一個中西合璧光明的未來？

至於美國版的《柯夢波丹》，從一九八二年開始，推出了一個頗受讀者歡迎的「止痛阿姨」（Agony Aunt）專欄。這個專欄有一結構上的特色，就是採用真人真事呈現給讀者。①女性們向止痛阿姨傾訴心中的痛苦，止痛阿姨則指點迷津幫忙解決這些女性讀者的問題，設法減輕她們的痛苦。

從美國版《柯夢波丹》「止痛阿姨」專欄看現代西方人的兩性關係

本書在第三章中曾提到，過去許多的西方研究，大多採用女性主義的觀點，來分析女性雜誌和「指點迷津的書」（advice book）對西方女性生活的影響。譬如，研究發現，女性雜誌是在提供女性生存之道和做白日夢的管道，②而一味宣揚女性化的外表和禮儀，終究只是複製女性遭受父權社會的壓迫。③這些研究幾乎沒有針對女人是怎麼來看男人的這個根本問題提出任何疑問。「止痛阿姨」的專欄，正是可以用來探討兩性間如何看待對方和瞭解對方這類題目的重要研究材料。因為，從投訴求助婦女們的親口陳述裡，我們可以探討和瞭解美國女人是怎麼看男人的，以及男人在女人眼裡的意義是什麼、應該是什麼，或者可以是什麼。

所以，本章的焦點是從「止痛阿姨」的專欄資料，來研究美國女性如何在兩性關係的痛苦中來認識或瞭解男人。因為「止痛阿姨」專欄絕大多數都是女人對男人的抱怨或控訴，這些資料其實也同樣可以流露出女人想像中的男人對女人的看法是什麼。雖然所有的材料都是透過投書女性的觀點來陳述的，但是，這至少是探討兩性間如何看對方的一個起步。在痛苦中的女性對男性的看法可能集中於偏向負面或是極端的情況，但是，比起女性在快樂的時候，這種在痛苦之中所感受到和表達出的極端負面的本身，其實倒是比較可以真實地顯露出女性的根本價值、意識形態、刻板印象和對男性根深柢固焦慮的投射。

另外，「止痛阿姨」以兩性「專家」的身分來對女性投書的問題做診斷，找出罪魁禍首，或者分析關係問題的原因之所在，從而提出解決的方法或忠告。這樣的研究資料可以讓我們瞭解，在現代西方，這些女性編輯和兩性專家是如何為女性讀者打造現代女性的形象和價值，建構她們的生活，尤其是她們所面臨的兩性關係。

我們也可以想見，為了增加雜誌的賣點，編輯們可能會選擇刊登有戲劇性或奇特少有的案例。但是，也因為如此，「止痛阿姨」的專欄資料才會涵蓋了極廣的範圍，而可將兩性關係問題的解決方式可能性推展到極致。這是本研究所用質化研究方法的一個優勢。因為，質化研究方法是基於「理論性抽樣」（theoretical sampling），也就是說，抽樣的邏輯是基於樣本的案例是否能夠增加或提升我們對該研究問題理論層次的瞭解，而不是像量化方法著重在一個樣本是否具有代表性（representativeness），可以用來推論這個樣本所來自的母體。④

本研究「止痛阿姨」專欄的樣本是從美國版《柯夢波丹》該專欄成立出刊開始（一九八二年十月），一直到本研究開始前為止（也就是一九九六年十二月），對在此期間出版的所有各期《柯夢波丹》雜誌進行抽樣。我的抽取方式是，一九八二年出版的三期全部抽取，一九八三年到一九九六年間的，則每年隨機抽取三期。所以，本研究的分析資料總共含括十五年、共四十五期的「止痛阿姨」專欄。

依照「止痛阿姨」專欄的結構，每一個研究單位包含了「一對」資料：一個是痛苦中的女人向「止痛阿姨」所提出的兩性關係問題，另一個則是「止痛阿姨」針對這個問題提供的解答。每一對這樣的「問題和解答」就構成一個「分析單位」（an unit of analysis）。本研究一共分析了一百三十個這樣的單位，以下將每一個分析單位稱作一個「止痛解答」（“agony resolution”）。

有關本研究所採用的質化研究方法的過程與內容，包括：資料分類編碼（coding），以及如何從分類的資料做分析並從中「萃取」（extract）抽象的概念層面，和如何再由這些萃取的概念層面發展出「理論類型」（generating theoretical typology）等細節，在本章中均予省略。對這方面有興趣的讀者請參見本書英文原著第六章的方法論。

痛苦關係的形式和解決問題的焦點

本研究中的一百三十個案例，或是所謂的「分析單位」裡，也就是樣本內所有的「止痛解答」資料，包括了各式各樣的痛苦關係，「止痛阿姨」依據不同的關係提出不同的忠告或解答。我們可以從這些豐富的資料裡，萃取出兩個主要的概念層面：第一個層面可稱為是「關係的形式」（the form of the relationship），也就是說，投書女子在與男伴痛苦萬分的關係裡是處於何種權力關係。第二個層面則是「止痛阿姨」給該女子忠告的重心或是解決問題的焦點（the focus of advice）為何。

痛苦關係的形式：在痛苦關係中的這個女人是否能掌握她的男人？

（The form of the agony relationship: the woman is or is not in control of her man）

因本研究的樣本只包括有問題的異性戀關係，不包括同性戀，所以，在各種導致投書女子痛苦的關係裡流露出的第一個主要層面是：在痛苦關係中的這個女人是否能夠掌握她的男人？所謂能夠「掌握她的男人」（to be in control of her man）是指該投書的女子在這段關係中，男方盡力在討好女方，但是那段感情關係並不令她滿意。譬如，她喜歡男友能帶給她安全感，但同時她也想要有更多的興奮感而感到有所欠缺。在我樣本的一百三十個案例中，有二十個案例屬於這一類。

另一類更為普遍導致投書女子痛苦的關係形式，是該女子覺得自己無法掌握她的男人（not in control of her man）。我們可以預期，會寫信求救的女性多半可能處於自認為無助、無奈，或無法掌握男方的位置。譬如，男伴對她不忠，她佔有慾強的丈夫不讓她有自主性，或是她的男友就是無法給她承諾等等。在我樣本裡的一百三十個案例中，有一百一十個案例是屬於「不能掌握男方」的這一類。

我的資料裡並沒有介於這兩類型之間的「中間」類型。「中間」型是指該女子覺得有些時候自己在這份關係裡是居於掌握者的位置。但是，我樣本中所有的投書多是報告片段的插曲或當下的不幸，而非關她與男伴關係的長期發展或演變，所以，這種中間類型無法被呈現出來。

解決問題的焦點：是針對在該女子本身？她所處的關係？還是社會的規範價值？

（The focus of advice: focus cn woman, relationship or norms）

不管身在痛苦中的女子如何界定她的問題，「止痛阿姨」對該女子的解答或忠告她必須做出改變的建議有三類。第一類是集中在改變該女子本身，不去管男方如何。第二類是要她對這份令她痛苦的關係做出取捨的抉擇。第三類的解答是著重在改變她對兩性一般規範的解讀和價值觀念。

關於第一類解決問題的焦點，在一百三十個案例中，有六十三個案例是將重點放在痛苦的當事女子身上。這其中的六十一個案例裡，止痛阿姨主要提出下列三種方式來忠告投書者：第一種忠告是「自立自強」（self-help），比如，讓自己身體更健康、參加俱樂部、跟朋友出去散心等等。第二種忠告是當與男伴溝通時，得有自己的聲音，或能堅持自己的立場。第三種忠告是把握和享受她所擁有的，學習忽略她所沒有的。

關於第二類解決問題的焦點，在一百三十個案例中，有二十五個案例是將重點放在令投書女子痛苦的關係本身，而忠告當事人對這份令她痛苦的關係可以用下列三種方式之一來做出決定。第一種方式是堅決地離開她的男伴。第二種方式是盡棄前嫌接受他。第三種方式是稍安勿躁，再觀望、再等等（hang in there），看看自己對他的感覺會不會隨著時間而有所改變。但是，如果在自己設定的期限到了仍無改變，則就必須在第一和第二選項間做一明快的抉擇了。

關於第三類解決問題的焦點，一百三十個案例中，有四十二個案例是將重點放在兩性規範和價值上面。「止痛阿姨」可能用一般人對兩性關係的正常期待來提醒在痛苦中的女子，並忠告她得按照一般人會有的期待來修正自己的行為。或是，忠告該女子只能根據傳統的性別角色，來期待自己的男伴或其他的男人。最後，「止痛阿姨」也可能用其他有關的人生架構（frameworks）或基本觀念來看待投書女子的問題，像是：人們成熟的過程，愛情、婚姻和關係的本質和原則，或是生活的哲學等等。

表6-1　「止痛解答」的類型

「止痛阿姨」視解決問題的焦點在於：↓	在痛苦關係中的投書女子看她自己在關係裡的位置為：	
	無法掌握她的男人（案例數=110）	能夠掌握她的男人（案例數=20）
痛苦中的女性本身（案例數=63）	1. 依靠自己（案例數=57）	4. 不必擔心（案例數=6）
關係本身（案例數=25）	2. 咬緊牙根（案例數=22）	5. 稍安勿躁（案例數=3）
規範價值（案例數=42）	3. 面對現實（案例數=31）	6. 真實為要（案例數=11）

「止痛解答」的類型（A typology of "agony resolution"）

在這兩個層面中所有類別的交叉排列組合，可以形成六種止痛解答的類型，也就是兩類的「痛苦關係的型式」（two forms of agony relationships）乘上三類的「解決問題的焦點」（three focuses of advice），得到一共有六類理論上「止痛解答的類型」（a typology of "agony resolution"）。表6-1列出每一類型下，我研究樣本裡有多少個案例是屬於該種類型。以下我將逐一討論每一類型的止痛解答，並提供從樣本裡選出的兩個案例來說明。

第一類型：依靠自己（Reliant）

多數寫信求助的女子屬於她自覺已無法掌握她的男人。她認為自己的感情出了問題卻不知道該怎麼辦，所以深陷痛苦之中。「止痛阿姨」則認為，該女子對自己與男伴關係問題的評估搞錯了重點，而忠告該女子應該把重點放在她自己能夠掌握的地方或對象身上，也就是她自己！在這情況下，「止痛解答」的建議是要她自己靠自己，最可靠或是能依賴的唯有妳自己。在我樣本的一百三十個案例中，有五十七個案例是屬於這一類。

「依靠自己」（self-reliance）這個觀念，是從止痛阿姨對投書女子們在日常生活裡，可以自己掌控之處所做的建議中流露出來的。譬如：改善自己的外表；擴展自己的社交圈；把對自我負面的批評轉換為正面的解讀；不必輕易或無條件接受男伴對自己的要求；清楚界定自己的問題和瞭解自己的期待，並將自己的期待與男伴溝通。

◎案例一

投書女子的痛苦：

「我恨我的婚姻。我好像是住在絲絨做的監獄、有著中央系統暖氣的牢房裡……我常常覺得很不開心，我都不想要這些東西，我感到無聊、挫折、被人忽視、遺忘和無用。我只想睡到永遠……我已失去了做自己的方法……我要怎麼繼續活下去呢？」

「止痛阿姨」的解答：

「（聽起來）妳正在跟一個真正的憂鬱症奮戰……妳最好去看醫生……如果看了醫生以後，還是覺得這麼糟，妳何不採取些激進、勇敢的行動？例如，跟妳的先生商量，說妳需要一個人去渡個假……有時候，解決自己的問題必須要對相關的人做出挑戰；或是，不要去管別人，先顧好妳自己再說……去做一些打破傳統和有膽量的事……這樣妳才能由另一種不同的情境來看過去的妳是誰、現在的妳是誰，和妳想要自己成為什麼樣子……開始傾聽妳內在的心聲，那是一個自由的聲音、一個快樂的聲音，而且是唯一一個可以告訴妳去做什麼的聲音。」⑤

在這個案例裡，我們可以看到在痛苦中的投書女子覺得自己不能掌握現況，但是，止痛阿姨給她的解答著重在這個女子能夠為她自己做些什麼，而且這些都是她自己一個人就能做的，不必等別人或靠別人。

請看另外一個案例。

◎案例二

投書女子的痛苦：

「我現在廿三歲，去年夏天我第一次做愛……可是，我發現自己所認識的男人們都想很快進入性關係，比我期待的快得多。我總是想先交往一陣子再說。因此，我處在自己的慾望和罪惡感的衝突之中。我認為，在我與對方做愛之前，雙方對彼此的感覺和承諾都要很強才行。但是，我不確定能夠遇到多少男人願意等這麼久……」

「止痛阿姨」的解答：

「任何女人如果設有高的性條件標準，的確是不會遇到『太多』願意等的男人。這不就對了嗎？妳不會遇到『太多』的男人，因為，所遇到和妳一樣有高標準與對做愛設下和妳一樣重要條件的男人將是少數。」⑥

顯然這痛苦的女子無法掌握她所約會男人的行為和對性的期待，然而她還是可以透過選擇來得到她對男人的掌握。也就是說，不適合的男人應該在一開始就把他篩選掉。

第二類型：咬緊牙根（Robust）

在「止痛阿姨」專欄中，有二十二個案例屬於痛苦的投書女子覺得自己無法掌握住她的男人的關係類型，「止痛阿姨」忠告這些女子應把重點放在處理她的關係上，建議她必須強韌、要咬緊牙根來忍受或者結束這段關係。

◎案例一

投書女子的痛苦：

「我覺得好像在跟我男朋友的色情雜誌競爭……我發現他會買那種骯髒的雜誌，一面看一面手淫！我就是不能接受他這樣的行為……他怎麼能認為我的身材可以和雜誌裡的女人相比呢？……他發誓愛我、不管我是什麼樣子，但是，所有的男人不都是這麼說嗎？……不管他怎麼說，我都覺得自己很沒有吸引力……我怎麼能原諒我男朋友這種不可原諒的行為呢？我又怎麼能不靠美容來增加自己的自尊呢？」

「止痛阿姨」的解答：

「如果妳想解決妳的問題，就該停止騷擾妳的男朋友，而要針對妳自己的不安全感來下功夫、做改善。」⑦

又一次，痛苦中的女子顯示出她無法掌握她的男人，但是「止痛阿姨」把解答放在這關係的本身（而不是把焦點放在男方身上），並且忠告這女子應該調整自己來適應她與男友的關係。

請看另外一個案例。

◎案例二

投書女子的痛苦：

「在我結婚將近四年的時後，我所鍾愛的先生離開了我，粉碎了我和我的生活……我只能哭，失去了所有的自尊。最近當他回來看望我們的兒子，我求他留下來過夜。他留下了，可是再次表明他已經不再愛我。我們做愛，也都享受性，但是當然他還是離開了。我覺得迷失、困惑、憤怒和搞得一團糟。我這種被傷害的感覺會一直下去嗎？還是有一天會停止？」

「止痛阿姨」的解答：

「如果妳想要止痛，妳必須要變得堅強，而且對他，要強硬……妳何不現在就開始克服目前的狀態而遠離他？我建議妳和他唯一能相聚之地是法庭，妳得確認他得負起做一個父親對撫養小孩在金錢上的責任。」⑧

以上兩例流露出一個女人可以由兩種方式來運用或表現她的強韌之處。第一種方式是「退出」（the exit solution）：她可以離開這個有問題的關係，而把那個問題男人從她的痛苦情緒中除去。第二種方式是假定她的問題男人是無法改變的，所以她只好咬緊牙根來忍受這份關係。

第三類型：面對現實（Realist）

本研究有三十一個案例，「止痛解答」要痛苦中的女人必須面對現實：該女人無法掌握她的男人，她所處的關係使她痛苦，「止痛阿姨」提醒她得面對自己涉及的男女關係中傳統的社會規範和價值。往往一份高強度又充滿激情的男女關係，會讓當事人誤以為相關的道德規範並不適用在自己身上。例如，當一個女人和已婚男人發生婚外情時，往往會認為那是他妻子的操縱和威脅，或是他太軟弱，才使他不能離開他的妻子。但是，「止痛阿姨」則提醒該女子，不管那個男人的妻子是不是個操縱先生的人，想要叫一個已婚、尤其是有小孩的男人，為了她而放棄妻小，根本是一種不顧現實或不切實際的期待。

還有許多其他的例子。譬如，投書女子的痛苦可能來自於愛上了她的同事；不解為什麼一個朋友不想要深化他們之間的關係；不認為她的情人應該為了他的女兒而回到妻子身邊；或是她的丈夫怎麼可以在同學會上花這麼多時間和過去的女友互動。在這些例子裡，「止痛阿姨」提醒痛苦中的女人，什麼才是在正常情況下適用於她所處關係的社會規範，什麼才是該女子對她所處的關係及對男方能有的合理期待，以及什麼是她必須做的妥協。在這樣的觀點下，「止痛解答」是在建構一位能夠面對現實的女人。也就是說，在痛苦中的女人，不應再夢想她能超越及不理會所處情境中適用於一般人的社會規範和期待。

◎案例一

投書女子的痛苦：

「我的男友是離了婚的人，有兩個小孩……我知道自己很荒謬，竟然會嫉妒小孩子。但是，小孩對他的意義似乎比我對他的重要性要大得多……他說，他的離婚是很文明的，大家能夠友善相待才對小孩最好……結果，這一切對我的影響是，我對他前妻的態度很惡劣……我是不是太不合情理了？」

「止痛阿姨」的解答：

「每當妳愛上一個有小孩的男人時，妳得瞭解他的生命裡有一個部分是妳所不能分享的……如果妳要和他在一起的話，他可以是妳的先生，但妳得讓他的小孩們還是能有個爸爸。」⑨

在這情境裡，「止痛阿姨」只是重複強調一個她不能忽視的一個最自然不過的事實，這痛苦中的女人解決她問題最好的方式是去面對現實。

◎案例二

投書女子的痛苦：

「我能做些什麼來解決我男朋友的早洩問題呢？……我已經試著讓他覺得輕鬆些，向他保證沒有關係。可是我內心確實是在意的……我是真的愛他，除了這個問題之外，我們的關係其實是非常好的。」

「止痛阿姨」的解答：

「妳能做的一件事是不要再說這問題沒有關係！因為，它是有關係的，不是嗎？當一對戀人有問題的時候，最好是雙方都承認這是一個問題。不然的話，他們怎麼能夠希望為解決這個問題來做些什麼呢？有許多方式可以處理早洩的問題。參考書籍……你們的醫生……這些都是很容易做到的方式，你們或許該回過頭來問問自己，為什麼等了這麼久才行動？」⑩

在這個情況下，痛苦中的女人其實已經在面對現實，承認自己是在乎這個問題的。「止痛阿姨」所強調的是，當關係有問題的時候，男女雙方應該持有什麼態度，而且應如何來解決問題。

如同前兩類型的止痛解答，這一類型的解答也有兩種型式。第一種是提醒在痛苦中的女子那些適用在當下情境的規範，經由這個過程，該女子覺察到她不是像自己想像中那麼的特殊（that special）而可以跨越既有的規範。她的男友也並不是可以像她期待裡那麼的自由，而且，這個世界更不是這麼有「流動性」（fluid）。因此，她開始承認這些限制而能夠向現實妥協。另一種面對現實的型式是，在男女雙方都能在共同的規範下，尋求解決問題之道。

第四類型：不必擔心（Carefree）

在我的研究樣本中，這類型的案例比前幾種類型少很多，有六位女子雖處在一個她們能掌握男方的兩性關係中，但是她們還是將她們心中的痛苦用書信向「止痛阿姨」表達和求救。這類情況的例子像是：女方享受與她男伴的性關係，但是她並不真正愛她的男伴。或是，她覺得婚姻已變得無趣，而有了婚外情等等。這是怎麼回事呢？該女子既然處於能掌握她的男人的有利位置，為什麼她還這麼痛苦呢？

◎案例一

投書女子的痛苦：

「我和男友同居已有兩年之久，在當初，我深深地墜入情網……但自從有一次他試圖自殺之後，他對我的依賴變得更嚴重。幾個月前我發現雖然自己還是很喜歡他，可是覺得已經不再愛他了。我的兩難是，如果我離開他，他可能又會去自殺，我沒有辦法這樣地傷害他。但是，另一方面我等於在欺騙他，這對他是不公平的。」

「止痛阿姨」的解答：

「妳覺察到嗎？妳正在以被害者自居，妳的為人著想、負責任的長處，卻也成了妳的短處。妳等於在恐嚇妳自己，恐嚇是犯罪，恐嚇和被恐嚇雙方都有錯……不管妳有多不情願，只要妳留在他身邊，他為什麼得靠他自己呢？……我可以說，只要你留下來，妳非但不能對他有幫助，同時也會毀了妳自己。妳留得越久，你們兩個都會變得愈來愈軟弱。」⑪

在另一個案例裡：

◎案例二

投書女子的痛苦：

「我的婚姻在各方面來看都不能算是失敗……可是在性生活上卻是一大敗筆。因為我先生在生理上和心理上都激不起我的興趣，我發現自己開始會被別的男人所吸引。我和我先生似乎距離愈來愈遠、貌合神離……我現在愛上了另一個男人……我還沒有告訴我先生這件事。現在好像還沒有必要告訴他，我們的小孩剛入學，他們才是重點……現在我想聽聽妳給我一些實際的忠告。」

「止痛阿姨」的解答：

「沒有在戀愛中的人會聽實務性的忠告。妳儘管享受妳的婚外情吧！只要愛情存在，就一直享受下去吧！當妳開始對婚外情遲疑或感到困惑時，在放棄妳的婚姻前，妳不妨尋求專業諮商。在同時，妳或許可以和妳先生分享從外遇關係裡學到的閨房祕訣。」⑫

「止痛阿姨」又一次忠告投書的女子去鬆動她所承受來自外在的限制，去享受當下的所有。

這兩個案例顯露出「止痛阿姨」的「不必擔心」（carefree）這類型的解答可以從兩種方式來實踐。痛苦中的女人可以學習「管他的呢！」「不要去想」（block out）她男伴問題行為的本身，可說是學習「不要在乎」（careless）對方令她討厭之處。另外，「享受好的」的精神可以變成比較明顯的享樂主義：享受妳所有的，不管妳所有的令妳滿不滿意（enjoy what there is and for what it is），開心就好！

第五類型：稍安勿躁（Hedging）

有三個案例，在痛苦中的女子能夠掌握她的男人，可是「止痛阿姨」視解決問題的焦點在那關係本身。該女子也許還不想對男伴承諾，或者不覺得自己對他有很深的感情，可是她害怕會傷害他，或是唯恐自己變成單身一人。在這種像是食之無味、棄之可惜的情況下，「止痛阿姨」通常提出的解決之道是稍安勿躁，先「觀望」（hedging）一陣子再說。她忠告投書女子把問題的焦點放在關係裡，看看這份關係到底有些什麼，尤其是要注意自己的感受，然後再做決定。

◎案例一

投書女子的痛苦：

「雖然我的男友很照顧我，但是，在性方面不太吸引我……我尤其感激他設法對我想所做的每件事都給予支持……我對他有種溫馨的感覺，可是沒有激情。我對他的期待太多了嗎？我過去的關係從來沒有像這份關係，那樣地讓我覺得受到這麼多的關注和支持。」

「止痛阿姨」的解答：

「妳希望妳的關係裡有激情和情緒上的支持、加上愛和性的吸引力，這些絕對不算是期待太多。但是，妳只認識這個男人六個星期，愛是需要很長的時間來滋長的。現在看起來，妳只是喜歡妳的男友，這完全沒有錯。妳對他的感覺可能會隨著時間而變得愈來愈清楚……如果到了某一個時刻，妳發現自己實在沒有辦法對他產生強烈的感覺，那麼，那時最好是與他分手。這對你們雙方都好。即使生活中得到支持是美好的，可是從錯誤或不適合的人身上去尋求或得到支持，還不如沒有的好。」⑬

此處有一個顯著的忠告：只要痛苦中的女人還具有對她男友掌握的能力，她就應該再等等、再看看。如果等了一陣子仍沒有新的發現或改變，表示也就是那樣子了，此時，她就應該咬緊牙根離開他，而不要再繼續觀望下去。

在另一個案例裡：

◎案例二

投書女子的痛苦：

「我已經和現任男友約會四個月了，他深深地愛上了我。我也逐漸地愛上了他，而覺得彼此關係發展得不錯，直到我發現自己其實不光是對我男友最好的朋友感興趣，我和那個男人還墜入了情網！我企圖終止和那個人的關係，因為他已經有了女朋友，而且，我對我現任男朋友的罪惡感也已經影響兩人的關係……妳能幫助我嗎？」

「止痛阿姨」的解答：

「不要只看到妳想看到的！應該設法去看那份關係裡有些什麼，妳和現任男友所有的，可能並不是妳想要的。妳對男朋友最好朋友的迷戀只是顯示出妳對現任男朋友的感情是不夠強的。在這樣的情況下，請仔細考慮先結束一段關係之後，再來開始新的關係。」⑭

在這案例中，該女子覺得可以掌握自己對現任男友的情緒，但是不能掌握對男友最好朋友的情緒。「止痛阿姨」建議解決的焦點應該放在關係上面，去看與新男友的關係裡到底有些什麼，並且與現任男友的關係裡到底缺少了些什麼。

如同其他類型的解答，「止痛阿姨」建議可以有兩種方式來進行觀望：一種是被動地等等和看看，另一種是主動地溝通和挑起對方的反應。

第六類型：真實為要（Authentic）

本研究樣本有十一個案例，其中投書女子或許覺得已經能夠掌握她的男人。但是，「止痛阿姨」覺察到該女子並沒有充分面對那些與她情況有關的規範或原則，可能該女子以為自己可以逃避某些責任，或者她還沒有想清楚某些價值原則。譬如：

◎案例一

投書女子的痛苦：

「過去兩年，我和一個小我十歲的男孩子約會。我現在廿九歲。問題是他竟然向我求婚，我擔心他那麼年輕怎麼能擔得起所有的責任……我喜歡跟他在一起，可是他的年齡讓我感到不確定。」

「止痛阿姨」的解答：

「我懷疑不是妳的男朋友將無法擔負起責任，而是妳⋯不管妳喜不喜歡，妳可能會發現妳跟他在一起時，扮演著媽媽的角色⋯⋯在妳現在的情況，其實不必擔心他的年齡或者你們之間的差別，只要思考他這個人是誰、妳又是誰，以及你們兩個對未來想要的是什麼。」⑮

這位投書女子的痛苦來自於她把對未來所需負責任的期待想像得太嚴重了。「止痛阿姨」勸導該女子把年齡差異這件事看得輕鬆一些，而教當事人試圖更瞭解雙方所要的和婚姻的本質與原則。

在另一個案例裡：

◎案例二

投書女子的痛苦：

「我為什麼不能對一個男人做出承諾？⋯⋯即使我真的愛他，我就是做不出承諾！不只是因為我還是愛我的前任男友，我還擔心結婚後，我得離開我的朋友、家人、搬到另一個城市去。妳是不是認為我對快樂也感到害怕？」

「止痛阿姨」的解答：

「我不認為妳的問題是妳不能對一個男人做出承諾，妳的問題是在對長大有很深的猶豫。……我給妳的建議是，儘管妳害怕，妳得開始自己一個人生活、學習獨立。」⑯

在這案例裡，這位痛苦中的女子，她目前的狀態和得做出承諾之間差距太大，而使她做不到：她必須先長大、成熟再說。

在這情況下，「止痛解答」也有兩種方式。誠如第二個案例，一方面是，在規範界定或期待下，當事人還欠缺應該有的成熟度，所以「止痛阿姨」忠告她得先長大再說。另一方面，如同第一個案例，當事人算是個成熟的女人，但是她所欠缺的是對她的情況做更深刻的反思。透過深刻的反思，她才能對愛、婚姻和關係的本質和原則，以及生命的哲理有更真實的瞭解。

將止痛解答付諸實行：在岔路前，該選哪條路？

如前面我對六種類型止痛解答的解說，在每一類型及涵括所有的類型之下，另一個可以顯示當事人不同經歷的層面是，當事人將「止痛解答」付諸實行的方式（the mode of involvement）。這個層面是指「止痛阿姨」對當事人打開了兩種路徑：也就是在痛苦中的女子可以被動的，或者主動的，來解決她與男伴之間的問題。換句話說，在「止痛阿姨」解答付諸實行時，像是來到了岔路前（a kind of "fork in the road"）：當事人得做個選擇來決定該如何走下去以便解決她的問題。也就是在這個關頭，一種男女兩性之間的政治權術（gender politics）則流露了出來。

岔路上的任何一種選擇和為何適用當下的情況，顯示出各式策略的原則都是企圖將投書女子的痛苦減到最低，或把她自身利益加到最大。無論選擇岔路上的哪一條路徑，自我利益的算計則開啟了男女兩性之間的政治權術。這兩條路徑是：由當事人被動或是主動來實行止痛阿姨對她問題的解答，暗示出男女關係裡的兩種不同的政治權術。因此，我從研究樣本所發展出來「止痛解答」的六種類型，可以進一步發展成十二種更細的類型（請參表6-2）。

被動實行的路徑意味著該女子是打著安全牌來處理她的男人，未來不會帶來戲劇性的變化。因為這痛苦中的女人仍能擁有她的男人，所以，被動的策略是靠學習接受而減少痛苦。相對來說，較積極的、主動的路徑，則是採用策略來使該女子從這份關係中抽離，或使這份關係能轉化成增加對自己的好處和優勢。換句話說，痛苦可能並沒有減少，而是當事人學習採用一

表6-2　兩性間的政治權術：止痛解答路徑的類型

「止痛阿姨」視解決問題的焦點在於：↓	在痛苦關係中的投書女子看她自己在關係裡的位置為：			
	無法掌握她的男人（案例數=110）		能夠掌握她的男人（案例數=20）	
痛苦中的女性本身（案例數=63）	1. 依靠自己		4. 不必擔心	
	自立自強	堅持自己	管他的呢	開心就好
	靠妳自己得到快樂，就不會因為他而鬱悶。（案例數=27）	男方不一定會接受她的堅持，但關係可能進入新的平面。（案例數=30）	不要讓他的難改惡習成為妳的負擔。（案例數=1）	只需關注享受關係裡美好的部份，其它都不重要。（案例數=5）
關係本身（案例數=25）	2. 咬緊牙根		5. 稍安勿躁	
	接受現況	掉頭就走	看看再說	試探考驗
	或許有他問題，但這是他的問題，不是妳的問題。（案例數=7）	不必再浪費妳的資源在這個沒希望的男人身上。（案例數=15）	不必費力來改善這個關係；就靠著時間來治癒問題吧！（案例數數=1）	藉機發現他是什麼樣的人、這個關係到底有些什麼。（案例數=2）
規範價值（案例數=42）	3. 面對現實		6. 真實為要	
	承認規範	找出策略	瞭解規範	成熟長大
	減少因由不切實際的期待和美夢無法成真所帶來的痛苦。（案例數=22）	兵來將擋、水來土掩，辦法會出現的。（案例數=9）	焦點在了解兩人關係的本質和彼此所需，才不至於做出傻的決定。（案例數=9）	妳先得長大變得更成熟，才能超越當下的情況而不鑽進牛角尖裡。（案例數=2）

種不同的觀點，使令她痛苦的人或事變得比較不重要。這種不同的或新的觀點是使該女子把注意力放在對女人生命中最重要的東西上面。

一旦「止痛阿姨」提出一條解決問題的路徑，痛苦中的投書女子和其他女性讀者，則可以將這個止痛解答的路徑和她們自己的經驗或所處的困境連在一起。她們會去估計，如果走這條路來解決自己的問題，會涉及什麼樣的風險，或是會有什麼負面的結果。不管所冒的風險是減少，或者甚至增加，一個男女兩性之間的政治權術就這樣發展出來了。因為，這兩種風險估計或風險管理都涉及痛苦中的女人對自己和對方的關係做出自我考量和算計。在這算計的過程中，女人內心對男人最根本的假定就會浮現出來。至於女人對男人最根本的假定，和這個假定對現代西方兩性關係所產生的弔詭是什麼呢？我將在下一節為讀者提供解答。

現代西方社會的兩性關係

本章的總結將討論從美國版《柯夢波丹》的「止痛阿姨」專欄資料建構出來的「止痛解答」的「理論類型」（theoretical typology），所衍生出來的對現代西方社會兩性關係的瞭解。

女人對男人的假定

在所有的忠告裡，「止痛阿姨」對男人的看法或描述是：不能期待男人會改變，或甚至，男人是沒有能力改變的。如同表6-2所呈現出來的止痛解答類型，雖然每種類型都有兩種策略，但是「止痛阿姨」所提出的所有的解答類型和策略都一再明指或暗示出女人對男人的這種想法。譬如：

做一個獨立自主的女子，可以從改善自身來解決問題，也就是「自立自強」（help yourself），或是從她想要的或不想要的方面來考量，不必遷就，並向對方明確表達，堅持自己（assert yourself）。這條路徑結果會如何是個未知數，因為女方的著重點在於自己，以及執著自己的標準，不願屈就，堅持行使自我的權益。結果是，男方不一定會採納她的堅持或是接受她的執著。

同樣地，這個強韌的女子可以咬緊牙根來處理自己對男方的長期挫折感。一則是委屈求全、忍受他、接受現況（accept what's there），或掉頭就走、離開他（quit the relationship）。

或者，這女子也可以用面對現實來解決問題，把焦點放在處理現實中與規範價值對兩人關係所產生的限制。一則是承認規範（acknowledge norms），乖乖地接受這些限制，或者透過談判，與男方一起謀求解決之道（work it out）。面對現實的女人是不會奢望男方去做改變的。

另外，這女子不必擔心（carefree），只要關注在關係裡美好的部分，享受開心之處，而不要讓男方難改的惡習成為自己的負擔。

至於能夠稍安勿躁、保持觀望的女子，就不會真正地試圖改變男方或這份關係，而是藉由時間來「治癒」或解決問題。一則是被動的，假以時日，將對他有更多的瞭解，來看自己對他的感覺是否會「自然的」改變（wait and see）。或者，她可以主動地試探並考驗與這個男人的關係，觀察這份關係會如何反應（provoke a response）。

最後，關於強調「真實為要」（authenticity）的止痛解答，當事人在痛苦中反思，而使痛苦變成她生命中的導師：女子在反思痛苦的過程裡變得真實，而且這真實的女人將因此成長，或變得更有深度。也就是說，不經一事，不長一智。學習在痛苦中成長的「學生」是女人，而非男人。

因此，這些「止痛解答」的所有類型顯示出來的是：不論在痛苦中的女子往哪條路前進，都是她（而不是她的男伴）在踩著車子前進或停止的踏板。

兩性關係的弔詭

往更深的層次來分析，我們可以從「止痛阿姨」的告誡中，看出這些說法仍然跳脫不出西方女人對男人的傳統刻板印象，以及回歸到「個人主義」，來尋求解決問題的答案。這實在是一個荒謬的現象。因為，這樣的一種由現代女性所主導和為現代女性所提供的指點迷津的系統，卻複製了傳統的兩性道德觀，以及更強化了個人主義。殊不知，其實就是這些兩性之間的刻板印象及個人主義造成了今天大多數現代西方兩性關係裡的問題或難以突破的困境。

這個專欄材料裡顯示出，在「止痛阿姨」專欄投書的美國女人眼中，男人是永遠不會改變，或是根本沒有能力改變的。阿姨則勸告婦女們要能自我提升及轉型，並且能夠想出最有效的策略來做出最困難的決定。既然女人不期待或奢望男人改變，女人得做所有的努力來改變自己，或者是靠自己來解決問題。譬如，學習自力救濟、求上進並自我提升。堅持立場，不能耳根子太軟，並且要能狠下心離他而去。要不然則告訴自己得耐心等待，走一步算一步。或者，學習退一步海闊天空，忍耐得夠久總有出頭的一天。最終，女人得學著變得更成熟、更有智慧，問題終將自然地迎刃而解。總而言之，阿姨忠告在痛苦中的女性讀者們，不管妳選擇哪條路徑來解決你們兩人之間的問題，妳都得靠自己一路好走。要識時務，要能屈能伸。

為什麼會有這種對男人的假定（男人是不能改變的），以及對女人的要求（女人必須改變）？或許是因為投書求救的是女人，而指點迷津的人也是女性。《柯夢波丹》一向強調正面的價值，所以，必須把解決問題的焦點放在女人能夠做什麼。而且，該雜誌將女性投射為有自主性、專業、年輕和能夠掌握自己的生命，這種正面的思想是《柯夢波丹》必用的策略。可是，也因為這種策略，女性最終得到的訊息是：女人可以自己來解決她與男伴間的問題。女人不能夠、也不需要依賴男人。這種訊息蘊含著兩種弔詭的後果。

第一種弔詭是現代女性靠著現代女性「專家」來指點迷津。「止痛阿姨」專欄不僅接受刻板印象裡的傳統性別規範和價值，而且完全只著重在由女人來解決任何傳統的道德系統所產生的問題。因此，這樣的弔詭所導致的後果是，男人在情緒上的「懶惰」（emotionally "lazy"）變成情有可原，因為，女人得是擔負起更多困難和付出更多努力的一方。換句話說，既然兩性關係是涉及兩個參與者，女方承擔愈多，男方就自然承擔愈少。

第二種弔詭是，即使兩性關係、婚姻和家庭的問題明顯是存在於個人的層次之外，「止痛阿姨」的忠告和解答反而是更增強了個人主義。因為，女性「專家」告誡女性：個人化的女性得駕馭和運用她自己的個別性，而不是靠著她所參與的社會關係網絡，來邁向成功之路。（The individualised woman, in command of her individuality, rather than the web of social relationships in which a woman is engaged, provides the only acknowledged pathway to success.）

男女兩性的協力合作

「止痛阿姨」提供的解答並沒有給男人機會和資源來做出改變。畢竟，男人也應該是一個「能夠做改變的主體或是行動者」，而不是兩性關係裡「搭女人便車」的一方（men are, after all, meant to be "changing agents" rather than "free riders"）。「男子氣」（masculinity），就像「女人味」（femininity）是兩性關係的一部分和解決問題的社會動力，而不只是人類靜態的性特徵而已。我認為藉由「痛苦專欄」，男人也可以被邀請或動員起來改善兩性間有問題的關係。這是一種尚未實現的潛力，應該對它做進一步地探索。

在本書最後的「結論」一章裡，我將探索在何種方式下男人也可以被動員起來，成為兩性關係指點迷津的系統中，除了女人之外的另一個主體。這樣可以使兩性間有一種新的互動方式和協力合作的可能性，而且男女兩性可以共同由實際的合作行事中來瞭解對方。

---

① 我曾經與紐約《柯夢波丹》總部編輯室以及止痛阿姨本人連絡，我被告知該專欄確實是由真實的讀者寫信向「止痛阿姨」請求指點迷津。

② Winship, 1987

③ Ferguson, 1983

④ Barton & Lazarsfeld, 1955; Glaser & Strauss, 1967; Strauss & Corbin, 1990; Turner, 1953

⑤ 美國版《柯夢波丹》，一九八四年一月號，第五八頁，「止痛阿姨」專欄，第二封讀者投書

⑥ 美國版《柯夢波丹》，一九八八年十一月號，第六八頁，「止痛阿姨」專欄，第四封讀者投書

⑦ 美國版《柯夢波丹》，一九九〇年三月號，第五〇頁，「止痛阿姨」專欄，第一封讀者投書

⑧ 美國版《柯夢波丹》，一九九二年一月號，第三二頁，「止痛阿姨」專欄，第二封讀者投書

⑨ 美國版《柯夢波丹》，一九九三年四月號，第六〇頁，「止痛阿姨」專欄，第六封讀者投書

⑩ 美國版《柯夢波丹》，一九八九年三月號，第六四頁，「止痛阿姨」專欄，第四封讀者投書

⑪ 美國版《柯夢波丹》，一九八二年十月號，第三二頁，「止痛阿姨」專欄，第二封讀者投書

⑫ 美國版《柯夢波丹》，一九八六年九月號，第六〇頁，「止痛阿姨」專欄，第一封讀者投書

⑬ 美國版《柯夢波丹》，一九九二年一月號，第三二頁，「止痛阿姨」專欄，第三封讀者投書

⑭美國版《柯夢波丹》，一九八二年十二月號，第六〇頁，「止痛阿姨」專欄，第四封讀者

⑮美國版《柯夢波丹》，一九八五年五月號，第七八頁，「止痛阿姨」專欄，第一封讀者

⑯美國版《柯夢波丹》，一九九一年五月號，第五二頁，「止痛阿姨」專欄，第二封讀者

7

婚外情：
誰才是婚姻裡自己忠誠的對象

本書第三章和第六章分別提供了中、西大眾文化，是如何透過暢銷的女性雜誌來建構現代女性。從分析台灣版和美國版的《柯夢波丹》雜誌所呈現出來現代女性的形象和價值，使我們能瞭解在現代中西方文化脈絡下，大眾媒體如何界定有關自我、性別角色、兩性關係、性、婚姻與家庭這些方面的價值觀。同時，我們也瞭解到兩性關係在中西文化背景下，華人以家庭為最終的考量，對照於西方人則以個人為本位男女間的政治權術。這樣的瞭解，揭開了本書第七章和第八章對中西文化及社會裡的性，及其有關議題做進一步比較研究的序幕。

史學家創巴哈（R. Trombach）說：「性行為在任何社會都是一種最具高度象徵性的活動。因此，深入一個社會的性行為內在的象徵系統，最能接近到該文化獨特之處的核心。」①建立在這樣的論點之上，社會學家朴朗姆（K. Plummer）（1995）強調，「性的故事是開啟這個象徵系統的鑰匙」。②雖然性事的建構（the construction of sexuality）能帶領我們進入某個文化的核心，但是文化的核心卻並不能把「性」給完全包含住。性，似乎總是超過規範的限制。

每個文化都有規範和條例來保護性的理想形式，不讓「性」變成其他多樣的形式、偏差或過度。婚外情能夠流露出性的多樣或偏差，以及性過量或性過度的這些方面（this "excess" aspect of sexuality）。③我們可以用婚外情來瞭解某個婚姻規範系統裡是什麼地方有漏洞，以及什麼地方具有犯規的可能性。

採用「性」（尤其是婚外情）是文化核心的論點，來對婚外情做跨文化的比較時，會經驗到「反過來的文化震撼」（cultural shock in reverse）。也就是說，我們並不是對別人的或不同的文化感到震撼，而是在比較的過程中，被自己的文化所震撼！由於我們向來對自己文化裡「性」的假定和意義視為當然，在做跨文化的對照時，我們將會對自己文化裡常態下的性的範圍與界限感到驚訝，而想重新檢視它們。

本章是把「犯規的性」（sexual transgression），也就是婚外情，或稱作外遇（extra-marital affair）做為研究材料，來比較並探索當今中西文化脈絡裡的性道德規範、婚姻的深度意義，以及婚姻內外的界限（limit）是什麼。這個界限指的是婚姻關係中絕對不能踩到的紅線（boundary）。我相信你我都有類似的人生經驗——我們往往在犯規之後，才真正瞭解到規則中所指的內容到底是什麼。踩到了紅線，才知道真正的界限在哪裡。如果研究者只從常態的、婚姻裡的性（normative marital sex）來探索及解釋愛、性、婚姻、家庭的意義、規則或界限上的這些問題，是無法這麼貼切與深入的。

有些學者認為社會的偏差行為（deviance）正可以反映出核心文化價值，甚至復興（revitalised）了核心價值。④社會偏差行為雖然打破了規範，但也有助於增強既有的規範和釐清制度的界限。⑤另有些學者則強調偏差雖打破了規範，但有時也能導致社會變遷。⑥我則認為，有時，「越界」（breaking the boundaries）其實正是社會變遷過程中的一部分。因此，為了深入探討「性」和社會變遷之間的關係，我們可以從對現代中西婚外情的比較研究中，釐清什麼是中西各自文化裡，婚姻、家庭、性和越界及社會變遷之間特殊性的關聯（specific link [s]），以及什麼又是跨越文化、在這些價值中的越界行為和社會變遷之間普同性的關聯（universal linkage

[s])。

雖然各個文化的歷史上和現代社會都有婚外情的存在，⑦而且如上所述，婚外情本身可流露出對個人、家庭和婚姻的意義，是社會學上一個重要的研究課題。但是，婚外情並沒有被廣泛和深入地加以研究。這是因為收集這方面有效和可信的研究資料相當困難。畢竟，婚外性行為本身是犯規的，所以，通常它是被隱藏的，更是祕密的。

不過，只要我們隨意瀏覽身邊的報章雜誌，就可發現其中有許多關於婚外情的報導。不管婚外情實際的數字到底有多少，討論與報導外遇事件的人數和件數一定比實際發生的要少得多。

本研究是將這些唾手可得的外遇報導做為研究的資料，來檢視在當前中西文化脈絡裡，外遇的真人真事如何被大眾媒體報導和描述。以及，經歷外遇事件的各方當事人如何來處理這個問題。

本研究的目的不是為了推論某個社會的全體人口中，到底有多少人持有某種婚外性行為的態度或行為，而是要對外遇的本質和意義有所瞭解。就這個目的而言，研究大眾媒體真實事件報導中所流露出來的意義，反而會比試圖發現社會裡有過外遇人口的數據更能達成本研究的目的。何況，要得到這種敏感度極高行為的真實數據幾乎不可能。反過來說，即使個人或許從未親身經歷過外遇事件，也很容易接觸和受到這類媒體報導事件的影響。所以，研究媒體到底如何來報導與描述外遇當事人和事件發展的始末，還是有其重要性。

西方探討過婚外情的研究發現，婚外情對婚姻中的男女或許是有「功能」（functional）的。⑧因為，在西方外遇的關係中，男女的性別角色都比他們在婚姻內所限定或固定的性別角色來得有彈性（flexible）。勞森（Lawson）（1988）發現，男人可能因為要負起養家活口的責任，或須符合強勢父權角色的特定要求，所以無法在既有的婚姻和家庭關係中表現出自己內心較軟弱一面的情緒，也無法滿足自己想得到撫慰的需求。然而在婚外情的關係裡，男人就可以扮演比較有彈性的角色。譬如，有時可以做一個有依賴性而需要女人照顧的男孩，或者做一個情緒上容易受傷而需要女人呵護的多愁善感的男人。

對西方女人而言，外遇關係裡所謂「有彈性」的情況則比較難以界定。但是，該種「彈性」是與她在婚姻關係中的自主性，以及她覺得能夠掌控的程度有關。這種自主性和能掌控的感覺，可能正是她在婚姻裡所缺乏的。但是話又說回來，研究發現，只要女人的婚外情關係並沒有妨礙她的自主性，她可能還是渴望外遇對象是個強勢的男人。這樣的說法意味著，西方的家庭結構和傳統的性別角色本身就是婚姻問題的來源，增強了把已婚男女推到婚姻之外，去找尋角色比較有彈性而令自己滿意的關係的危險。

另外，學者們也指出西方社會兩性對愛和性的一個變遷趨勢，那就是所謂「男人的愛變得女性化」（feminisation of love for men），以及「女人的性變得男性化」（masculinisation of sex for women）。⑨這種兩性對愛和性方面的改變，使得西方男性和女性婚外情的比例逐漸趨於接近。⑩

同時，西方男女發展外遇關係的理由也變得日漸相似。他們共同的理由是：需要享受性自由，能在外遇中經驗性本身的多樣、新奇、冒險、刺激，得到暫時的享樂，以及外遇關係使人覺得自己依然具有吸引力，滿足自己能讓異性渴望的需求。⑪不過，有些學者也強調，即使西方男女或許都受惠於婚外情，⑫但無論是在婚內和婚外的關係裡，男人都還是比女人佔著較有利的位置。⑬

然而，以上這些西方學者對婚外情所主張的論點都是真確的嗎？本章用比較研究中西大眾媒體對外遇的真實報導，來進一步檢視與探討這些論點。因此，本章的研究主要有兩個目的。第一個目的是：經由這些外遇事件的分析，來呈現不同類型外遇及其涉及的不同的過程，並從這些過程來找出在中西各自文化背景之下，婚內和婚外情境裡兩性間權術關係的角力，以及「性」對男女兩性的意義為何。第二個目的是：外遇事件與社會規範、情境和個人的情緒狀態等層面的影響力都有關係。在這多方層面的衝擊下，外遇關係本身的形式和內容的模式必然有其多樣性。然而，什麼模式是各自文化背景裡所特有的？什麼模式又是跨文化中所共通的、普世的（cross-culturally universal）？這些問題將可經由本研究對真實外遇事件報導的中西跨文化比較和對照中顯出端倪。

本章所提出的一系列研究問題為：中西各自文化脈絡裡報導的外遇事件是否遵循著相同的軌道發展？換句話說，這些真人真事的故事的起承轉合和解決衝突的方式，是否都照著像是結構化的「腳本」（scripts）而發展？外遇的報導如何顯露出現代社會裡人的忠誠（fidelity）的本質和所忠誠的對象？對外遇事件的描述，如何能顯示出中西各自文化裡有哪些特有的性別角色方面的問題？愛、性（sexuality）、婚姻和家庭是人類的基本和普同的層面（basic and universal dimensions），但是，這些層面的意義在何種程度上是各自文化所特有的？又在何種程度上是跨越文化而共通的？這些問題有些可以直接從本研究中得到回答，有些則是經由本文的分析而間接得到解答。

如本書第四章與第五章所討論，台灣是傳統中華文化的代表，所以本研究是以台灣來代表傳統中華文化影響下的現代華人社會，並且以一九八〇與一九九〇年代台灣九個最大報紙[14]刊登的四十五個真實婚外情故事的報導[15]做為分析的材料。而拿來跟台灣做比較的二十七個西方的真實婚外情故事，則是採自於作者凱托（Leigh Cato）在一九九五年所出版的《她這方的故事》（*Her Version*）一書中，所記載這些女性本人或者她們配偶的外遇經歷。[16]從比較分析這些真實自述的故事中顯示，現代中西文化情境裡的外遇類型是截然不同的。這些不同類型的外遇隱含著不同的兩性關係、性、婚姻及家庭的意義。

為了避免本研究的方法論對一般讀者而言或許過於艱澀，有關本章所分析的中西外遇研究樣本的細節、優點和限制等的討論，以及本研究所採用的質化研究方法，包括：質化資料的分類編碼（coding）、資料分析，如何從分類的質化資料中「萃取」（extract）抽象的概念層面，和如何由這些萃取的概念層面而進一步發展出「理論類型學」（generating theoretical typology）等等在此均予省略。對這些方面有興趣的讀者，請參見本書英文原著第七章的方法論。

男女是怎麼墜入婚外情的？

經過總覽整體樣本裡所有的案例資料後，我從這些豐富的真實外遇故事報導中，最終萃取出在中西各自的文化背景下，有關外遇雙方當事人的兩個基本層面：第一個基本層面是女方的特徵（the characteristics of the woman），第二個層面則是男方的條件或情況（the man's condition）。

外遇中女方的特徵：「傳統的」（traditional）？還是「現代的」（modern）女性？

外遇故事中對女方的描繪，經常涉及該女子對自我的認定，是屬於「傳統的」、還是「現代的」女性。在一九八〇和一九九〇年代的台灣，所謂的「現代女性」指的是受過高等教育、事業心重、經濟獨立、自主性強，以及並不把婚姻視為人生最終目標的女性。女性本身也是用這些標準來界定她們自己是否算是現代女性。我在本章裡把具有這種意識形態或自我認定的台灣女性歸為「現代女性」，而沒有這種自我認定的女性則歸為「傳統女性」。

在同時期西方的文化背景下，我的樣本外遇故事中對女主角的描繪也呈現出「傳統」和「現代」這兩類的女性。西方報導中的現代女性則被描繪成有事業、有錢，以及頗會算計或打算。譬如，幫助她的情夫開始做生意或發展事業。這樣的女性個性強、有獨立思考和做主的能力。相對而言，「傳統的」女性則被視為沒有事業心，或常被描述成「金髮的笨女人」（"dumb blonds”），或被男方的妻子罵作「賤人」（a “slut”）。這類女性認為她們的情人在他自己的婚姻裡感覺了無生趣，或被妻子邊緣化而不受重視。外遇的女主角則可以提供外遇男主角從妻子身上所得不到的慰藉或性愛的享受。

外遇中男方的條件或情況

在台灣背景下的外遇事件裡，外遇男主角的特徵是他所具備的外遇條件，也就是他能夠提供外遇女主角什麼樣的資源或支援。他們能提供的支援可分成兩類：第一類是提供給女方所需物質上的支援。這一類男子的魅力來自於女方對他的地位和財富的仰賴或尊敬。第二類是提供女方精神上、情緒上的支持、瞭解，或在事業上志同道合。這一類男人的魅力則不在於雄厚的財力或權力，而在於他對女方精神需求或情況的理解（understanding）與撫慰。

在西方背景下的外遇個案裡，外遇男主角的特徵則是依他所處的情況而定。所謂的情況是指該男子能夠掌控他妻子的程度（the extent of their control over their spouse）。對於那些在家裡處於掌控位置的男人，把身為賢妻良母的妻子視為理所當然，覺得婚姻平淡無趣，而想要一些讓自己有些刺激興奮的事情。相反地，對於那些在家裡處於無法掌控妻子位置的男人，他們的妻子則多是有事業的，或被描述成意見多、要求多，使丈夫覺得身心疲累、被邊緣化而不受重視。這類外遇男主角所處的情況為：因自己在妻子心中缺乏重要性，或無法從妻子身上得到安慰，而想從婚外情中取暖。

換句話說，台灣的外遇故事案例中的男主角，主要是因具有提供外遇女主角物質或精神支持的條件而擄獲芳心。而西方外遇故事案例中的男主角，則多是由於他在婚姻關係中缺少了些什麼而向外尋求，以至墜入婚外情網。

對婚姻不忠的類型

經過以上的討論，無論在中西各自背景下，婚外情事件的報導都呈現出男女主角各有兩種可能的類型。當這兩種不同類型的男女相遇時，理論上會產生四種可能對婚姻不忠的類型。

華人外遇的類型

表 7-1 呈現出由兩種不同類型的外遇男女主角。表中的垂直方向列出了兩種不同的男性條件：一種是提供女方物質支援，是女方的金主。另一種是提供女方情緒支持，是女方的精神支柱。圖表中的水平方向則列出兩種不同的女性特徵：一種是所謂的「傳統的」女性，另一種是所謂「現代的」女性。當這些不同類型的男女相遇時，可能發生四種外遇類型。而每一種外遇

表7-1　華人外遇和男女主角的類型

		女主角被描述成：傳統的	女主角被描述成：現代的
男主角被描述成：	提供外遇女方物質上的支持	傳統的大男人救主	玩弄有權勢男人的現代女性
男主角被描述成：	提供外遇女方精神上的支持	不開心的家庭主婦	心靈伴侶

類型在台灣外遇案例的樣本資料中，都可找到屬於該外遇類型的「腳本」（script）。每一個腳本則包括有以下這些部分：具有特定的情節（a specific kind of plot）；由某個主角主導和帶動整個事件的發展（a key player who drives the action）；描述當事人的婚姻關係、婚外情關係和三角關係的互動模式，每一方採用某種字眼來描述另外兩方，以及整個事件的結局等等。

第一種華人外遇的類型和腳本：

「傳統的大男人救主」（Traditional Masculine Saviour）

華人外遇第一種類型和腳本裡的男主角被描述成有錢有勢，女主角則是個「傳統型」的女人。這類型外遇的形式是，男方以拯救女方來做為有外遇的理由或藉口。男方被女方傳統的柔弱女性特質所吸引，女方的弱勢也正好讓男方的權勢派上用場，使男方扮演著一個英雄救美的大男人救主的角色。

這種傳統的中國男性角色，剛好也符合傳統上社會接受男性可以擁有妻妾的性規範。即使在這「後妾」時代（post-concubine era）的現代台灣，有權勢的男性在這類型的外遇裡正享受著擁有情婦之福。

這類型外遇故事發展的典型情節通常如下：第一幕是，有權勢的男方，對同一工作單位的一位年輕漂亮（經常還是處女）的女性部下提供物質援助，並且以父執輩的地位來照顧她。而這個年輕女部下則來自貧窮之家，人生歷練單純。第二幕是，男方向女方傾訴自己的婚姻不睦，妻子強勢或沒文化，來博取女方的同情。第三幕是，男方言談間隱約流露想與妻子離婚的願望，但是並沒有給出確定的時間表。第四幕是，女方覺得能成為上司傾吐心事的對象是無上光榮的，日久生情而不可自拔，等著有一天上司會來娶她。

接著下一幕戲的情節多半是：通常因為女方的事故而使祕密的婚外情浮上了檯面。或者因為女方懷孕而向男方逼問婚期，或是地下情被男方的妻子發現，而妻子要求有所解決。此時，有三種主要的怪罪（blame）狀況：第一是妻子責怪「小三」偷了她的丈夫，第二是男主角埋怨妻子未分擔他的工作壓力，第三是身為外遇女主角的小三責怪自己竟會愚蠢地相信男方的「允諾」（promises）。

完結篇則包含這類結局：第一，妻子主動出擊、羞辱小三，而爆發成為兩個女人間的戰爭，妻子則等著丈夫回頭。第二，男主角在妻子的協助下告知小三元配不同意離婚，而給外遇女主角一筆錢來斷絕關係。第三，女主角心碎，覺得受騙、悔恨不堪。第四，有些案例中，雖然外遇事件過去了，但妻子得了憂鬱症、變得神經質、沒有安全感和多疑。⑰總之，在結局這一幕，衝突多半存在於兩個女人之間，而不是存在夫妻之間。

第二種華人外遇的類型和腳本：「心靈伴侶」（Soul Mates）

華人外遇第二種類型和腳本裡的男女主角，其特徵則正好和第一類型外遇主角們的特徵相反。在華人第二種外遇類型裡，男主角被描述成並不是靠物質上的優勢來吸引女主角，他真誠地表明自己擁有良好的婚姻關係。外遇的女主角則被描述為有自己的事業、不要求將來與男主角結婚的非傳統女性。

故事情節大致如下：第一幕是，男方雖然沒錢沒勢，卻有機會與一位未婚、成熟、聰慧、有事業心的現代女性共事。第二幕是，男方不需要用任何藉口來發展這段婚外情。他告訴這位女同事，雖然自己的婚姻關係已經不再刺激興奮，卻還算和睦，並沒想過離婚。他只是對她在事業上所關注的問題和抱負感到興趣，也對她的情緒給予支持，或總是適時地有所反應。第三幕是，女主角被描述成在追求浪漫愛情、享受這位男同事給她的精神支持。她不需要從他身上得到錢，也不在乎婚姻，更不需要他給她任何承諾。或許是由於聯手面對辦公室的權力糾紛、相似的興趣或參與共同的計畫案等等因素把他們拉在一起，他們之間的戀情就在工作場合中發生了。她則保證不會破壞他的婚姻與家庭。第四幕是，雙方並沒有對未來做打算，僅是享受當下的浪漫，並且珍惜這種沒有責任或義務的「自由精神」（free spirits）。

接下來的情節是：妻子發現了他的外遇，三方互相怪罪。首先，元配責怪小三。再來，丈夫把部分的錯怪在元配身上。他的理由是無法和妻子分享知性上的興趣和事業上的想法。他也可能怪這「現代」型的女同事主動使這段戀情發生。至於這位身為現代女性的第三者則沒法怪罪任何人，而被描述成冷漠（uninterested），「來得快，也去得快」（easy come, easy go）。或者，外遇女主角面對自己有些迷惘（lost），「這一切對我來說有什麼意義呢？」（What does this all mean to me?）。或者，有點悲劇性，「這就是女人的命運吧！」（the "lot of women"）

最終的結局是：第一，元配羞辱女主角小三或者訴諸法庭，控告小三要求賠償。有時小三得支付罰款給元配，因為，這位小三是有錢、有事業的現代女強人。第二，男主角還算容易就能結束這段婚外關係，因為他從來沒有對女主角承諾過任何事。第三，女主角情傷，感到一場空，不知道這段戀情意義何在。第四，元配在事後得了憂鬱症，變成精神不穩定、沒安全感和多疑。

華人第三種外遇的類型和腳本：「不開心的家庭主婦」（Unhappy Housewife）

前面兩類型的外遇都是丈夫出軌，華人的第三類型外遇則是妻子墜入婚外情網。原因多半是她的婚姻使她很不開心，而不是由於她生來水性楊花。這類型外遇過去在台灣雖然少見，但是在一九八〇和一九九〇年代的台灣卻日漸增加，讓愈來愈多的男人面臨這種危機，或是開始產生危機感。這種危機，所謂的「戴綠帽」，對華人男性來說是極大的羞辱和極難容忍的一件事。⑱

這類外遇情節始於一個不開心的家庭主婦，她的丈夫不重視她，視她為理所當然，或者對她不好。在婚姻裡，她沒有受到照顧，也不能得到滿足。她感到寂寞，她偶爾因為丈夫的關係而遇到丈夫的朋友或同事。除此之外，她遇到其他男人的機會很少。這類型外遇多被報導成有另一個男子出現、對這個家庭主婦表達關心，她則被這個男人所吸引，甚至為了他放棄自己的婚姻。對她來說，外遇主要是滿足她的心理需要，性的需要還在其次。

接下來的一幕是：丈夫發現了她的外遇而大為震驚憤怒，感到面子全無。這是發生在華人男子身上最糟糕的事。他的情緒失控，可能痛毆她的妻子和她的外遇對象。另一幕是：妻子勇敢地指控丈夫沒有善待她，所以導致今天的局面。結局是：丈夫憤而控告妻子和第三者，與妻子離婚。妻子希望和第三者結婚。未料，第三者不想娶她並離她而去。她的一切崩毀、心碎、名聲掃地。⑲

華人第四種外遇的類型和腳本：「玩弄有權勢男人的現代女性」（Manipulative Woman）／「待寫的腳本」（Missing Script）

接下來的一個情況是：當一個有權勢的男人碰到一個現代女強人時，他們的婚外情是什麼樣子呢？在這一類型的外遇關係裡，這個現代女性（不管她自己是否已婚）玩弄和利用（being manipulative）這個有權勢的男人，來達到自己的目的。這種兩性間的權術關係在現實生活中是很有可能發生的，但是在我的研究樣本中卻沒有華人這類型外遇的報導案例。

關於這種我稱之為「待寫的腳本」類型的外遇，可能和台灣人在一九八〇和一九九〇年代對現代女性的看法有關。一個有權勢的男人的確有可能甘願被一個貧窮無依的可憐女子所利用。因為，被這樣的女人操弄仍舊可以反映出一個大男人照顧弱小女子的氣概。但是，在那個時代，台灣媒體的男性作者也許並不喜歡看到相反情境的出現。也就是說，有權勢的大男人怎麼竟然會被一個現代女強人所操弄?!這類女性雖然聰明能幹、讓人有威脅感，但是，在這些男性作者的心裡，或許認為這類現代女性終究也還是個（弱）女人罷了！另一方面，媒體的女性作者可能也同樣不願意以這種負面形象來描繪現代女性，或者承認有這類型外遇的存在。因為，女性作者傾向於希望描述現代女性（尤其是女性主義者）是有正義感和超級能幹的女人。

華人的外遇趨勢

以上所討論的四種外遇類型都是理論上的可能類型，而且，各類型外遇的多寡是會隨著社會變遷而持續變動的。在我的研究樣本中顯示，在一九八〇和一九九〇年代的台灣，最主要的外遇類型是屬於「傳統的大男人救主」的類型。依照本書前面幾章的討論，我們可以預期台灣社會外遇類型未來的可能趨勢：在職場相遇、日久生情的機會增加，同時，浪漫愛也隨著時代潮流而成為關係中愈來愈重要的層面。在此雙重趨勢下，「心靈伴侶」類型的外遇將會愈來愈多。我們也可以預期，第一類型外遇將會愈來愈少，因為，會傻到一味相信有權勢外遇男性會帶給她們承諾的傳統型年輕女性，正在不斷地減少。

另外，雖然「玩弄有權勢男人的現代女性」這類型的外遇目前還未在本研究樣本案例中出現，但未來，現代女性是有可能入侵有權勢男人的陣地，而把這類男人玩弄在她們股掌之中。

西方人外遇的類型

本研究樣本中，西方外遇報導案例的男女主角也各自呈現出兩種類型。表7-2中的垂直方向列出男性的兩種不同情況：一種情況是他在婚姻裡能夠掌控他的妻子，另一種情況是他在婚姻裡無法掌控妻子。表中的水平方向列出女性的兩種不同特徵：一種是被歸為「傳統的」（tradition）女性，另一種是列為所謂的「現代的」（modern）女性。在西方社會裡，當各自兩種不同類型的男女相遇時，理論上也會產生四種可能的外遇類型。這些西方人的外遇類型流露出婚內和婚外關係的各種不同的推和拉的作用力（push-pull mechanisms）。

在西方社會裡，表7-2所呈現的四種外遇類型，並不像華人外遇類型裡的每一類外遇都有該類型的故事「腳本」。這是因為西方外遇發展的軌道比較不受社會結構所限制，故難以找出像台灣社會裡每一類型的外遇都伴隨著一種有結構的腳本的情況。

我的西方樣本案例中，每一類型外遇雖然並沒有一個屬於該類型外遇的腳本可以抽離出來，但是跨越所有四類型的外遇中，卻顯露出來一個明顯的主題（theme）。這個主題是：所有

表7-2　西方外遇和男女主角的類型

男主角被描述成：	女主角被描述成：	傳統的	現代的
	能夠掌控妻子	性的救主	冒險家
	無法掌控妻子	慰安情人	被當作玩具的男孩／或會玩弄利用女強人的男人

的外遇故事的動機和後果都是以「性」為主導（a sexually driven motive and consequence）。

第一種西方人外遇的類型：「性的救主」（Sex Saviour）

第一種西方人外遇類型「性的救主」裡的男主角，在婚姻關係中是能夠掌控妻子的這類男人，而身為第三者的女主角則被描述成一位「傳統的」女人。男主角在婚姻內居於掌控的地位，久而久之使他不僅覺得妻子和婚姻索然乏味，而且還覺得人生無趣。這種無趣的（feeling bored）感覺把推他向了婚姻之外。在婚姻外的關係裡，則有一股來自一位傳統型「金髮笨女郎」的拉力。做為第三者的女子會想盡辦法給予男主角性方面的滿足，包括：穿上性感睡衣、在他醒來之前化好妝、在不尋常的地方做愛（譬如在公共電話亭內）等。男女主角是彼此最佳的情人。這類型的外遇雖然看似都是男主角起的頭，但其實女主角才是在外遇關係裡扮演著積極主動角色的人。這類女性以自己能夠用性來「拯救」（rescue）她不快樂的情人並且帶給他快樂為傲。

第二種西方人外遇的類型：「慰安情人」（Comfort Provider）

第二種西方人外遇的類型「慰安情人」裡的男主角，他在婚姻關係中屬於無法掌控妻子的那種男人。男主角的妻子被描述成有事業心、要求高、強勢或甚至還是個完美主義者。而身為第三者的女主角則被描述成一位傳統型的女人。男主角覺得自己在婚姻裡很不重要或是身心俱疲。這種疏離或疲倦的情況，把他向婚姻外面推。在他的外遇關係裡，第三者的女主角很聽他的話，使他重拾婚姻內所感受不到的自我重要性，而覺得有能力掌控這份婚外的關係。或者，女主角很擅長照顧這個疲累的男人，帶給他許多安慰。她勤於家務、樂於在他下班回家後給他充分「性」的快樂。跟這樣的女人在一起，使男主角感覺處於一個掌控的位置，或覺得輕鬆自在。換句話說，這個傳統的女人是這個疲憊男人的慰安情人，與第一類的「性的救主」相比，這樣的慰安情人是被動和聽話的。

第三種西方人外遇的類型：「被當作玩具的男孩／或會玩弄利用女強人的男人」（Toy Boy / Manipulative Man）

根據外遇女主角的說法，第三種西方人外遇類型「被當作玩具的男孩／或會玩弄利用女強人的男人」裡的男主角，也被描述成他在婚姻中無法掌控自己妻子的男人。但是，他婚外情的伴侶也是一個強勢、「現代的」女人。在報導中，這第三者的女人被描述成自主性強、堅持己見、很會算計、有成功的事業或很有錢。在這類的「推和拉」的情況裡（push-pull situation），男主角被她強勢、要求高的妻子推了出來，卻又被另一個強勢、會算計的女人拉走。這兩類男女主角相遇可能產生兩種相反的外遇情況。

第三類型外遇中的第一種情況是：在有些案例中，軟弱的男主角被說成是夾在兩個女強人中間，他自己則做不了決定。處於第三者的女主角對付這種猶豫不決男人的方法，就是設計好策略來干預和破壞這個男人的婚姻生活，直到他的妻子受不了而放棄他們的婚姻為止。這個男主角是容易被控制的，就像是這第三者女強人的「玩具」（"toy"）。

第三類型外遇中的第二種相反的情況是：男主角被描述成善於操弄做為第三者女主角錢的男人。女方或許會幫他設計一個生意發展計畫，或者為她既帥又會做夢的男友，扮演一個資助其創業的金主。不過，這類女主角通常都不是省油的燈。她警覺性頗高，會注意男友是否在利用她。一旦男友的生意做不起來，她會懷疑自己被這個男人所利用，故而能立刻「切斷關係來止血」（cut her losses）。

第四種西方人外遇的類型：「冒險家」（Adventurer）

第四種西方人外遇的類型「冒險家」裡的男主角，在婚姻關係中因能夠掌控妻子而覺得婚姻無趣，當這類情況的男人碰到一個自主性強、能幹、「現代」型的第三者女主角，可以產生非常具有冒險性的婚外情。譬如：利用在外地開會時發展的一夜情，或者是一段雙方講好的「安全的浪漫愛」（a "self-contained" romance）。其中，女主角對婚姻的承諾不感興趣，男主角也不想離婚。這類型的婚外情也並未在我研究樣本案例中出現，可能是因為我的西方外遇案例資料的來源《她這方的故事》一書內容的報導，都是來自與丈夫有外遇的元配或者是與身為小三者的面談。所以，樣本中所有的婚姻都已經破碎了。既然冒險家型態的外遇並不想破壞婚姻，這類型的外遇故事自然不會出現在《她這方的故事》這本書中。

西方人的外遇趨勢

在我的研究樣本資料中，大多數的西方人外遇是屬於「性救主」和「慰安情人」的類型。我們可以預期表7-2裡四種外遇類型的次數分配，必然會隨著西方未來的社會趨勢而改變。不可逆轉的兩性平等主義趨勢，將使更多女性不再扮演傳統的女性角色，不管她們是身為人妻還是小三。愈來愈多的男性將會處在男女平權的關係內，他們的女伴不會控制他們（a not-controlling spouse）。結果是，在婚外情的關係裡，願意扮演「供應者」角色（a provider role）的女性將會減少，不論是供應給男伴性或是安慰。愈來愈多的女性也將變得更具有主見，在感情關係裡懂得與男方談判或協商，能夠獨立自主，並評估她能從這份外遇關係中得到什麼。因此一種新的「當作玩具的男孩／或會玩弄利用男人的女人」的外遇形式將會出現。

西方的核心主題：「性」對個人發展的重要性（Major Western Theme: The Centrality of Sexuality to Personal Development）

不論是哪一種外遇類型，所有西方報導的外遇案例幾乎都是如此展開的：第一，男女主角相遇。第二，女方感覺男主角是她的「真命天子」，於是用一拍即合的、美好的性關係來印證該男子是不是她的「對的男人」（"Mr Right"）。第三，男方總有些藉口，像是婚姻走到了盡頭、妻子無趣、不瞭解他、在床上也不是個好情人等等。男方這些說辭激起女方的同情，而使女方想要來拯救他。第四，在婚外情開始不久之後，男女主角都認為彼此間的激情是這一生所經驗過最棒的性（the "best sex"）。每當他們相聚總是上床纏綿，認為「我們命中注定是該在一起的」（we were meant to be together）。

接下來就是婚外情的曝光。後果通常是妻子發現了而感到震驚，因為她一直信任自己的丈夫。在妻子眼中，老夫老妻的婚姻算是正常，性生活也還算可以，她不解這種事怎麼會發生在她身上？外遇男主角起初則極力否認，後來變成生氣。通常幾週之後，他不告而別，搬出去與情人同住。他的妻子心碎，覺得自己在婚姻中已經盡力扮演好賢妻良母的角色，但到頭來竟然落到這種下場，真是沒有天理。她不斷地問自己，她到底做錯了什麼？（What did I do wrong?）在有些案例中，元配企圖警告小三，自己的丈夫其實是多麼糟糕的一個人，根本不值得信賴。

到了此刻，通常外遇女主角會認為情人的元配做得太過份，因而告訴男主角：「她這樣做只會把我們拉得更近！」通常女主角對自己拆散別人的家庭不覺得是罪過，她的理由是：「就算不是我，他也會有別的女人」。她以能帶給這個男人快樂（而他的妻子不行！）、能夠擊敗男主角的元配而感到驕傲。她還慶幸自己能擁有這個好情人。男主角離婚是可以預料的。

不管當初外遇發生的情況為何，結局隨著個人的選擇（或是沒有選擇）而有異。對男主角的元配而言，一般有兩種可能的結果。第一種結果是，元配僱了城裡最厲害的律師來爭取最高的贍養費。過了一陣子，當元配的氣憤傷痛漸消，開始對自己現在的新生活感到慶幸，自由、不必向向任何人妥協、可以隨性與異性交往，但對再婚沒有興趣。或有些元配離婚後再婚，覺得新的丈夫比前夫要好得多。第二種結果是，有些元配和小孩得不到任何贍養費，元配得努力工作、獨立扶養小孩。她們因沒有能力僱保姆看孩子而無法出去約會，所以她們的生活中已不再有男人。她們也並不想再交男朋友了，因為她們認為男人都一樣，「只是會亂搞」（fool around）。

對外遇的男女主角而言，一般也會有兩種可能的結果。第一種結果是，這對戀人有情人終成眷屬，從此過著幸福快樂的生活。尤其，男主角得付出高額贍養費給前妻和小孩，更顯得愛情無價，在高代價之下的關係和性似乎特別美好和值得珍惜。第二種結果就沒有這麼好了。這對戀人在開心了一陣子後雙方關係便無以為繼了。男主角重蹈覆轍，再度另結新歡、離她而去。直到那一刻，當初外遇的女主角才真正體會到男主角前妻的處境。而且，當前妻知道此事後也轉而同情後來被遺棄的小三。於是，這兩個女人最後又聯合起來一起對付她們共同的敵人：這個「只靠胯下老二行事而不用大腦的男人！」（"dick-driven man"）。當初外遇的女主角在情感受傷之後，一則得獨自重建新生活，或是再找一個新的情人玩玩，不再寄望於一份永久的感情關係。

如同本章前面所討論，華人的外遇像是被中華文化的規範「劇本化」了（being "dramatised" in the culture），外遇的發展多半符合預料中的情節。劇中人物間的角色結構和大社會價值意義具有相當高的共識或穩定的一致性。因此，與本章所描述的三種華人外遇類型腳本相對照，西方社會裡所報導的外遇故事則找不出對應西方文化所特有的腳本，而是一種因個案而異的狀態。不過，在沒有一定腳本的情況下，反倒顯示出西方的外遇行為有一個共同的主題（theme）。這個主題就是：性對西方男女而言都是很重要的（the centrality of sexuality for both men and women）。

男女之間的政治權術和對婚姻的不忠

救贖和資源（Salvation and Resources）反映中西各自的性別角色

中西方各自的四種外遇類型中都共同出現「救主者」（"saviour"）的角色。但是，對此一角色的描述則因中西文化的不同而有所不同，這也正反映出中西文化裡性別角色的根本差異。在台灣的外遇腳本裡，一個「有資源的」（resourceful）已婚男人「救」了（rescued）一個在物質上或精神上匱乏的女人，救主者給了她物質或精神的支持。對照來看，在西方的報導中，身為第三者的外遇女主角則是「救」了在婚姻裡覺得無聊或疲憊的已婚男人，提供他最好的性生活和安慰。

從一方面來看，這樣的對比似乎顯示出西方女性是從一個被動、依靠男人的位置「進步」成為一個強者，還能把一個在婚姻中苦痛的男人給救了出來。西方已婚男人被描述成在婚姻裡覺得無聊、疲憊和不重要。相反地，台灣男人被描述成強勢、有資源，能來「拯救」需要他們提供支援的女性。

但是，從另一方面來看，這樣的相對照其實也流露出台灣的兩性關係可能在某方面還比西方來得更前進。雖然台灣外遇腳本裡有一種女主角是從男主角身上得到「傳統的」物質資源，但是，另一種腳本裡的女主角，則是可以從窮小子身上得到「非傳統的」情緒或精神上的資源。在過去，這類只能提供給女性精神和情緒支持的男人，是無法像富有的男人那樣有能力來擁有妻妾的。在今天的台灣，只要外遇男主角是自己精神上、情緒上或知性上的好伴侶，即使他沒錢，女主角已把這類男人的地位升級了。相對來看，報導中的西方女人仍是用她們「傳統的資源」（traditional resources）來「拯救」一個已婚男人：一則提供好的性給一個在婚姻裡覺得無聊的男人，或者變成百依百順、來提供給一個在婚姻裡疲憊的男人一些安慰。

該怪罪誰（Who to Blame）？

關於對婚姻的不忠，台灣的妻子傾向於等待丈夫回頭、倦鳥知返，妻子可以為了家庭忍受一切，她最終的關注是超越她自己個人之外。那麼她該怪誰呢？在台灣的腳本裡，丈夫永遠是沒錯的。這些報導中顯示，男人唯一的錯（fault）是他們在性方面不能忠貞的「本性」（the nature of men being more promiscuous）。因此，台灣男人不忠，不會像女人不忠那樣帶給婚姻關係或家庭系統致命的傷害。如果女性假定男人的本性是每個男人都有的，那麼，緊張的一定是女人。因為，她們始終恐懼著自己丈夫有發生外遇的可能。在這種情況下，女人唯一能怪罪的是另一個女人，而不是自己的丈夫。所有的報導都描述女人認為其他女人具有威脅性。

相對來說，在我研究樣本西方的報導案例中，妻子會怪罪自己的丈夫，她無法再接納這個背叛她的男人。西方女人從個人主義的觀點來看自身所處的情況，而無法忍受遭到配偶的背叛。元配通常會警告小三自己丈夫是個什麼樣的人。當這個男人把事情搞得一團糟，或是積習難改，又找了小四時，有些元配會和小三聯手對付她們共同的男人。有些報導中甚至有元配和小三同住而互相照顧對方，由於這個共同的男人，讓這兩個女人建立起她們之間的連結，和同仇敵愾的革命感情。

誰是輸家（The Loser）？

在這場男女間的戰爭中，誰是輸家呢？在台灣的外遇腳本裡，最高的考量原則是家庭主義。一個婚姻其實就是一個家庭，通常不會因為一次外遇而破裂。結果是，身為小三的女子成了輸家。相對來說，我研究樣本中所有的西方案例都顯示，「好的性」（good sex）是當事人做決定時的一個充分和必要條件。一個已婚的西方男人會為了一個新的和好的性關係離開妻小，而不感到太大的遺憾。對西方的外遇女主角而言，這個與性有關的動機也似乎為她偷了別人丈夫的行為找到一個合理化的藉口，而使她減少或沒有罪惡感。只要是雙方當事人快樂，而且原來的婚姻，尤其是性關係，已然走到了盡頭，這樁婚外戀就似乎變得正當有理。在這樣的情況下，男主角的元配就成了輸家。

進一步來說，這些外遇報導顯示，西方社會的妻子角色比起華人社會的妻子角色來得容易受傷，或者是處於比較不利的位置。當一個西方妻子能被丈夫掌控時，丈夫則表示自己在婚姻裡覺得很無聊。但當她無法被丈夫掌控時，丈夫又被描述成在婚姻裡覺得好累。不管哪一種情況，即使她是個好妻子和好母親，妻子的角色都把丈夫給推走了，在這些案例裡，妻子的角色被描寫成基本上是受到威脅的。相較之下，華人妻子的角色和位置被描寫成相當穩定，不管丈夫是否有能力提供給小三任何資源，只要他的妻子扮演好賢妻良母的角色，華人丈夫通常不會為了另一個女人而離婚棄子，或離開他的家庭。換句話說，雖然妻子或許對小三的存在感到威脅，但中華文化的家庭主義始終能鞏固妻子的角色。

浪漫愛的意義和性的倫理（Meanings of Romantic Love and Sexual Ethics）

浪漫愛（romantic love）是西方報導外遇關係裡的重心。浪漫的愛情關係與性方面的肯定，帶給個人快樂、發展和提升自我認同感。西方婚姻關係裡強調表達自我，性成為親密感和攸關個人福祉所必需。但不管性的激情有多甜美，激情會漸漸減弱或消失，夫妻間的性生活也就慢慢減少。但是，當性生活在西方的婚姻關係裡變少、變乏味，往往會被當事人視為婚姻出了問題，或代表他／她個人的失敗。在此情境裡的女性，認為自己為婚姻付出了愛，如果愛消失了，她會覺得失落、後悔、自我懷疑、憤怒或放棄。有些女性因找到第二春而又快樂起來，有些女性則嘲諷：從男人那兒所得到的所謂的「愛」又算是什麼？由於我的研究樣本資料限於女方的觀點和說辭，我們無法由此直接瞭解對西方男性而言，浪漫愛的意義到底是什麼？以及，男性們的主觀感覺又是什麼？我們唯一可以由這些外遇報導中的女性觀點間接得到一點暗示，也就是對西方男性而言，浪漫愛主要是以性為原動力（for men, romance or love is mainly sexually driven）。

對已婚的華人男人而言，浪漫的愛或許點燃了外遇的火花，但是浪漫愛不會是唯一的動力，而有更多、更廣的因素或作用力會摻雜進來，以維繫自己對家庭的承諾和責任。浪漫的激情只是一時的，而且注定會逐漸消失。性的重要性並不能與家庭主義的理想相提並論。

同時，性也被視為一種自然的生理需要和驅力。如果釋放性驅力的需要超過了正常的性管道所能滿足，轉而以婚外情來滿足，則這額外的壓力固然得到了舒解，但是，善後工作總要做好，也就是把它清乾淨（clean up）。在另一方面，這「額外的性」（"extra" sexuality）也代表華人男性更高的地位：因為，只有物質資源豐裕的男人才能有額外的（extra）財富和權勢來搞外遇，或者精神上充沛的男人才會有額外的魅力來發生外遇。

這額外的性需要用外遇的管道來抒解看似偏差，實質上卻是反映了中國男性氣概在性這個層面的傳統價值。對華人的妻子而言，性與繁殖後代和取悅配偶之類的家庭責任及性別角色較有關。華人女性身為外遇的女主角時，性的意義則較與尋求浪漫的愛和情緒的支持有關，而比較不是為了求生理上的滿足。

總之，本研究樣本中，台灣外遇報導的案例顯示了一種帶有傳統中國社會文化的影響和西方浪漫愛的理想的整合，只不過對於外遇問題的關注、後果和結局還是非常中國式的。出軌的丈夫和元配的最終考量依舊是家庭主義，而不是性歡愉。性倫理的界定仍然只是以女性的忠貞與否做為唯一的標準。

在傳統允許納妾和容許娼妓的遺風下，華人男性的性規範尺度比女性寬鬆得多。華人男性在婚姻裡不忠，通常被視為像是婚姻中出現的一個繞道而行（a detour）罷了。妻子通常期待丈夫會回頭，等著「歡迎」他回家。由於外遇事件是不名譽的，會有損丈夫、妻子或整個家庭的顏面。這樣不體面的事希望能很快被埋藏在家庭責任的後院裡。因此，男性的婚姻不忠反倒更增強了華人家庭的傳統價值，並且鞏固了婚姻的界限範圍。

反過來說，華人女性的婚姻不忠就不會被當作一個繞道，而多半會導致離婚。這個永久的損害反映了華人社會傳統的性別角色、女德和父權式的家庭主義。換句話說，從我的台灣外遇報導樣本中在在流露出婚姻不忠的意義是男女大大有別的。

我的所有西方外遇報導案例，顯露出婚姻不忠並不代表是婚姻中的繞道而行，而比較像是代表一個人走到了人生的十字路口，需要做出該向哪邊轉彎的重大決定。外遇的發生被視為個人的人生危機和後果來處理。這也就是為什麼在我的樣本中，西方的外遇故事幾乎找不到所謂的「腳本」存在。由於「性」在外遇主角生活裡的重要性，以及對個人主義至上的關注，婚姻中個人對配偶的不忠多半無法容忍。當事人對下一步該怎麼走因人而異，沒有固定腳本。可是，有一點是很確定的，所有這些以個人為中心的西方外遇多半不會因想要大事化小、小事化無，而被埋藏（buried）起來。背叛婚姻的結果多半是導致婚姻和家庭的破碎。在這種充滿不定性的過程中，外遇的羞恥感大幅度降低，罪惡感的影響也被合理化、沖淡或轉移焦點到別處。譬如：小三會說：「她老婆不能給他快樂，但是我能！」不過，我的樣本並不包含西方男性主觀上的罪惡感或羞恥心的資料，只能間接地從妻子或外遇女主角這方面的敘述中看到，她們的男人起初會有些罪惡感。但是，他們的罪惡感並沒有持續很久。

整體而言，我的樣本資料中顯示，西方社會裡對婚姻不忠的意義似乎不像華人社會裡有著男女之間的明顯差異。我的這個研究發現與西方有關性趨勢的論點是相合的。這個論點是：在當前西方性道德規範變遷的潮流下，由於出現「性的男性化」（masculinisation of sex）的現象與趨勢，使得男女兩性間在性行為上的差距已逐漸縮小。⑳

婚內和婚外關係裡的兩性政治權術（Gender Politics in Marital/Extramarital Relations）

在我的華人外遇樣本中，把男性推向婚外關係的力量，是他所具有的物質或精神上的資源是否大到足以提供一個需要他支援的女子。結束外遇多半是因受家庭主義和身為丈夫／父親和妻子／母親的角色所影響。已婚女性只要扮演好賢妻良母的角色，出軌的丈夫通常不會拋棄她和小孩而去。通常，他會了斷婚外關係，最終回家扮演他原本丈夫和父親的角色。畢竟，家庭角色，而非個人，是華人社會的關係焦點。換句話說，如何做個男性和女性，以及婚內和婚外的關係，是以華人的家庭主義和家庭角色所決定。在這個家庭主義的大前提下，基本的家庭角色和責任義務使得兩性間的政治權術（gender politics）不像在西方文化背景裡顯得那麼重要。

相對來看，在西方報導的婚內和婚外感情關係裡，處處流露出男女兩性間的政治權術與爭鬥。把一個已婚男性往婚外情推的力量，是決定於他能否在婚姻關係裡掌控妻子的政治權術。對男性來說，不管他是否能掌控妻子，他的婚姻生活總是缺少了什麼。他不是覺得無聊，就是覺得疲憊，或者覺得自己不重要。這種負面的感覺於是推著他到婚外女人身上去尋求興奮、安慰或者自我的重要性。對女性而言，不管她是扮演一個「傳統」或是「現代」的角色，不管她是否被丈夫所掌控，這其中任何一種情況都可能把她的丈夫往外推。因此，難怪西方報導中所描述婚姻裡的男女兩性在這樣的權術結構之下都有其問題，使得西方男女兩性其實都無法在婚姻中佔有一個比較有利的位置（a more advantageous position）。西方已婚男性被描述成在婚姻關係裡軟弱、無聊、疲憊和不重要，而需要靠婚外關係裡的女人來「營救」他。在兩性權術之下，西方已婚女性似乎扮演著一個注定是輸家的角色。

進一步來看，在婚外情關係裡，一個西方男人或許靠著一個「傳統」的女人來滿足他「性」和情緒上的需求，他也可能玩弄利用一個有權勢女人的資源來達到好處。可是，他其實也隨時會被這種善於算計的女人所監控。或者，這個男人也可能只是這種女人的一個玩具而已。這一類婚外情關係裡的兩性政治權術都無法顯示出男女雙方在相互較量時，哪一方所處的位置比較有利。

當然本研究所有的西方外遇案例都是由已婚男人起的頭，而且為了他的新戀人而拋棄妻小。我們沒有足夠的案例來看一個已婚女人發展出婚外情的情況、動力和後果。不過理論上，我可以假設兩性政治權術和把一個已婚女人往婚外關係推的力量，其實與一個已婚男性發生外遇的情況是相類似的。她在婚姻中或是因掌控丈夫而覺得無聊，或因她無法掌控丈夫而覺得疲憊和不重要。

換句話說，西方文化背景下，個人主義的理想，以及「性」對個人自我認同、價值和福祉的重要性，使得婚姻內的權力關係和政治權術對夫妻雙方所產生的影響都是一樣的。這種西方婚姻結構上的限制則變成了男女雙方墜入婚外情的基本誘因。

西方男女兩性在婚內關係的權力結構情況，與他們墜入婚外情的可能性是相似的。但是，外遇的類型可能不完全相同。譬如，從前面所討論的四個西方外遇類型來看，當一個已婚女性起的頭，其外遇關係裡的形式、內容和兩性權術將與由一個已婚男性起的頭的外遇關係不盡相同。因為，西方文化中男女的性別角色仍是不同的。

因此，本章中西文化外遇報導的比較研究，顯示了中西各自文化裡婚姻和家庭系統的界限、範圍、規範和價值。本章的比較研究也讓我們能用男女性別角色的界定和性的意義，來瞭解中西各自文化裡的婚姻不忠的行為。西方社會有問題的男女性別角色建構和政治權術關係，可以用來挑戰西方女性主義者認為，「在異性戀的關係中，男人永遠處在一個有利的位置」的論點。並且，中華文化裡的男女兩性有著固定的家庭角色，台灣社會仍舊強調家庭結構和家庭至上的價值。由此可見，西方發展出來的兩性關係的觀點並不能完全或直接地應用在其他的文化背景。我們必須瞭解某一個文化有哪些既定的性別角色，以及那些角色在該文化裡的特殊意義。

婚姻裡，到底是對誰忠誠？

當說到婚姻裡的忠誠（fidelity）時，我們忠誠的對象往往（應該）是指自己的配偶，也就是我們應對配偶忠誠。但是，經由本章對中西外遇真實故事的報導進行深入分析後，我們可以將婚姻裡的忠誠「解構」（a deconstruction of fidelity is possible），而發現在中西文化脈絡裡，人們所忠誠的對象事實上竟然都不是自己的配偶。

在西方的外遇故事描述裡，人們最終希望忠於的，是當事人的自我（self），不僅是表面的自我，更重要的是忠於那個在心靈深處的自我。在婚外戀情當中，雖然外遇很容易威脅到自己的婚姻，心靈深處的自我卻得到了釋放以追求新的經驗。但也因此對西方的男人或女人而言，在面對自己的外遇時，就像是自己正走在人生的十字路口，不同的轉向會帶來截然不同的結果。

在台灣對外遇新聞事件的報導中，多數外遇不會立即威脅到婚姻，因為外遇當事人多半是丈夫。其次，對中華文化裡的人而言，婚姻其實是代表著家庭，或者說婚姻就是等於家庭。外遇所威脅到的比較是對當事人或配偶的自尊，以及對家庭其他成員們的顏面有損，而不是直接衝擊家庭結構本身。這些故事的結局多半是：如果丈夫有了外遇，外遇往往重新肯定了婚姻的重要，並且使家庭重新回到著重代代相傳的本質及正軌。對台灣男性而言，婚外情只是像是一個暫時的繞道而行。妻子的原諒、耐心及家族內成員的支持，讓他還是回到了自己的家並且進得了家門。反之，對台灣女性而言，墜入婚外的情網則是走向了不歸路，無家可歸，死路一條。

因此，對中西文化脈絡之下的個人而言，在真實外遇故事裡的西方人，他們忠誠的對象不是配偶，而是自我；他們盡量忠於自己、做自己，並且表達在家庭角色之外一個真正的的自我。或者說，觸及到那內心深處的自我，才讓自己感受到自我的真實（authenticity of self）。相較之下，台灣的婚外情新聞報導顯示，已婚男人在婚姻裡忠誠的對象也不是他們的妻子，而是忠於他們所肩負的家庭角色及對家庭最終的責任。

---

① 這段引用Trombach的話是來自Plummber (1995)，第一七六頁
② Plummer, 1995，第一七六頁
③ Murphy, 1971
④ Shaw, 1991
⑤ Durkheim, 1976

⑥ Parsons, 1951

⑦ Kinsey et al., 1948; Fisher, 1992; Greeley, 1994

⑧ Hunt, 1969, 1974; Reiss et al., 1980; Saunders & Edwards, 1984; Lawson, 1988; Greeley, 1994; Edwards & Booth, 1994; Laumann et al., 1994; Bender & Leone, 1995

⑨ Lawson, 1988

⑩ Richards & Elliott, 1991

⑪ Hunt, 1974; Pietropinto & Simenauer, 1977; Seidman, 1992

⑫ Lawson, 1988

⑬ Duncombe & Marsden, 1996; Elliott, 1996; Holland et al., 1996

⑭ 這九大報紙包括：中國時報、聯合報、立報、自立早報、自立晚報、聯合晚報、中時晚報、自由時報、民生報。

⑮ 這些報導出現在台灣報紙上的「指點迷津專欄」（advice columns）或者評論性的文章。

⑯ 作者Cato本人結過三次婚，她訪談的對象是來自各種各樣社會經濟背景，居住在北美洲、歐洲和澳洲的女性。

⑰ 〈第三者的故事〉（《自立晚報》一九九二年三月十九日）是一篇顯示這類型外遇腳本的典型報導。

⑱ 一則《民生報》（一九八九年八月四日）的新聞報導。

⑲ 刊登在《聯合報》一九八九年八月十六日的故事就是顯出這類型外遇腳本的一個例子。

⑳ Lawson, 1988; Seidman, 1992

8

性的深藏意義：是維生的「一頓飯」？還是一場肯定自我的男女「對手戲」？

讀者或許已經從本書前面的七章發現，我在每一階段的研究都像是走到了一個新的里程碑，從性行為態度的統計研究，進入當事人如何主觀解釋變遷中的性規範，到分析暢銷雜誌對當代兩性關係的論述。並從台灣出發，到了香港和中國大陸，又將比較研究擴展到西方。研究主題也從「常態的」（normative）性，討論到「非常態的」（non-normative）或「犯規的」（transgressional）性。對我這個研究者而言，長途跋涉，雖然充滿挑戰，但是，每一站都讓我經歷到柳岸花明又一村的喜悅。這二十年跨足海峽兩岸、橫跨中西的學術路上，就在我進行本書第八章的中西比較研究時，不知不覺地竟也橫跨了兩個世紀，從二十世紀進入了廿一世紀。

本書前七章也顯示，中西文化脈絡裡「性」及相關議題有著根本上的差異，大到讓我非來追根究柢不可。從二〇〇〇年起，像是鑽進了千年的文化「族譜」（genealogy），我開始追溯中西傳統文明的源頭，研讀儒家經典和基督教《聖經》，看它們如何界定人性、「性」、愛、人倫關係、性別角色、婚姻、家庭，以及對如何做個高尚的人所定的標準及規範。

二〇〇二年時，我像是戴著一副特別的性學研究的眼鏡，來重讀我從小到大背得滾瓜爛熟的儒學四書五經。到了二〇〇三年，我開始學著讀《聖經》，從英文版讀到中文版、再又回到英文版；反覆讀了三遍，隨處勾出紅線、貼滿黃色浮籤。我這二十年來對「性」此一比較研究課題的探討，似乎終於在這兩本千年族譜裡得到了深入的了解和進一步的　發。我在墨爾本的西方同事與學生們看到我專心研讀「他們的經」而十分驚訝。因為，他們之中很多人連一遍都沒有讀完過。

本書最後這一章將呈現我如何用跨文化的社會學研究來探索在中西方各自文化背景下，性的深藏意義到底是什麼？簡單來說，我所謂的「性的深藏意義」（the embedded meaning of sex）是無法從研究個人對性的態度和行為而獲得瞭解，必須經由對不同文化間做深層的比較研究才能顯露出來。這種社會學的取向既具有跨越中西比較研究的廣度，而且兼具由儒家及基督教經典來溯及傳統中西文化思想與價值觀念源頭的深度。

最後這一章的研究回答了本書在一開始所提出的幾個最主要的問題：在中華文化脈絡裡，到底有沒有所謂的「華人的性」（"Chinese sexuality"）？如果有，「華人的性」的特色是什麼？它與另一個文化、譬如西方文化裡的性有何不同？同樣地，在西方文化中，有沒有所謂的「西方的性」（"Western sexuality"）？如果有，其特色又是什麼？讀者即將會瞭解，這些問題經由本章所提出的研究取向，就能探索到這些問題的答案。同時，我的研究發現亦能清楚地呈現數十年來被廣泛使用的「金賽式」性學研究取向的不足。

一概而論的數據與金賽式性學研究取向的不足

許多國家的性調查研究都發現，人們的性態度與行為是隨著現代化而趨向於開放（permissiveness）。這些研究幾乎都是沿用金賽博士當初對美國男性與女性性行為的調查研究

（survey research）的方式來做的。①這些研究共同的取向是用數據化的方式，比較不同社會之間，人們在某一種性態度或性行為上的比例。因此，儘管不同社會間存在極大的文化差異，這類研究仍把各個社會間不同的性態度或性行為縮減到只從性是否開放（permissiveness）這單一的層面來解釋。經由這種簡化的測量，導致了前述的共同結論：在愈現代化或西化的環境下，人們的性態度與行為愈趨向於開放，似乎是與西方社會「殊途同歸」了（a convergence in sexual permissiveness）。我們對現代化和性之間關係的瞭解，難道就這麼簡單嗎？

在第四章裡，我已經批判過傳統的現代化觀點無法適當解釋當今兩岸三地邁向性開放的路徑是如何不同。而且，這三個社會不同的性自由化路徑，是與它們不同的政治經濟體系和被殖民的經驗有關，並非由於彼此之間現代化或發展程度的不同而有不同。以下將更進一步探討以一個社會現代化的程度來解釋其性開放程度的這種觀點是缺乏文化敏感度的。

舉例來說，諸多金賽式的調查研究聲稱，近數十年來台灣、香港和中國大陸在現代化的過程中已經悄悄發生了一個「性革命」。然而，若與當前西方社會的「金賽數據」相較，華人社會的數據仍屬偏低。這些調查研究亦指出，這三個華人社會在一九九〇年代的性規範可說是與西方一九五〇年代相類似，譬如，婚前性行為基本上發生在雙方已經認定彼此、許下承諾的關係裡，或者是在奉子成婚的狀況之下。因此，這些持傳統現代化觀點的研究者認為，當今華人社會的婚前性態度與行為雖然還不像西方社會這麼開放，但是，這些社會在性方面的轉變就像西方在一九五〇年代所發生的轉變一樣。他們預期，在未來，這三個華人社會的性規範將會變得愈來愈開放。

然而，直接比較不同社會及文化間的「金賽數據」，是假定各個不同文化社會間的性行為有著相同的意義：牽手就是牽手、接吻就是接吻、性交就是性交、外遇就是外遇等等。這種論述可說過於簡化，完全忽略了文化的重要性。而我在本章所提出的論點則是，跨不同的社會或文化之間，直接比較金賽數據是不恰當的。因為，當這些性行為看似相同，但對不同文化背景下人們來說這些行為的意義可能大不相同。若要瞭解金賽數據背後的涵意，我們必須把性態度及性行為放在一個更基本、更深入的層次來探索，也就是放在我於本章所提出的一個新概念——「性的深藏意義」這個層次。

通常，在同一個文化裡的人，會將性行為（或者任何行為）的意義視為想當然爾或理所當然（taken for granted）。因此，除非經由與其他不同文化做深層的比較研究，尤其是比較不同文化傳統對人性、性、愛、人倫關係、自我認同、婚姻、家庭，以及對如何做個男人、女人和高尚的人所做的界定，所謂的性的深藏意義才能顯露出來。並且，唯有對照不同的文化，才能顯示出不同的文化對性的本質有何不同的界定，以及對性的本身有不同的比喻（metaphors）。人們在某一個文化脈絡裡，對性會有其獨特的比喻，並且賦予「性」一個最基本（home base）的意義。

重新檢視「性」這個概念

在探索性的深藏意義之前，讓我們先來對「性」這個概念重新予以概念化（[re] conceptualising sex），並將「性」這個概念大致區分成三個不同的層面，包括：性的目的（purposes of sex），性的態度、行為與規範（sexual practices），以及性的深藏意義（the embedded meaning of sex）。

性的目的

無論在何種文化之中，性都包含了多種活動，和具有多種功能。譬如，性可以繁衍後代，可以是種享樂，也可以用來表達愛或是其他的情緒。因此，性可以達到多重的目的，例如：生殖，發洩生理的衝動，表達感受（愛情、喜歡、親密的情緒、對另一半的承諾或對某個人肉體上的渴望），娛樂（好玩、娛悅、享受），或者可用性來換取金錢或權力等等。這些有關於性的多方面功用與目的，在人類歷史上處處可見。由於「性的目的」這個層面並不是本研究探索「性的深藏意義」時所關注的焦點，故在此不多做討論。

性的態度行為與規範

社會科學家早自二十世紀初就開始研究性的態度、行為與規範。譬如，英國歷史暨人類學家安文（J. D. Unwin），在他一九三四年所出版的《性與文化》（Sex and Culture）一書中，就對於他所謂「不文明的」（"uncivilised"）社會和「文明的」（"civilised"）社會，就幾個不同的歷史時期做調查。他發現，文明的社會對性有道德上的管制，而導致較大的社會能量（social energy）。這種能量是理性的、有擴張性的，以及具有生產力的（productive）。而不文明的社會則處於低社會能量的狀態。換句話說，安文將性道德規範視為一種社會科學裡所謂的「因」，也就是「自變項」（independent variable），會對該社會文明發展的水平有所影響。

近數十年來，對性的態度、行為和規範的研究中，最著名的例子就是本章前面所提到的金賽式的經驗研究。在金賽式的調查研究中，性的態度、行為與規範都是可以測量（measurable）的結果，是社會科學裡所謂的「果」，也就是「應變項」（dependent variable）。以個人的層次而言，人的性態度和行為會隨著人們的社會、經濟背景與心理因素而有不同。在集體的層次，不同的社會或文化之間也會形成不同的性的態度、行為與規範。甚至，在同一個社會或文化裡，人們的性態度、行為與規範也隨著不同的歷史時期、地域、團體或社會階層而異。

安文和金賽式的對性的態度、行為與規範的研究可說奠基於兩個觀念：第一個是「發展」（development）的觀念。譬如，在安文的研究裡，一個社會對人們的性行為有所規範，這個社會則會走向文明（sexual regulations lead to "civilisations"）。而在金賽式的研究裡，現代化則導致性開放（modernisation leads to sexual permissiveness）。另一個隱含的假定則是，不管發生在哪個社會，性行為的意義都是一樣的。

但是，性的態度、行為與規範實則與文化背景密切相關；同樣的性行為在不同的文化裡或許有不同的意義。所以，不論把性行為當作自變項或應變項，不顧文化的差異而將「發展」及「現代化」與性行為直接關聯起來是有問題的，就像直接比較不同文化背景裡人們的性的態度、行為與規範是不恰當的。這就是為什麼我要提出「性的深藏意義」（the embedded meaning of sex）這個概念來闡明金賽式研究的不足，並對性的本質和意義提出更具文化敏感度的瞭解。

性的深藏意義

從上兩節的論述，可知道我所提出的「性的深藏意義」這個層面，才是本章跨中西文化研究的重心。性的深藏意義或許與性的目的有關，但是兩者屬於不同的層次，性的深藏意義不像性的目的這般明顯。例如，早年的一項跨文化的性風俗習慣研究中發現，②在愛斯基摩社會裡，讓客人與主人的妻子做愛是主人表達好客（hospitality）的一種方式。在外人眼中，這可是非比尋常；但是，對愛斯基摩人而言，性所具有的這一項待客的功能，是眾所周知的。當地人都瞭解性的這種（好客的）意義，所以，這是一種性的公認的和明顯的意義，與我所謂「性的深藏意義」的概念並不同。

如同本章一開始所提及，性的深藏意義是無法從研究單一的文化或從當地人們對性的態度、行為與規範的理解中，就可以呈現出來的。因為同一文化裡的人，會將性行為（或者任何行為）的意義視為理所當然，譬如上面的例子，一個愛斯基摩的丈夫讓他的妻子與他的客人發生性關係。即使許多金賽式的研究確實是跨不同文化、社會的比較研究，但是它們只是停留在性態度與行為的層次，並且假定「性就是性」（再明顯不過了！）。

總而言之，一個特定文化裡的性的深藏意義必須超越性的態度與行為的層次，而從跨文化、深層比較社會結構和不同文化傳統對人性，以及對如何做個男人、女人和高尚的人所做的不同文化界定中才能顯露出來。若沒有「性的深藏意義」這個概念，我們將難以瞭解金賽數據在某一個特定文化或社會裡的特殊意義。因此，如前面所說，我們不宜把不同文化背景下的金賽數據直接拿來做比較。

以「世界宗教」來界定文化

什麼是文化呢？本章跨文化的比較研究是以德國歷史社會學家韋伯（Max Weber, 1864-1920）所謂「世界宗教」（world religion）的概念來界定文化：以宗教教義和儀式來做為制約人們世俗生活

（a "religiously determined system of life regulation"）[3]的架構，並且賦予人際間社會互動與日常生活意義的一塊「神聖的天篷」（a "sacred canopy"）。[4]

性是人們世俗生活日常的一部分。然而，有時候性或許會有問題（或引起問題），或者性的強度會超過一般規範約制的範圍。所以，每一個世界宗教對性的本質都有其界定，以及對性行為的本身有其特有的比喻（metaphors），並提供標準範例（models）。

本章將追溯中西文化的源頭來深化中西文化的比較。我對中西文化源頭的界定建基於韋伯所謂的「世界宗教」的教義。韋伯稱呼中國傳統的儒家文化為「儒教」，儒教與基督教都是屬於世界宗教。韋伯將基督新教和儒教對人們現世生活所賦予的意義拿來做比較，並研究這兩個世界宗教對人們現世生活所賦予不同的意義，是如何影響這兩個文化背景下人們所具有的不同的經濟行為（economic conduct）。

韋伯曾指出基督新教，或是所謂「清教徒的倫理」（Protestant ethics）與資本主義精神（the spirit of capitalism）之間的關係。他比較以基督新教為主的社會和其他種世界宗教背景下的社會，得到下面這個結論：缺乏基督新教工作倫理的社會無法發展出資本主義。雖然是所謂的比較研究，韋伯的焦點其實是偏重基督新教的社會，至於非基督新教的社會，只是用來支持他對基督新教社會與資本主義關係的論點。韋伯的邏輯是，那些非基督新教的社會裡，既然沒有清教徒的工作倫理，就不會有資本主義。

本章的研究沿用了韋伯的世界宗教的概念，來探索在中西兩個文化脈絡下，傳統儒家的人生哲學與基督教的教義是如何影響人們「性」的深藏的意義。但是，相對於韋伯上述的比較研究，我所提出的中西比較研究則是基於不同的邏輯。我的比較是將中西這兩個文化脈絡放在平等的立足點上（an equal ground），也就是說只有經由把這兩個文化、缺一不可、沒有偏頗的、彼此相互對照之下（in contrast with "the other"），各自文化裡的性的深藏意義才能浮現出來。

或許有的人會問，本研究固然符合韋伯世界宗教的概念，以基督教代表西方文化傳統及當今世俗化的西方社會的文化源頭，來相對照以儒家代表中華文化傳統及當今東亞國家的文化源頭，但是，這樣的源頭界定與追溯是否太過簡化了呢？因為在今天的西方或東亞之內，除了包含所謂的多元文化（multiculturalism）之外，還有文化本身不斷地演變，以及各地域文化或區域之間次文化（sub-cultures）的差異。

我對這個疑問的解釋是：本研究的焦點是針對在中西現代社會最主要或強勢的文化傳統（the most dominant cultural tradition），而這兩個強勢文化的根或源頭則是以各自文化裡的倫理宗教傳統（ethical-religious traditions）來界定，也就是基督教和儒家。譬如，儒家的影響力在今天的東亞及一些東南亞國家處處可見，像是日本、中國大陸、南韓、香港、台灣、越南、新加坡等等。美國的華人研究學者杜維明（1996）曾強調，即使這些國家隨著各自的歷史文化演變出自己的文化，儒家的角色及其影響仍然存在於人們的日常生活及人際關係的每一個層面。同樣地，即使基督教本身在西方歷史上經過幾次主要的轉型，而且有地域之間的差異，西方文明和當今西方世界的最強勢的文化傳統或是文化的根則是基督教（Christianity）。因此，以各自文化裡最主要的倫理宗教傳統來界定文化的源頭，則相當符合韋伯世界宗教的概念。

另就研究方法來說，我在本章所提出的中西比較研究也是符合比較社會學裡所謂「個案取向」的比較社會學傳統（"case-oriented" comparative sociology）。將國家或文化各自當作一個具有其複雜和獨特的「社會與歷史形態的整體」（as a whole historicist "holism" with its own "complex and unique socio-historical configuration"），[5]每一個整體就是一個被用來做比較研究法裡的個案（case）。所以，我在本章所謂的「中華文化脈絡」（Chinese cultural settings）和「西方文化脈絡」（Western cultural settings），可以做為比較社會學裡用來比較的兩個個案。

儒家和基督教傳統如何看待「性」

如同我在第四章所強調的，雖然全球村裡的人，行為舉止看似愈來愈像，但我們唯有追溯及源頭，才能知道全球村裡不同文化的人是從哪裡來、他們將往哪裡去。本章將以儒家的四書五經，以及基督教的《聖經》，來代表傳統中西文化思想與價值觀念的源頭。就像追查千年的族譜，我將溯及儒家經典及基督教《聖經》對人性、性、愛、人倫關係、性別角色、婚姻、家庭的界定，並且比較這些經典如何教誨常人做一個高尚的人。

在開始引經據典、分析比較之前，我先簡短就下面這個問題做一說明：中西文化傳統下的一般人們，是否真的把儒家或基督教的價值觀，秉持為他們的理想或者是日常生活的圭臬？

以基督教而言，基督教素有「大眾宗教」（mass religion）之稱，其傳教士的精神與使命是走入群眾、宣揚教義、招募信徒，以終究救贖世人。

相對地，以儒教而言，雖然有的學者認為儒家是屬於知識份子階層的學理或是人生哲學，有力的論點，主張儒家思想的影響是無遠弗屆、深入民心的。第一，儒家思想自古以來一直是⑥而一般大眾所直接接觸到的信仰層面則多半是佛教與道教等的民間信仰。但是，至少有三種中國歷代王朝的主導理想與教條，其影響之大遠超出知識份子的階層，且普及並深入百姓的日常生活。在某種程度上，儒家文化在中國歷史上曾經壓制、包容、甚至吸收老百姓所相信的某些佛道思想。⑦第二，在中國文化裡所謂的「大傳統」（the Great Tradition）與「小傳統」（Little Traditions）則是透過各種社會文化的機制而密切相互連結。這些機制包括：透過村民定期光顧鎮上的市集，流行的民間歌謠、戲曲、話劇和說書等等，以及兒童們琅琅上口的《三字經》。第三，唐代以來所實行的科舉制度，造就了無數莘莘學子為了追求功名，爬上以士為首的傳統「士農工商」的階梯，而必須熟讀儒家經典。老百姓不論出身，都可以苦讀儒家四書五經、進京趕考，期盼「十年寒窗無人問，一舉成名天下聞」。參加科舉考試是村民和小老百姓想追求向上社會流動的唯一途徑。

個人（Individuals）和自我（"Self"）

「一個由家庭所界定的自我」（a "self" defined by family）相對於「一個個人化的自我」（an individualised self）

儒家思想裡雖然有個人或者「個人化」（individuation）的概念，但是，中國社會的組成單位是家庭，而不是個人。社會結構的重心則是在人與人之間的關係。這種人際關係源自於家庭內的人倫關係，再由家庭內的關係擴展到家庭之外。儒家的個人化的概念並不是指各別的個人本身，而是與另一個重要的概念相連，即所謂的「個人的修身養性」（self-cultivation）。最終目的是，這個有修養的人在家庭裡或家庭外都能有良好的人際關係。譬如，在《大學》一章〈大學之道〉裡有相關的章句：「身脩而后家齊，家齊而后國治，國治而后天下平。」另外，俗話說「家和萬事興」。在《論語．為政．第二》，孔子說：「書云：『孝乎，惟孝友于兄弟。』施於有政，是亦為政，奚其為為政？。」（《尚書》說：孝啊，凡能孝順父母的人必能友愛兄弟。把孝順、友愛推廣到家庭，能治好一家的事，這也算是從政，又何必要做官才算從政呢？）

中國社會上的人際關係是家庭關係及角色的投射，也就是奠基於家庭裡具有權威層級的人倫關係和各個成員的家庭角色。儒家的社會秩序是建立在「倫」的概念上，「倫」能區分出不同家庭成員角色之間的關係。儒家有五種最基本的人與人之間的關係，所謂的五倫包括：君與臣，父與子，兄與弟，夫與妻，以及朋友和朋友之間的關係。每一倫各自的關係準則是孟子所說：「父子有親，君臣有義，夫婦有別，長幼有序，朋友有信。」（《孟子．滕文公上》）

社會規範則是由所謂的「三綱五常」來決定。「三綱」是指三種人倫從屬關係：君為臣綱，父為子綱，夫為妻綱。「五常」是指維護這五種人倫關係的德性：仁、義、禮、智、信。在傳統中國文化的脈絡下，瞭解自我的本質得從瞭解家庭關係開始。人被家庭關係所界定而產生了我所稱作「以家庭來界定自我本質的個人」。人是深藏在多層的人倫關係之內，這好幾層的人際關係是建立在家庭的價值觀，講求敬老尊賢，以及人際間和諧的儒家核心價值。孝道是這些核心價值中的最根本的價值，是人們一定得有的德性。誠如《孟子．離婁．十一章》所言：「人人親其親，長其長，而天下太平。」或在〈滕文公下．第九章〉：「無父無君是禽獸也」（心中沒有父母，沒有君長，簡直是禽獸啊）。

到漢代時，孝道已經被進一步制度化，而成為朝廷官員甄選的一個重要標準。所有這些歷史文化背景可以解釋，為什麼學者們認為「華人沒有像西方那種個人化的自我！」（"Chinese people don't have [Western kind of individualistic] 'self'!"）。中華文化裡的「自我」（"self"）不是一個單獨的個人，而是一個人際關係的中心。這種人際關係裡的自我，是以彼此之間自己相互的角色責任與道德義務來界定。人際間的互動或交換則是著重在他人，而非著重在所謂西方文化裡的自我（the self）。誠如孔子所說：「不患人之不己知，患不知人也」（不要憂慮別人不瞭解我，該憂慮我是不是瞭解別人）。西方文化裡的自我則比較強調一個人各別的權利、自主性，以及超越既存的社會關係或牽絆。⑧

關於西方的自我，普存於當今西方社會的個人主義不僅是西方現代化的產物，它的根源其實可在基督教傳統中的個人的「個別化」（individuation）看到端倪。這個單獨的、個別化的個人是與家庭對立的或者是超越家庭的。基督教的神不講究家庭世代或是父子間的傳承。譬如，在〈創世記〉第二十二章中有一則故事：有一次，神指示亞伯拉罕要他拿他的獨子當做祭品獻給神。亞伯拉罕拿起刀要殺兒子時，神派祂的一個天使及時阻擋了亞伯拉罕的動作，並且告訴他神已經由此試驗，知道亞伯拉罕是敬畏神的，因為他為了神竟願意犧牲自己的獨子。從神給亞伯拉罕的試探，說明了在基督教的教義中，為人父的責任或是對家人的感情，也不能超越個人對心目中至高無上神的忠誠。所以，與儒家以家庭為一切根本的理念相較，基督教的家庭是可以為了神而犧牲的。

進一步而言，神的木質代表著基督教的原則在耶穌身上做了個別化的體現。神的兒子耶穌基督是一個個體，整合了神與人性。也就是說，我們不僅從耶穌這個榜樣範例上看到神蹟，我們還領會到基督教義所強調的「個別化的個人」（individualised individuals）是可以與自己的家庭、族群或部落分離開來的。在《聖經》裡，耶穌要人們離開家庭而跟隨著祂。在〈路加福音〉十八章二十九和三十節，耶穌向信徒們說：「我向你們說實話：人若為了神而離開自己的家、妻子、弟兄、父母、兒女，將會在今生得到更多，並會得到永生。」

另外，現代社會所謂的社會公義（social justice）的觀念，也根源於基督教裡有關個人的概念。譬如，「在上帝面前，人人平等」，「每個人都是神的兒女」。和善的撒馬利亞人的寓言（the parable of the "Good Samaritan"）是指：我們應當幫助每個需要幫助的個人（〈新約路加福音〉第十章廿五至三七節）。因此，基督教教義的基本與最終關注的單位是個人，而不是家庭。這個人是信仰神、對神有信心（individuals who have faith in God），而且接受神的恩典的個別化的個人。

雖然西方在不同的歷史時代，個人隸屬或是參與家庭、教會，或者某種封建制度下的系統，基督教傾向回歸到個人對神的信仰和信心（individual faith）。第十六世紀的宗教改革更是增強了個別化的個人與神最直接的連結與溝通。基督新教對個人的這種強調，對西方近代社會有著極其深遠的影響。

個人的超越：在現世？還是現世之外？（Individual transcendence: this worldly versus other worldly orientation）

儒家對人性是抱持著正面的看法的，誠如孟子所說：「人性本善」。這種善良的人性是設定於自我與他人關係的四個層面上：「惻隱之心，人皆有之；羞惡之心，人皆有之；恭敬之心，人皆有之；是非之心，人皆有之。」（〈告子篇上〉第六章）

並且，儒家的人生取向是注重現世的（this worldly），或像韋伯所謂的個人「內心世界的取向」（an inner worldly orientation）。所以，以家庭關係界定下的自我修養是著重在社會結構之內（the self-cultivation of familial relations-defined individuals is within social structure）。個人道德的修養及品格乃是在履行對他人的責任與義務，從而達到和諧的五倫關係。

在這種「現世取向」（this worldly orientation）之下，儒家思想裡會有超越個人及社會關係以上的一種力量嗎？是的，中國人有「天」的概念，但是，這個「天」不是指天堂，或像是韋伯所謂一個「現世之外的神」（a supramundane God）。中國人有老天爺在天上監看的概念，所謂「人在做天在看」及「舉頭三尺有神明」。根據韋伯的說法，神樣的老天爺不似基督教裡那個與每個人直接有關係或連接的個人化的天父。在中國人的思維裡，天、地、人都是大自然的一部分，彼此在宇宙中和平共存。個人修養的最高道德與精神境界是成為與他人保持和諧的關係，並且是天人合一的聖人。

天人合一是儒家早期的思想，持續發展到新儒家的學理中，意涵著「自我的超越」（self-transcendence），但不是由否定人性、而是從肯定人性來達成。對人無私的盡責付出是一種日常的自我要求，透過這樣的紀律，個人會達到自我超越及自我實現（self-fulfilment）。⑨

儒家在個人犯錯時的懲罰著重於使個人有羞愧或羞恥感（shame），而不是罪惡感（guilt）。羞愧是指個人，甚至家人都在外人面前覺得丟臉或沒面子。《孟子．盡心上篇》第六章：「人不可以無恥；無恥之恥，無恥矣。」（一個人不可以沒有羞恥之心，能夠知道無恥的可恥，就不會有恥辱了。）一個人最糟的作為就是讓祖上蒙羞，俗話說：「不要丟祖宗八代的臉。」

相對而言，基督教對人性則是持負面看法：與神相較，人是有缺陷的、墮落的（humans are defective [fallen] in relation to God）。亞當與夏娃任性地不遵守神的旨意、犯下了原罪，因而被趕出了伊甸園。基督教除了對人性持負面的看法，並秉持一個現世之外或是以進入天堂、所謂在另一個世界得到永生來做為人生的取向（an other worldly orientation）。在基督教的教義裡，上帝以神的完美無缺、神聖的形象來創造人。但是，人不是神，所以，人不是神聖的、屬靈的、無缺點的（Humans are made in the holy image of God, but they are not divine/spiritual/flawless like God.）。不過，人可以透過努力淨化、改善與提升自己的屬靈的精神層次，而愈來愈靠近神，並且得到神的認可與肯定。在這樣的教義下，人的肉體和精神（或是靈性）的層面是分開的。在古希臘思想的影響下，基督教教義漸趨發展成「肉體相對於精神的二元論」（a body/spirit dualism），視肉體為傾向邪惡的，或是離罪惡不遠的。人的血肉之軀並不是神的屬靈神聖形象的一部分，人必須克服肉體的軟弱才能提升自己的精神或者屬靈的層次而接近神。

在基督教裡，個人的超越（individual transcendence）是離開人性的罪惡（肉體）層面而靠近神的神聖（屬靈）的精神形象（the holy/spiritual image of God）。對個人負面人性或者遠離神的行為的懲罰，則主要透過個人內心的罪惡感（internal guilt）和罪過（sin）的概念。雖然，基督教教誨信徒要愛鄰居，以及奉獻給社區和教會，但是，做為基督徒的最終取向是在現世之外（other worldly），洗滌罪過得到救贖而在天堂永生。即使家庭是一個最基本的社會組織，早期基督教與中古時期，對由婚姻和夫妻關係所形成的家庭這個概念卻沒有正面的意涵。婚姻或是夫妻間的性關係只是為了減弱生理上的性需求或渴望，因為單身的人如果不能克制身體上性的慾望，他們最好去結婚，免得慾火攻心難耐（〈哥林多前書〉第七章第九節）。婚姻與家庭只是一個負向的手段來達成基督徒的道德目標，不像儒家重視家庭，以家庭價值為道德倫理層面的最終目的。

個人是從家庭角色（familial roles）、還是從「最重要的對象」（the most significant other）⑩上得到自我肯定（recognition）、自我印證（validation）和自我完成（completion）？

儒家傳統的現世取向下，對個人來說，最重要的對象都存在於社會結構裡，從父母開始，和其他的家人，以及過世的祖宗（甚至千年的老祖宗）。個人的名譽始於有一個和諧的家庭。即使有些極少數的個人能做到名垂青史，他們的名聲及影響仍在歷史之內。所以，華人所有的最重要的對象（all the significant others）都是來自社會結構和歷史之內。

對一般人而言，扮演好家庭角色才是做一個像樣的男人、女人或是一個高尚的人的主要標準。透過對家庭角色的盡責，自己則得到了認可及肯定。在家庭關係界定下的個人（the familial relations-defined individuals）不需要被認可或肯定（recognized）成一個單獨的、「個別化的個人」（individualized individuals）；他們被認可的標準是界定在家庭關係與家庭角色裡。因此，在儒家傳統的理想下，做為一個男人的自我完成（completion）是為他的家族傳宗接代；做為一個女人的自我完成是嫁到另一個家族而在夫家佔有身為妻子與母親的一席之地。

但是，在社會現實（social realities）裡，有些男人只有女兒、有些女人終生未嫁。所以，中國社會裡有著另類的（alternative）安排方式來幫助這些不符理想（ideals）的人。這些人在特殊的安排下，仍舊能夠完成他們自己（complete themselves）。譬如，沒有兒子的男性如何能盡到傳宗接代的責任？招贅可以解決這個問題。可以由女兒招贅，並且由贅婿及其所生兒女改姓岳家的姓，來使家族香火延續。另外，對於一個在臨終前仍舊未婚的女性而言，在某些華人地區，她的父母可以安排冥婚使他們過世的女兒找到歸宿，因而有夫家的子子孫孫來祭拜她。（否則，無家可歸的單身女子，死後則會變成可憐的孤魂野鬼。）

在基督教教義中，與人有直接個人關係的這個「現世之外的神」是對個人來說具有最高意義的對象（the ultimate significant other），天堂則是個人嚮往最終的目的地。做為一個男人、一個女人或一個高尚的人，以及所謂的「自我完成」，則可以從人和神的關係的兩方面來界定。

第一個方面是，如前面提及，與神相較，基督教認為人是有缺陷的（being defective），或是墮落的（fallen）。第二個方面是，人是「不完全的」或是「不完整的」（being incomplete）。有些神學家⑪的論點是，神以祂自己神聖的形象（the image of God）創造出人，這個神的形象在本質上是「三位一體的」（trinitarian）。「三位」是指：聖父（the Father）、耶穌／兒子（the Son）和聖靈（the Holy Spirit）。神性存在於聖父和耶穌，聖父和聖靈，以及耶穌和聖靈這三種關係裡面。既然人是根據神的形象來創造，那麼，人就是由這三位一體的三種關係（trinitarian relations）所創造出來，因此，人是不能獨自孤立存在的。孤寂（alone）的個人在這個應該擁有三位一體的關係層面來說，是不完全或不完整的（incomplete）。這些神學家進一步強調，神就是愛（God is love），所以，在三位一體之下所創造出來的人，在本質上就是渴望對世上的人付出愛及接受愛。並且，人們在神愛的恩典之下，與教會裡的弟兄姊妹相互付出和接受彼此的愛（to give and receive love in fellowship），由此，彼此都得到了滿足與完成（mutual fulfilment and completion）。

基督教教義對人性所界定的以上兩方面其實是屬於兩個不同的層次。人性的墮落層面可以促使一個人去改進、提升自己，而向神的完美的（perfect）、屬靈的（spiritual）形象趨近。至於人性的不完全的層面，則使一個人渴望著愛的情境，也就是在神的恩典下，這個有缺陷或墮落的人不斷在精神的層次和屬靈的追求上與神靠近。這種愛的情境包括個人與神的關係，以及個人與基督徒弟兄姊妹在神的恩典裡彼此相愛的關係。所以，在基督教義裡的人不應該是孤單的。

總而言之，人渴望克服有缺陷的本性而逐漸能靠近神的完美、神聖的形象。人也嚮往神的愛、心靈與神相連結，而使人的不完全的本性得到完全。因此，人與神之間的關係其實是特別親密與強烈的。在宗教改革後的基督新教裡，人和神的關係變得尤其直接。個人可以直接與神靈交，向神表達需要，得到神的愛，以及認可、肯定自己是個高尚的人。

儒家道家相對於基督教對「性」的觀念：陰陽調和的自然衝動（Yin/yang balance for natural urge）相對於道德倫理評斷下的罪過（sin/guilt as moral ethics）

如第四章提及，儒家的「食色性也」的觀念視性為人的天然本性，是一種自然的、生理上的衝動（a natural urge），而不像基督教教義界定性為一種社會互動（a social encounter），或是以性做為評斷道德倫理的一個最重要的層面。

道家視「陰」為女方或負向的力，而視「陽」為男方或正向的力。陰陽是互補的，在宇宙裡，陰與陽和諧平衡並相輔相成。所以，性的愉悅與滿足對男女雙方來說，都是適當而且重要的。《素女經》描述閨房性愛的技巧，以幫助男女得到性的滿足。西方後結構論的女性主義者⑫批評道家對性的自然饑渴一說，認為既然靠性技巧可以帶給女人愉悅，則性其實一點都不自然（far from "natural"）。另外，古代中國人的性哲學和閨房藝術的手冊是以男人的觀點書寫。雖然有上述這些批評，對大多數中國人日常生活而言，道家將性視為陰陽，以及為宇宙大自然的一部分這種觀念，確實廣植人心並且流傳至今。

道家的「性的自然說」並不意味著人們可以縱慾無度。因為陰陽必須調和與平衡。陽可以豐富陰，陰卻會耗損陽。道家認為精液是男人的生命力，不是無限量的。雖然，歷史上中國男人可以有三妻四妾和嫖妓等多重合法的性管道，但是，射精過多會使男人精力透支，甚至被榨乾（"drained"）、喪命。⑬中國古典小說將那些讓男人無法抗拒的女人寫成狐狸精或者男人殺手（"man killers"）。因此，道家的性手冊也有多種教導男性如何享受高潮但是不要射精的技巧。⑭

一種合理和健康的生活方式是調節性慾，使性有所節制。就像是華人相信飲食過度會傷身，而且吃了過多寒性或是容易上火的東西，是不健康的。中華文化裡諸多有關於飲食與性生活的禁忌，是根據同一個邏輯而來：就是在人的身體內，以及人體和大自然之間，都得陰陽平衡。

前面已提過，在傳統中華文化脈絡下，人們只要符合與合法對象、在合適地點所從事的性行為就不必有羞恥感，也不算是道德上的瑕疵。⑮但若是違反了性的規範，當事人及其家人將有失顏面。男人的同性戀雖然有違傳統理想，但是只要娶妻生子、完成傳宗接代的家庭任務，同性戀即能被社會所容忍。在古代中國的皇帝或者上層階級，同性戀的行為更是被大眾所接受的。⑯女同性戀雖比男同性戀少見，但也同樣為社會所容忍，⑰因為女同性戀並不牴觸父系社會傳宗接代的任務。

相對於儒道傳統的性的陰陽調和的自然觀，性在基督教傳統裡可是件與道德有關、值得憂心、非同小可的大事。多數基督教神學家認為性有著道德上負面的含意，譬如，有位德國女神學家然可海曼（Ranke-Heinemann）（1990）提到，「道德在本質上是性的道德」（morality is essentially sexual morality）。⑱另一位美國女神學家古德芙（Gudorf）（1994）則寫到，「基督教性倫理的傳統法典是用來同時瞭解性與道德的」（The traditional code of Christian sexual ethics is for understanding both sexuality and morality.）。⑲

在早期的基督教和天主教義裡，由於有缺陷的人性觀，以及肉體和精神的二分法，僅有繁衍子孫才是性行為的合理目的。與正當生育無關的性享樂，譬如，手淫、通姦、同性戀、嫖妓、淫書，都被視為罪過、邪惡。

即使基督教接受婚姻裡性的生育價值，但並不是以性來增強夫妻或家庭的關係。婚姻內，性的一個潛在功能是給人一個安全的抒發性需求的管道，以防止個人經不起誘惑而從事有罪過的性行為。譬如，保羅指出：「婚姻比輕率的獨身生活安全」（marriage was safer than unconsidered celibacy）。⑳在中古時代，教會終於建立起婚姻的合法性，而且視婚姻裡的性是唯一可以被接受的性行為。但是，夫妻間的婚姻契約仍然被視為「用一個不完美的基礎來可靠地約制人的性慾」。㉑

十六世紀的宗教改革改變了教會系統，可是基督新教並沒有改變傳統上因屬靈的追求而強調的禁慾主義，或者犧牲肉慾和物慾的苦行生活。㉒

基督新教和改革前的基督教（包括早期的基督教與天主教）對家庭制度的觀念是類似的，即是不看重家庭本身，因為實現基督教的精神和原則是透過個人的靈修及對神的忠貞來達成。從這一點來看，個人對家庭的忠誠和依戀會減弱個人對神的全心專注和奉獻。如同〈哥林多前書〉第七章所述：「我希望你們無所掛慮。未婚的男人只需關心主、取悅主。但是，已婚的男人得掛心俗世的事、如何取悅他的妻子，他的注意力和興趣自然分散了。未婚的女人或是處女可以將其肉體和心靈都奉獻給主、只關注主內的事，但是，已婚的女人則得注意俗世、如何取悅她的丈夫。我說這些是為了你們好，並不是為了限制你們，而是希望你們過的生活方式是能專心一意地侍奉主。」

但是，基督新教和改革前的基督教對獨身生活（celibacy）和婚姻有不同的觀點。基督新教看重婚姻裡夫妻間在日常相互陪伴與支持的小倆口關係（companion marriage and conjugal bond），認為一個人有這樣的關係要比獨身生活來得好。改革前的基督教對婚姻的看法則有負面的含義，認為婚姻只是為人們提供了一個安全的管道來繁衍後代。

基督新教裡的路得教派堅持婚姻是人類生活的一種自然狀態，甚至牧師都應該有婚姻生活。喀爾文教派婚姻內的性（marital sex）是為生育，也是一種在神的恩典下，表達彼此對配偶的珍愛與親密交融的方式。㉓所以，與改革前的基督教相較，基督新教裡的性教義比較不嚴格。新教不視婚姻內的性為一個負面的管道、只是來抗拒有缺陷的人性，這個缺陷使人可能受到性的引誘、沉迷於肉體的享樂而墮落。新教認為，婚姻的性是可以增強夫妻的交情與交流，而滿足人性對愛及完全自我的渴望，因為如前面所討論，人性是不完全的。

中西文化對照下流露出性的深藏意義

中國文化脈絡下的性：維生的「一頓飯」（Meal and Sustenance）

總括來說，儒道兩家影響下性的深藏意義可被視作為了維生（sustenance）。對性的比喻（metaphor）則可謂是「一頓飯」（"meal"），因為儒家將人對性的胃口（sexual appetite）看作是自然的、生理上的衝動（as a natural urge）。就像人們不應該吃得過多，而且吃相要文雅；人們在性方面應該維持陰陽調和平衡，縱慾是不健康的。性禮儀則注重場合的適當（即臥房），和性的對象得是合宜的（對女人而言，是她的丈夫；對男人而言，是他的妻妾或妓女）。這樣的性文化影響久遠。

在納妾已經變得不合時代一夫一妻制的今天，即使在現代華人社會，許多年輕男子的初次性經驗是與妓女發生的，許多華人男性的婚外性行為仍舊被他們的妻子或社會所容忍。違反性規範時，當事人和家人多半覺得丟臉（shame）、而非視為罪惡（sin）或有罪惡感（guilt）。

在中華文化脈絡下，做為一個男人、女人或所謂的一個高尚的人（a decent person）主要是經由他（她）的家庭角色扮演與盡職，而非從個人的「性」（his/her sexuality）來得到最終的認可或肯定（recognition），以及印證（validation）。即使在現代中國大陸或其他華人社會對男子氣概（masculinity）或女性化（femininity）的界定，仍是以父親（母親）、丈夫（妻子）的家庭角色為根本。[24]如同本書第五章的研究發現，我所訪談過的當今中國大陸、香港和台灣受過高等教育的年輕人，還是傾向於用他們在家庭裡的角色來界定「自我」（self）或「我是誰」（whom I am）。

西方文化脈絡下的性：一場肯定、印證和完成自我的「男女對手戲」（[social] games and [individual] recognition, validation and completion）

總體來說，在西方文化脈絡下，性總是「一件大事」（“a big deal”）。如前討論，在基督教傳統，幾乎所有非為生育的性都與人性的缺陷（the defective part of human nature）相關連，所以得被壓抑或是昇華。否則，人就不能與神的完美無瑕的形象靠近。另外，人的身體的本質是與肉慾、俗世這個層次相連結（the human body is associated with earthly nature），所以相對立於神聖的精神或心靈（the holy mind/spirit）的層次。在〈哥羅西書〉第三章中，神要人們「去除屬於俗世的本性，包括不道德的性、不純潔、色慾、邪念和貪心，這些就與崇拜偶像一樣都是會激怒神的」（第五及第六節）。

基督教教義對人身體的另一看法是，人的身體像是聖靈所駐在的一個聖殿（a holy temple），人們從事不道德的性行為即是污染身體、也就是污染了聖殿。在〈哥林多前書〉第六章有幾節有關「性的不道德」（sexual immorality）的經文：「身體不是用來做淫亂的事用的，而是為了主耶穌，就像主耶穌也提升人們的身體到另一個層次。神將釘在十字架的主耶穌復活，主耶穌也提升人的身體而使人在天堂得到永生。」（第十三和十四節）。另外，第十八和十九節經文：「遠離淫行。人所犯的其他罪過都在身體之外，但是淫行則是犯在身體上。你難道不知道你的身體是聖靈的殿嗎？聖靈是從神而來，就駐在你的裡面。因此，要用你的身體來榮耀神」。結果，如同一位神學家古德芙（Gudorf）（1994）所言，「在追求屬靈層次的提升時，人們畏懼自己的身體和性」。㉕

我們可以預期這種「反身體」（antibody），或者人至少得「看管好」（"guard"）他（她）的身體，以及「反性」（antisex）的基督教傳統，可能給人帶來一個弔詭的後果：如果屬於俗世的（an earthly nature）身體是人之所以為人的一部分，但是人卻不能用正向的態度來面對自己的身體。或者，對這個包含有自己身體的自我（this self）有所懷疑，結果，人也就連帶著對自己的心智和精神有所懷疑，因為我們的身心都屬於我們人之所以為人的自我的一部分（part of the human self）。

神學家古德芙（Gudorf）（1994）用一個不同方式來討論這個自我（the self）的問題。她認為，瞭解自我一直是基督徒們心中一個很深的問題。既然基督教傳統、甚至連當今的神學家們對自我都持有正負並存、模稜兩可的觀點，我們應該如何來瞭解自我呢？因此，人們在內心深處有著「我是誰？」或者「我還可以嗎？」的一種不安全感。這個對自我的不安全感則驅使個人向神或者最重要的他人或對象上來尋求最終的認可或肯定（ultimate recognition）、允准（approval）和印證（validation）。

在當代西方社會，如果人們認為上帝已死，[26]人們如何能得到一種對自我最終的肯定呢？我在本研究所提出的論點是：在此情境下，個人經由（或者想像）與一個對自己來說意義最大的（戀）人（a most significant other）的性關係互動中來得到肯定和印證，而認為「我一定還算是可以的！」（I am [or must be] okay）或者，想像「我一定是個很特別的人（I am [or must be] special），不然他（她）怎麼會這麼愛我？」人對來自外在的認可的這種需要，在今天的西方社會裡變得更為急迫。因為，人們在資本主義當道的系統下，競爭空前激烈。並且對現代，或者該說是後現代的西方情境裡，多重的自我認同、不一致的價值規範、模糊的界定與界線，以及對未來的不確定性，都加深了人們對自我的不安全感。這些懷著不安全感的個人或許不再尋求神的愛，抑或不再與神做屬靈的交流，但是，他們仍舊渴望愛與被愛、渴望能與「最重要的他人」之間產生有意義的溝通與交合。更何況，如本章前面對人性所做的討論，在西方文化脈絡下，個人根本上是不完全的（the human nature of incompleteness）。

在家庭與教會等傳統制度日趨式微的現代與後現代西方社會裡，人變得更個人化（highly individualized），㉗也因此極度地孤單寂寞，人的這種不完全或不完整的感覺則更顯強烈。在這般情境下，與一個新伴侶的性關係會讓人覺得充滿了張度（more intense），而且覺得特別有意義（meaningful）。就像美國好萊塢一個重要的喜劇腳本：「人所擁有的半個心靈終於找到了另外一半」（one half soul finds the other half soul），「從此過著幸福快樂的日子」（happily ever after）。

性在一個有承諾的、長期的關係裡，或許會隨著兩人的熟悉度增加、關係趨於穩定而變得平淡。但是，人們似乎總是期待或希望彼此對對方性的熱情能像再被點燃的烈火，讓雙方體會到自己在對方心目中的特殊地位。自我則透過這個過程而由對方身上或是這份長遠的關係裡，得到不斷的肯定。並且，在這關係裡的對方（伴侶）是自己最重要的人（the most significant other），這個人仍然能讓彼此覺得自己是完整的或是完全的（complete）。譬如，我們常聽到這樣的話語：「沒有你（妳），我的生活裡出現了一個大洞」，「你（妳）讓我的生命變得完整」，「愛是兩個靈魂融合為一」。在此情境裡，「性」變得更是非同小可了（sex has become even a bigger deal than ever）。

因此，在西方，性總是與個人的自我肯定、自我印證與自我完成有關。這樣的性的深藏意義是透過兩種完全相反的觀點來呈現的。一種是極端負面的觀點，尤其在世俗化㉘前的基督教教義裡，人必須壓抑或是昇華他（她）的性需求。另一種是極端正面的觀點，人為了追求性的需求，可以不惜任何代價。就像現代西方最常見的離婚原因是婚外情。

一位臨床心理學家涵（Hein）（2000），從她的醫療個案中發現婚外情的張度之所以這麼大，其實是由於個人像是經由「性繞道」（sexual detours）裡發現了自我（self），或者是一個軟弱、不足的自我，經由婚外情而得到了再肯定（reconfirm）。美國電影裡呈現不忠的一方為了外遇對象而離婚的決定，其實是代表了所謂的「對他（她）自己忠實」（"fidelity to oneself"）。劇情中的主角如此忠於自我是被美國觀眾所容忍的，雖然在現實中，美國人傾向於不容忍配偶的不忠，因為婚外情被看成背叛了配偶，深深傷害了配偶的自尊。㉙

簡而言之，西方基督教文化脈絡下的性的深藏意義可說是個人的肯定、印證和完成。這種使個人得到自我認可的性關係可以比喻成是一場「雙方的對手好戲」（此比喻在本書英文版所用的原文是 a [social] game）：最初是人與神之間、後來則是兩個人之間的對手戲（不管兩個人是處於異性戀，還是同性戀的關係）。

「對手戲」（"game"）這個比喻或字眼本身有著競技或比賽的涵意。我在本章用這個比喻來顯示這樣的一個社交情節：兩個人對這次約會的結果有所期待、可想像對方的動機，或者想在約會過程中從對方身上印證自己的魅力，而覺得像是佔了上風。

我可以用一個比較通俗的方式來進一步表達「對手好戲」這個比喻。譬如，美國有一齣很受歡迎的電視迷你喜劇影集（sitcom）《貝克醫生》（*Dr. Becker*）。主角是這位五十多歲、名叫貝克的醫生。有一天，他終於得到了一個約會的機會，是跟一位三十多歲漂亮餐館女老闆克麗絲共進晚餐。貝克醫生對這個約會的反應是：「我今天真是開心！因為我以為自己已經跟這樣的競賽機會絕緣了！沒想到我現在又能回到競技場上！」在兩人的約會晚餐裡，克麗絲眼看著自己最愛吃的海鮮，也不敢大快朵頤，因為怕貝克醫生以為自己不像淑女。這個情節清楚勾繪出在世俗化的西方社會，人們是如何謀略參賽，並且活出這種兩性交鋒的對手好戲。

另外，在西方，甚至在全球都極為暢銷的一系列兩性書籍《男人來自火星，女人來自金星》（*Mars Versus Venus*）則在在指出：在兩性的競技場上，男人和女人都渴望瞭解他（她）們的「對手」（the "opponent"）。這些書不僅強調瞭解交鋒對手間的動力學（dynamics）的重要性，而且更提供詳細規劃、模擬雙方的攻防戰略，尤其針對初次約會的情境，或是當一個長期的關係出現問題的時候，更是如此。

當代飲食男女的中西對照和表面上的殊途同歸

當然，中西兩個文化裡的性行為可能都具有「一頓飯」（"meal"）和一場「對手戲」（"game"）這兩種成分。西方人自然有生理上的性衝動，華人也可能將約會視為雙方謀略過招的一場對手好戲。透過熱情的性關係，感覺自己在對方心目中的特殊地位，和以對方迫切渴望與自己做愛，或者以自己的床上表現來增強對自我的信心。即使如此，我在本研究中仍然主張，相對而言，中西文化日常生活裡各自有其最基本（home base）的性的深藏意義。

兩個文化裡不同的性的深藏意義，以及代表其意義的比喻，唯有經過跨文化的比較才能流露出來。在西方許多關於戀愛關係和婚外情的真實故事，以及大眾文化裡所呈現的表象（representations），都可以清楚顯露出「性」的相逢（sexual encounters）好比一場雙方交鋒的對手好戲。同樣地，在華人的日常生活及其大眾文化都呈現出性是「一頓飯」的邏輯和「不宜吃太多」的告誡。

基督教傳統下的性規範主要強調性是為了生育的目的，而不是為了生理上的歡愉。直到不久之前，違反性規範的代價主要是罪惡感（guilt）或犯了宗教上的罪（sin）。許多大眾文化裡的表象都是關於人如果違規縱慾是會受到處罰的。電影《坎特伯里的故事》（*Canterbury Tales*）描繪世俗化之前的中古時期，英國東南部坎特伯里的鄉下人盡情享受婚前和婚外性行為，結局是他們都下了地獄。

西方人「基督徒式的」性道德觀

一九九〇年代美國電影《致命的吸引力》（*Fatal Attraction*）中故事的男主角有了婚外情，但早在這婚外情成為致命事故之前，男主角面對妻子已有了罪惡感。另外，一本根據五十五位婦女講述親身遭遇所撰寫而成的《她這方的故事》（*Her Version*），書中描述身為婚外情「第一者」的丈夫和他外遇的對象（所謂的「第三者」或是「小三」），是如何歷經這個過程：外遇者起先的興奮刺激很快的被罪惡感和受傷的感覺所取代。即使在今天所謂後現代的西方社會，傳統性規範式微，當涉及違反規範的性關係時，即使外在法律允許，個人內心多半還是有罪惡感的。譬如，在二〇〇二年的一部西班牙電影《露西雅與慾樂園》（*Sex and Lucia*）呈現出戲中的男女主角都承受愧疚、罪惡感和喪失孩子的終生懲罰。

我們也可以從社會調查的量化數據來得到西方人的性道德觀，和仍舊存有性罪惡感的佐證。一項對美國人所做的年度大規模社會研究調查顯示，在一九七三到一九八七年的調查樣本裡，受訪者的性道德觀念在此十五年間並沒有明顯的改變，七二．六％的受訪樣本認為婚外性關係「總是錯的」（always wrong）。但到了一九八〇年代末，調查結果顯示反對婚外性關係的比例增加了，在一九八八到一九九一年間的受訪樣本中，平均有七八．九％的美國人回答「婚外性關係總是不對的」。㉚另一項在一九九二年也是美國全國性的社會調查顯示，在二九九四人的代表樣本裡（包括十八到五十九歲的男人和女人），約有九〇％受訪者相信婚外性行為「總是錯的」或是「幾乎總是錯的」（almost always wrong）。㉛

這樣的性態度也反映在美國人的性行為上，這個社會調查樣本裡只有一六％的已婚受訪者回答有婚外性伴侶，而且並沒有男女的差異。㉜另外，這個樣本裡，有五四％的男性和四六．八％的女性表示在手淫後會有罪惡感。㉝

美國人的價值觀念或許比其他西方已開發國家的人來得保守，㉞但是一項在一九九一年對英國全國一八八七六人的代表性樣本同樣顯示，大多數英國人反對婚外性行為。有七八・七％的男性和八四・三％的女性受訪者認為通姦「總是或是多半是錯的」（always or mostly wrong）。㉟總體來看，歐洲的研究㊱發現英國人、法國人和芬蘭人的性生活與態度與美國人相似。

進一步來說，當大多數已開發的西方社會都已經世俗化（secularised），一項在二〇〇〇年跨國的價值觀的調查發現，許多西方人，不管是以基督新教、天主教或是東正教為主的國家，許多人仍舊相信宗教上的「罪」（sin）的概念。㊲在歷史上以基督新教為主的社會，人們相信「罪」的比例為：澳洲（七四％），芬蘭（六七％），英國（六七％），瑞士（六六％），紐西蘭（六六％），德國（四一％），荷蘭（四〇％），瑞典（二六％）和丹麥（二一％）。在歷史上以天主教為主的社會，其比例為：愛爾蘭（八六％），義大利（七三％），西班牙（五一％），法國（四〇％）。在史上為東正教的社會：希臘（七三％），俄國（六八％）。㊳

在現代的西方，基督教對性的影響也在心理治療的領域裡得到回響。一個倫敦的心理治療師曾說：「基督教對性的態度不僅是神學家與神職人員辯論的一個主題，而且已經是深植大眾人心。雖然學術界的學者們或許忽視基督教的思想，但是我們可以在商場上，甚至人們的臥室內發現基督教的價值與精神。在我的心理治療臨床工作中，我的許多個案很明顯的仍舊受困於內心的罪惡感和罪過，我可以辨識他們部分的感受是『基督徒式的』（partly identifiable as “Christian”）」。㊴

華人不把「性」的本質視為罪惡

中西文化傳統對違反性規範的男人有著不同的約束機制。如前面討論過，在中華文化脈絡裡，「性的管理」（the management of sex）是根據陰陽調和的理論。男人縱慾的最終或最壞的後果是得到一種叫作「縮陽」的性流行病。這種性病是在馬來西亞、香港、新加坡、台灣和中國大陸的華人男性所特有的一種與中華文化有關的「性的疾病徵候群」（a sex-related culture-bound syndrome）。㊵這不像是在西方因傳染性病毒而導致的性病。縮陽是根據中國男人相信過多的性行為會耗損男人太多的「陽」，後果則是陰莖變小、甚至退縮到腹腔內，而造成生命危險。㊶換句話說，縱慾帶給中國男人最大的懲罰是危害身體的健康，並不涉及宗教或道德層面的罪或內心的罪惡感。因此，儒家與道家都沒有把性的本質視為在道德上是壞的。㊷

「殊途同歸」的性規範只是表面的現象

現在，我回到當今世界上的性道德觀看似殊途同歸（converging）的現象。經由現代化、西化和全球化，自從二十世紀初以來，個人主義、浪漫愛、民主、平等等西方的思想與價值觀念已經大量輸入華人社會。如本書前面幾章的討論，這些進口的（imported）、被華人視為「現代的」潮流已經給華人的求偶過程及親密關係的思想、價值和行為加上了新的色彩、風味、潮流和可能性。譬如，傳統的媒妁之言和父母包辦式婚姻逐漸改變成年輕人自由戀愛和約會的形式，婚前性規範日趨寬鬆，婚外性行為也在增加。看起來好像中西方社會的性規範和行為已經殊途同歸了。

好萊塢電影的愛情劇給全世界人的浪漫愛情與性關係提供了一個新的腳本（a global script）。在這樣的腳本中，自我得到了肯定和印證。現在，任何一個華人都可能成為「哈利」（"Harry"）或是「莎莉」（"Sally"）。當「哈利遇上莎莉」（"Harry meets Sally"），立刻看對眼而爆出了魔術般的火花。但是，在這看似辛辣、色彩繽紛的浪漫愛情之下，一個中國式／華人式的「自我」（a Chinese "self"）主要仍是由家庭角色來界定，而不是經由雙方在「性」上的互動（sexual encounters）來界定。㊸

浪漫的性愛帶給人的快樂是無庸置疑的，但是華人性的本質在基本上仍被當作自然的生理衝動。即使這種自然的生理衝動觀現在已經加入西方浪漫愛的概念、西方「我愛你（妳）！」的語言，以及西方大眾文化，譬如雜誌《柯夢波丹》所提供的特殊性技巧，性在中華文化背景下仍舊不是非同小可的大事，至少不像在西方文化背景下，性的深藏意義多半重大到與自我肯定有關。

家庭幸福：華人強調「垂直取向」，西方著重「水平取向」

最後值得一提的是，有一種論點強調現在華人社會女性的婚前性規範，事實上與一九五〇年代的西方女性的角色及價值觀很相似。譬如，性行為是發生在雙方已經互許承諾的長遠關係裡、根本上想追求一個幸福的家庭和扮演好她的家庭角色。我在本研究的論點則是，在這兩個社會文化、不同時代的背景下，婦女的態度與行為看似相同，但是表層之下的深藏意義仍是不同的。

就像本章和前幾章的研究都指出，當今華人女性和男性的自我肯定和印證，基本上仍是由他們的家庭角色來界定，尤其是對年長父母的孝道。而且，華人的家庭強調垂直取向（vertical orientation）的代代相傳，而不是一個只有夫妻和子女的核心家庭（nuclear family）。即使在二次大戰後，許多華人社會的居住方式也是所謂的小家庭／核心家庭，但是，中華文化裡由五倫關係界定下的「個人」所追求的則是一個幸福快樂的大家庭／擴大家庭（extended family），而且幸福家庭的最重要標準是所有家人之間的和諧。㊹

相對而言，在一九五〇年代的西方，當時婦女們所追求的理想雖然也是擁有一個幸福快樂的家庭，而且女人的自我界定也是來自於她的家庭角色，但是，那個文化時空下的家庭是指水平取向（horizontal orientation）的核心家庭，強調橫向夫妻關係的幸福。雖然在現實生活及大眾文化呈現出許多家庭主婦其實過得極不開心，如同一部二〇〇三年的電影《遠離天堂》（*Far From*

Heaven）就是表達苦悶家庭主婦的心路歷程。一九五〇年代西方女性雜誌的忠告則是強調：家庭主婦得靠一種個人化的自立救濟（individualistic self-help）來克服自己的不幸遭遇，以及不斷鞭策、改善自己，希望有一天能夠達到成為一個完美的個人的境界（individual perfection）。一個完美的家庭主婦是男人心儀的對象，能將身兼數職的家庭角色（母親、妻子、丈夫的情人、家中的廚師）扮演得有聲有色，從而有一個幸福快樂的核心家庭。㊺

當代中西文化男女性態度與性行為的比較

如前面所討論，即使有特殊情況下的差異，每一個文化傳統有其最基本（home base）的性的深藏意義，但是，男性和女性卻有不同的性態度和性行為。無數的研究都確認，中西文化裡的父系制度影響了男女的性別角色，和因不同性別角色而來的男女間不同的性態度和性行為。我在本節將進一步對男女兩性的性態度和性行為做深入的分析，來探討：在當代中西各自的文化背景下，同樣的性的深藏意義是如何在男女不同的性態度與性行為裡表達出來的？並且，這種男女間的差異是否也有中西之別呢？

西方的性：不是你（妳）在床上做了什麼，而是關乎你（妳）是誰（Sex is not what you do but who you are.）

如本章所強調，在西方文化裡的性的深藏意義有兩個方面：一方面是關於自我肯定和印證，另一方面是關於自我完成。即使男人和女人的性態度和行為或許不同，但是在性的交會時，感到彼此合為一體，因而產生是對方使自己「完全了」或「完整了」（feeling "completed" and "whole"）的感受是類似的。也就是說，經由性而達到自我完成（self completion）的這種意義並沒有性別間的差異。所以，我本節只著重討論性的深藏意義的第一個方面：西方男人和女人如何經由性來感受到自我肯定及自我印證？

西方男人：經由（性）表現（[sexual] performance）來肯定自己的男子氣概

現代的西方多半以表現（performance），包括在性方面的表現，來界定男子氣概（masculinity）。對男人而言，性方面的表現（performing well sexually）意味著主動、隨時可做的、性致勃勃的、在掌控中（in control）和目標取向（goal-oriented）的。譬如「全壘打得分」（good "scores"）、「帶給她高潮了」。有學者們[46]認為，傳統上對男性的社會化是著重在男子漢的強硬（being tough）、不輕易流露情緒，以及用征服或贏對方來成就自我。這種男性社會化可能對兩性都帶來一些副作用，譬如，許多男人用性來做為接近對方或表現愛的一種方式，[47]因為他們不像女人容易意識到或是表達出自己的情緒。[48]

或許與男人在性關係上想要有所掌控有關，男人似乎比女性更可能發生所謂的非基於感情關係的性（nonrelational sex）。譬如，嫖妓、看色情刊物、強暴、慣性的外遇（repeated infidelity）或者做鬼也風流的花花公子行為（"Don Juanism"）。這類行為以宣洩肉慾為重，而且本質上不需要有情緒的依附或必須建立在一份有感情的關係裡。[49]男人在這類非基於感情的性關係裡傾向於物化自己的性對象，而肯定及印證自己是一個夠男子氣概的男人。[50]另外，男人希望在性關係裡「得分」（"scoring"）的態度，使得許多男性擔心陽具尺寸、不舉或者不能「全壘打」（"go all the way"）。這種關注表現（performance）的情結基本上是出於男性本位，而不光是為了滿足女性的需求。

「威而剛」（Viagra）或許有助於解決男人陽萎的問題，但是它無助於男人或男女雙方共同來面對兩人的關係、找出導致陽萎的真正原因和探索改善關係的根本之道。男人著重在讓女人達到高潮的目標，可能帶給男女不同的焦慮。對許多男人來說，他們會擔心「她真的達到高潮了嗎？」而對許多女人來說，她們的憂慮是：「我應該假裝高潮嗎？」、「我怎麼沒有達到高潮？我有什麼地方不對了？我一定有問題！」[51]

西方女人：經由被男人所著迷、渴望和需要來證明自己是個有價值的女人

傳統性別角色的觀點認為，父系制度對女性的社會化是要求女性具有女性化的特質，包

括：被動回應、善體人意、對他人所需反應靈敏、懂得關心照顧人、充滿愛心，以及受到男人著迷與渴望。[52]傳統的兩性交往則假定：男人是根據女人所擁有讓男人心動希求的程度來展開求愛的過程。[53]因此，女人的自尊大致是建立在她是否被一個男人所認可和渴望，她個人價值的肯定則在於是否被一個男人所要及所愛。許多女人覺得「好的性」（good sex）會令她們感到像是一個真正的女人，和被一個男人所喜歡、渴望、需要、接受，以及所愛。[54]

許多西方男人認為許多女人常被愛所困（being obsessed about love），[55]或是「愛得太多」（"loving too much"）。[56]這類看法暗示著：愛得過多的女人其實是無時無刻都需要用一個男人的愛，來證明自己是個有價值的女人（as a worthy woman）。男人或許覺得他給這種女人的愛是永遠不夠的，因為這種女人傾向於用愛情來滿足人生和自我認同，她們要有（更多的）愛才安心。她們也許覺得對方愛自己的程度比不上自己的付出，結果則是，男人覺得這種女人實在是愛得太多了！

這種渴望得到自我肯定和印證的需求還有另外一個副作用，就是許多西方女人害怕自己長得不夠漂亮或是不夠性感，對男人不具足夠的吸引力。她們擔心自己的身材不夠好，也擔心是否能讓與她們做愛的男人覺得自己「像個男人」（feel manly enough），所以她們可能靠假裝高潮或向對方表達自己是多麼享受與對方的性交合。這也可以解釋為什麼有些女人不願或無法離開暴力或者亂倫的性關係，因為即使是這種極端例子的性的本身不是她們想要的，但是，這種性仍然能符合她們感覺被對方「要」（feel "wanted"）的需求。

雖然性的深藏意義對西方男女來說是相同的，也就是兩性都經由性而得到自我肯定和印證，從以上的討論也顯示出男女是由不同的性態度和行為來感受到自我的肯定和印證。

進一步來說，在這一場肯定自我的男女對手好戲中，雖然男方被視為檯面上的追求者（the initiator），但在檯面下，通常是女方自覺有責任來營造適當的情境，好讓一場對手好戲有個起頭。這個起頭是女方覺得自己必須擁有足夠的吸引力，使對方著迷而想要她、追求她。如果男方似乎不為所動，女方則可能以為自己吸引力不足，於是把自己打扮得更性感，或者藉著燭光晚餐來營造更浪漫的氣氛。如果她未達到高潮或者得假裝達到高潮，她會覺得是出於自己的毛病，或是將此視為個人的問題。這就是為什麼在現代的西方社會，通常是女性而不是男性去尋求性諮詢來設法解決兩性關係中存在的問題。

相對於女性，男性傾向於用最狹窄的角度來看待性的問題，例如，靠威而剛來立刻解決問題。當男人有好的性表現時，女伴則會稱讚「你太棒了！」、「你剛才的表現真是驚人！」換句話說，男性較不會將自己性表現的不足視為一個屬於兩人關係的問題，而需要雙方共同面對來解決。男性傾向於視兩性關係的問題為女人的地盤，因為男性認為處理日常情緒起伏或兩性關係的保養維護，基本上是女性的專長與責任。

華人的性：男人以「餵」（"feeding"）相對於女人「被餵」（"being fed"），所以，「『性』不是關乎『你（妳）是誰』，而是你（妳）做了什麼」（Sex is not who you are but what you do.）

對世俗化的西方人而言，「『性』不是你（妳）在床上做了什麼，而是關乎『你（妳）是誰』」。相對來說，在華人文化裡，性的意義是傾向於把性衝動看成自然的饑渴，視性為維生的「一頓飯」。而對於做為一個男人或女人的肯定和印證，則是界定於他（她）們的家庭角色。在這樣的文化脈絡下，性對華人而言，不是關乎「你（妳）是誰」，而是在於「你（妳）做了什麼」，而你（妳）做了什麼則與你（妳）家庭角色的責任有關（related to the duties from familial roles）。

在此，男性的主要家庭角色是做為兒子、丈夫、父親。丈夫的角色是照顧妻子和滿足妻子性的需要。這就是為什麼中藥裡關於性的草藥多半是給中老年男性服用。他們擔心隨著年歲增長，性精力和表現會遞減，唯恐扮演丈夫角色的能力變成不足。

把「性」視為維生的「一頓飯」，華人丈夫與妻子都意識到彼此「性的饑餓程度」（sexual "hunger"），而且覺得有義務來「哺餵對方」（to "feed" each other）。男女在哺餵上的差別，在於丈夫可比做是「開始做飯的廚子」（the "cook" who starts the cooking），他的陽具備妥，與妻子一起烹煮。一旦食物上桌，雙方哺餵對方。相對於西方婦女認為這是自己的責任來激喚起男伴的情慾，華人男性則覺得這是他們的責任來準備好陽具，開始烹調食物、哺餵妻子。這也能解釋為什麼台灣性功能障礙門診的專科醫生告訴我，他們的門診經常都是只有丈夫出席（往往他們的妻子都不知情），這些男人覺得丟臉或者擔憂自己陽具勃起的硬度不夠來哺餵他們的妻子。這正好與西方相反，如前所述，在西方多半是由婦女來尋求性的專業協助。

當然，中西方的男性都不能豁免因性表現（sexual performing）而衍生的焦慮感。但是，我認為這種困擾中西方男性的共同焦慮只是在性態度和性行為的層次，性表現背後深藏的意義仍是中西方有異的。

有些西方男性靠著威而剛來增強性表現，但是，此舉較與滿足他們在個人主義價值之下，做為一個男性得有所成就有關（包括在床上或者征服對方的成就）。也就是說，與他們個人的自尊（ego）有關，而不見得是為了扮演好自己的家庭角色來「哺餵」（"feeding"）他們的女伴。然而，當心有餘而力不足、性的表現差強人意或是失敗時（when the sexual acts fails），中西方男性都或許會覺得自己的表現差勁，但是，西方男性會把自己看成像是失敗的男人（fail as a man），華人男性則把此事看成自己沒有把做配偶或男友的角色扮演好。

當性行為出差錯或是失敗時，西方女性會覺得自己的性吸引力不夠，華人女性則不把它當作什麼了不得的事情，而認為性並不是那麼重要。華人女性認為最重要的事是：「他關心我、在乎我，以及好好待我！」，或者「我們有一個和諧美滿的家！」

中老年的華人婦女並不擔心自己的性慾隨著年齡降低，因為，她們將此視為人的胃口自然

表8-1　跨文化脈絡下的「性」

	華人文化	西方文化
比喻	一頓飯	一場男女對手戲
性的深藏意義	維生	作為一個男人或女人的自我認同、肯定、印證和完成
	性不是關乎你(妳)是誰、而是關乎你(妳)做了什麼	性不是你(妳)在床上做了什麼、而是關乎你(妳)是誰
	「你(妳)是誰」」則是決定於你(妳) 的家庭角色	
性行為		
男性	餵她	性的表現
女性	被他餵	自己使男人著迷的程度
道德上的約束	覺得丟臉	有罪惡感

隨著年歲增長而變小。所以，她們不必被餵得太飽或像年輕時吃得這麼多。如果她們的丈夫不能再「餵」她們了，也不大驚小怪。因為，性對華人而言，不關乎「你（妳）是誰」，而在於「你（妳）做了什麼」（「餵了什麼」）。

瞭解中西文化脈絡裡性的深藏意義的貢獻

本章的研究以中國儒家和西方基督教文化傳統的比較，以及中西各自文化內傳統與現代相對照的方式，來瞭解中西文化脈絡裡性的深藏意義是不同的。雖然在現代化和全球化的過程中，許多不同的社會似乎都有著性行為日益開放、殊途同歸的趨勢，表8-1摘要出中西文化背景裡不同的性的深藏意義和道德上的約束。

本研究的發現及對中西「性」的獨特瞭解，可以使我們發展出更有效度和信度的測量方式，來區分出儒家相對於基督教文化傳統之下，人們的性行為有著不同的意義。這種能夠區分出各個文化裡獨特的性的意義的研究方法，可以提升金賽式只著重在性態度與行為層次的問卷調查。（請參見附錄表1所呈現出我所發展的一項探索與性有關的多層次的概念架構和問卷或深度訪談大綱）。本章的研究除了在研究方法論上有所突破，我所表達的論點和發現還有其理論上，以及應用在人們日常生活裡實用上的貢獻，我將在本書的結論中對此做更進一步的討論。

附錄表 1　性的深藏意義的概念化、具體化，以及問卷或深入訪談大綱

理論概念 Theoretical Constructs	概念化 Conceptualisation	具體化 Operationalisation	訪談的問題 Direction of Questions	預期的回答 Implications from Expected Responses	
	層面 Dimensions	指標 Indicators		中 Chinese	西 Western
男女性別的本質 Nature of Gender	顯著性 Salience	對自我的描述涉及到性別的本質和程度	想想在一個你／妳覺得自己活著並真實存在的情境，那是一個什麼樣的情境會產生這種效果？	受訪者的回答裡並沒有常常提及自己身為一個男人或女人的問題	受訪者的回答描述裡會強調與自己身為一個男人或女人有關
	認同 Identity	有很豐富的方式來描述性別	請描述做為一個男人／女人對你／妳來說的意義為何？	受訪者的描述是基於角色，尤其是家庭角色	描述是基於親密關係的經驗，和男女兩性間的權術
	差異 Difference	男女性別差異的本質和程度	那些是最能區分出男女的差別？	男女間差異是表達在與功能有關的角色上面	男女間差異表達為生理和情緒上的差異（像是「『火星』相對於『金星』」）
	以家庭為本 Family Basis	是否以家庭來界定性別認同	家庭是如何提供一個人，或身為一個男／女人的基礎？	受訪者多方面提到以家庭為本的來界定自己的性別角色和認同	受訪者會以正負兩面來提及家庭：家庭像是個人一生的束縛，卻也是乘載了個人的一生

（接上頁）

理論概念 Theoretical Constructs	概念化 Conceptualisation 層面 Dimensions	具體化 Operationalisation 指標 Indicators	訪談的問題 Direction of Questions	預期的回答 Implications from Expected Responses 中 Chinese	西 Western
「性」的本質 Nature of sex	「性」的質 Quality of Sex	構成「好的性」的成分	「好的性」是有些什麼你／妳覺得對你／妳好的地方？	是健康的	給我很強烈的感覺
		「好的性」所帶來的影響	「好的性」能帶給你／妳些什麼影響？	使我保持身心平衡	讓我覺得自己是個好特別的人，而且真正的在活著（make me feel special and alive）
		超過期待或與對性的期待不符	什麼情況會使「性」達不到你／妳的期待？	太累的時候／時間不對	有太多的期待
		性伴侶和自己性滿意與否之間的關係	性伴侶有什麼會讓自己和他／她的性關係滿意？	他／她的誠懇	給我驚喜
			性伴侶做了什麼會讓自己不滿意和他／她的性關係？	他／她不誠懇	關係裡似乎什麼都沒有（“nothing there“）
「性」的本質 Nature of sex	「性」的量：過多或無性 Extremities in the Quantity of Sex	過多的性	過多的性生活會怎麼樣？	是不健康的	疲倦的
		無性（No sex）	無性 的生活會怎麼樣？	延後享受	對個人的剝奪感
規範和道德約束的本質 Nature of norms and sanctions	社會控制的形式 Form of Social Control	「覺得丟臉」相對於「有罪惡感」	如果某人做了違反性道德規範的事，別人會對這個人有何反應？	覺得這個人所做的事會讓很多人丟臉好長一段時間	覺得這個人所做的事會讓他／她自己內心有罪惡感而經驗到一種內心的折磨

①Kinsey, 1948, 1953

②Gregersen, 1986

③Gerth and Mills，一九七七，第二六七頁

④Berger, 1966

⑤Skocpol and Somers，一九八〇，第一七八頁

⑥Bendix，一九七三，第一二七頁

⑦Bendix, 1973; Gerth & Mills, 1977; Kwok, 1998

⑧King, 1994; Tu, 1996; Kwok, 1998

⑨de Bary，一九七〇，第一七頁

⑩這裡，「最重要的對象」是指對自己最重要或者意義最重大的對象。另外，「對象」在這裡可以指的是人或者是神。

⑪Bailey, 1959

⑫Farquhar, 2002

⑬Tseng, 1970; Wen, 1995

⑭Ruan, 1991

⑮van Gulik, 1974; Hsu, 1983

⑯Hinsch, 1990; Lau & Ng, 1989

⑰Ruan et al., 1992; Hinsch, 1990

⑱Ranke-Heinemann，一九九〇，第一三頁（引用於此書：Nye，一九九九，第三四頁）

⑲Gudorf，一九九四，第一頁

⑳Brown，一九八八，第五四頁（引用於此書：Nye，一九九九，第三五頁）

㉑Nye，一九九九，第四〇頁

㉒ Gudorf，一九九四，第二〇八到二〇九頁

㉓ Gudorf, 1994; Nelson, 1978

㉔ Bronell & Wassertrom, 2002; Barlow, 1994

㉕ Gudorf，一九九四，第二到三頁

㉖ Bruce, 2002

㉗ Beck-Gershem, 2002

㉘「世俗化」（secularisation）一詞是相對於宗教的「神聖化」而言。當原先由宗教體系所統治的國家或社會，不再由宗教體系所統治時，該國家或社會即成為世俗化社會。以西方歷史為例，基督教自從四世紀成為羅馬帝國國教一千多年以來，西方社會一直被基督教教權所統治。隨著工業化、都市化等現代化發展和科學、理性潮流的影響下，傳統宗教的勢力及其影響範圍日益縮小，變成只是一種社會制度，和政治制度、經濟制度、家庭制度等其他主要的社會制度分開、各自獨立。在世俗化的社會裡，是否相信神或某種宗教，是否上教堂或在家向神禱告等多半是屬於個人的行為或選擇。

㉙ Pennington, 2007

㉚ Smith，一九九四，第六八頁

㉛ Laumann 等，一九九四，第二二頁

㉜ Laumann 等，一九九四，第二〇八頁

㉝ Laumann 等，一九九四，圖表3.1，第二〇八頁

㉞ Inglehart 等，二〇〇四，第一五頁

㉟ Wellings 等，一九九四，第二四九頁

㊱ Michael 等，二〇〇五

㊲ 在基督教教義裡，「罪」（sin）是指人做了違反神意願的事時，則有罪。或者是，當人的作為違反了他們和神之間的理想關係時，就有罪。（參見http://en.wikipedia.org/wiki/Sin〔二〇一二年十一月九日〕）。

㊳ Inglehart 等，二〇〇四，圖表 F055_1

㊴ Horrocks，一九九七，第三頁

㊵ Mezzich & Berganza, 1984; Bhugra & de Silva, 1993

㊶ Bhugra and de Silva, 1993; Wen, 1995

㊷ Tseng & Hsu; Jai, 1995

㊸ Chang, 1999, 2003

㊹ Chang, 2003

㊺ Ferguson，一九八三，第五二頁

㊻ Levant & Brooks,1997

㊼ Zilbergeld，一九九二，第一六三頁

㊽ Hite, 1987

㊾ Lusterman, 1997

㊿ Regan & Brooks, 1995

(51) Reiss, 1986; Hite, 1994; McCormick, 1994; Levant & Brooks, 1997

(52) McCormick, 1994

(53) Seal & Ehrhardt, 2007

(54) Hite, 1987, 1994

(55) Hite, 1987

(56) Norwood, 1985

結論

雖然本書的研究起源於台灣一九八〇年代的一個悄悄的「性革命」，但是，由此而帶來對我所做的長程「性」研究的影響卻是無限的。本書所呈現出來的是，華人的一些核心價值是如何在台灣、香港和中國大陸邁進現代化與全球化的起承轉合中，不僅保存了下來，而且是在現代華人特有的家庭結構以及現代生活方式中被再詮釋、建構，並從每一天當中活了出來。

畢竟，性這個人生要務是與自我認同、性別角色、人倫關係、婚姻、家庭等等密切有關，它們可說是所謂的人生常態裡最核心的層面，是中西文化脈絡下每一個人的終生課題。所以，雖然我於二〇〇七年就已經完成了本書的研究，又花了數年的時間，將這二十多年長途的學術及人生旅程寫成這本書，應該是不會嫌遲的。

這是海內外到目前為止唯一的著作，以如此全方位的角度與深度，橫跨台灣、香港、中國大陸和西方社會的廣度，以及涵蓋中西文化的深層結構，來探索「性」在中西文化各自的背景之下的深藏意義是什麼。

本書的研究和發現有其學理上、社會科學研究方法上與日常生活實用上的重要性。以下將對本書在學理方面和對人們日常生活應用上的結論與貢獻做一總結。至於本書在研究方法上的重要性則在此略過。對研究法有興趣的讀者，請您參閱本書英文版「結論」一章內、「方法論上的顯著性」一節。

多元的現代性

本書的論點、研究和發現正與一個所謂「多元的」，或是「多種可能性的」現代性的觀點（multiple modernities）相一致。這個「多元現代性」的新觀點主要是在過去十多年來，由社會學者艾森斯塔特（Shmuel Eisenstadt, 1923 - 2010）從比較文明的分析（comparative civilisational analysis）中所發展出來的。①

從一九五〇年代末到一九七〇年代間，傳統的現代化觀點在西方學術界蓬勃發展。②此後，並廣泛應用到研究二十世紀末，經歷快速現代化和社會變遷的亞洲社會及世界上其他的地區。這觀點是把現代化視為如同直線般，朝一個方向發展（linear and developmental）。所以，它把社會區分成為從「傳統的」（traditional）階段到「已開發的」（developed）等的直線、漸進發展階段。由於現代化始於西方，建基於十八世紀啟蒙時代的理想（the ideal of the Enlightenment），而擴展到世界其他的地方，所以，「現代性」（modernity）指的就是西方的現代性（Western modernity）。也就是說，這種傳統的現代化理論將現代化（modernisation）和西化（Westernisation）劃上等號。其結果是，無論發生在世界何處，凡是工業化社會的社會經濟發展和文化都被視為會走向西化，而與西方殊途同歸（convergence）了。

在此，我特別構思出用三個層次的架構，來幫助讀者瞭解這種與西方現代性密切有關的啟蒙運動的觀念和理想。我認為，現代性的第一層（最外層），可視為透過工業化、都市化、人口遷徙和教育擴張等來發展現代化所需要的基礎建設或基層結構（modern infrastructure）。其次，現代性的第二層，則是指關注政治經濟制度層次的現代性，也就是發展民主的政治制度和市場經濟的經濟制度。第三層則是核心層次，也就是關注文化層次的現代性，即所謂的「現代性的文化發展方案」（cultural project of modernity）。這個現代性的文化層次是建基在理性主義、社會正義、平權主義，以及公民社會裡個人的自主性、反思性（reflexivity）和公民權之上的。

在西方文化背景下，源自啟蒙運動的現代化發展，雖然大致達成了以上三個層次所界定的主要目標，但是，人們也付出了極大的代價。主要的不良後果是：工業發展造成對自然生態環境的嚴重破壞，而市場經濟的發展也造成人們貧富差距懸殊，在世界多處引發了戰爭。德國社會學家暨哲學家哈伯馬斯（Harbamas）（1997）批判這樣的情況為「現代性的尚未竟功」（unfinished project of modernity）或是「不完整的現代性」（incomplete modernity）。③後現代論者則悲嘆政府、教會和家庭等這些社會制度的衰微，以及人們價值觀念混淆不清等，而視現代性已走到了盡頭，或者現代性其實已死。韋伯（Weber）的理論中就說到，「價值上的理性」（value rationality）已被「工具性或手段上的理性」（instrumental rationality）所取代。④

過去幾十年間，在快速現代化和全球化的過程裡，非西方世界的現代化也開始蓬勃發展。這個情況主要來自於第一層次現代化的基層結構的發展。這些西方以外的地區也開始出現一些工業化和都市化所產生的負面結果，譬如自然環境的破壞和貧富差距的惡化。但是，這些社會的現代性建設發展（the project of modernity）並沒有達到其極限。因為，這些社會的制度層次和文化層次的現代性發展方案和西方的不盡相同。

關於非西方世界現代性的第二層次，也就是政治經濟制度上的現代性（the institutional project of modernity），在不同的地區已經出現了不同型式的民主系統和市場經濟體系。這種制度層次的現代性其實是受到第三層次，也就是現代性的文化發展（the cultural project of modernity）所決定。而現代性的文化發展則是建基在一個社會本身獨特的歷史和文明背景之下。

在當今非西方的文化背景下，現代性的文化發展傾向於全球（或西方）和在地思想和理想的混合。從我過去的研究發現，不同文化成分的混合也會有外層表面和內在核心之分。以本書中的華人社會為例，全球（或西方）的思想呈現在表面的層次，經過篩選或修正後的西方思想則被當成是新的手段，來達到舊的中國文化裡的目的。譬如，子女購買西方名牌的精品給父母當作禮物，是一種新的方式來表達他們的孝心。或者，他們在履行華人傳統的家庭責任、照顧父母和子女的同時，也採用西方的求職技巧來找到好的工作。

因此，我的論點是：現代性的第一和第二層次有助於界定全球如何「成為現代」（becoming modern）的狀況。至於對某一個特別的社會來說，它「已經現代化了」所代表的意義（meanings of being modern）到底是什麼呢？這問題的答案則是取決於現代性的第三層，也就是屬於該社會文化核心的這一層面。換句話說，現代化對那個社會的特殊意義是與該社會文化裡對人性的認定、個人和權威的關係、家庭的結構及性別角色有關。傳統現代化的觀點認為全球現代化的結果是諸多社會殊途同歸（convergence），看起來都變成跟西方社會一樣。這樣的說法其實只適合說明現代性的基層結構（第一層次），政治經濟制度（第二層次），和看起來趨向西方化的服飾打扮、漢堡速食或名牌消費（第三層次的表面）。

在一九九〇年代有兩種主要的政治學論點被用來解釋當時世界各地政治經濟發展的特性。第一個種論點是，在一九九二年當東歐共產主義瓦解時，福山（Francis Fukuyama）所提出來的所謂的「歷史的終結」（"the end of history"），也就是全球的社會最終都「殊途同歸」地朝向西方民主政治和自由經濟的現代性靠近。第二種論點是，當伊斯蘭教基本教義派在全球採取反西方的強硬立場時，杭廷頓（Samuel Huntington）在一九九六年所提出來的「文明衝突論」（"the clash of civilisations"）。

雖然「文明衝突」批判「殊途同歸」的論點，這兩位政治學者和一些其他學者都已經意識到除了西方的現代性，其實還有其他不同的「另類的現代性」（alternative modernity）的存在。但是，這些觀點似乎仍是假定，西方的現代性是強勢的或是「主流」（mainstream）的現代性。在現代化和全球化之下，非西方的社會可能向這主流的現代性趨近或偏離，或是與西方現代性起衝突。

自從一九九〇年代以來，上面所提到的這些辯論進行的同時，一個多元或多種可能性的現代性的觀點（a paradigm of multiple modernities）逐漸出現。這個新觀點對傳統上視現代化就等於西化的觀點加以批判。⑤他們認為，就算是在「西方的現代性」裡面（within Western modernity），也包括許多不完全一樣的現代性。他們更藉用「比較文明分析」（comparative civilisational analysis）的方法來印證：在各自特有的文明和悠久歷史經驗下，所謂的「現代」其實可以有不同的成分，而「變成現代」（becoming modern）也是可以經由不同的路徑及多樣的模式來達成的。

換句話說，現代性的特色及意義可以是各式各樣的、多元的。雖然當今世界上多數國家都已經算是現代化了，但是，「現代」在不同的社會、不同的文化裡可以用不同的形式或特色來呈現，而對日常生活裡的人們也代表或有著不同的意義。這也就是所謂「多元的」或是「多種可能性的現代性」（multiple modernities）。

這個「多元／多種可能性的現代性」的觀點，把「現代性」本身就看作是一種文明（civilisation）。這個現代性的文明雖然起源於十八和十九世紀的西歐，接著擴張到北美和世界其他地方，現代性文明並不是同質單一，直線式地朝著同一個方向發展。現代性可有不同的型式、內容和涵義。這種異質或多樣性是源自於各地不同的文化傳統。我們可以用韋伯的「世界宗教」（world religions）或是艾森斯塔特的「主軸」（Axial）和「非主軸」文明（non-Axial civilisations）的概念來區分及界定不同的文化傳統。

即使在西方基督宗教文明內，不同的現代性已在西歐、歐洲大陸、美國和拉丁美洲出現。在西方以外的地方，多元的現代性也已經出現。例如，儒家文明下的現代性（Confucian modernity）和伊斯蘭教文明下的現代性（Islamic modernity）就是兩個著名的例子。

至今，這個多元現代性觀點的實質內容（substance），主要是從比較不同文明社會間、不同型式的民主政治和資本主義經濟的研究發現而來，也就是在比較研究制度層次（第二層次）的現代性。本書第四和第五章所呈現出來的現代兩岸三地華人社會的性規範和性行為變遷，以及傳統價值的延續，則是屬於深入文化層次（第三層次）的現代性研究，因此能夠更充實多元現代性的觀點。本書第七和第八章對這些華人社會和西方社會性的深藏意義的比較分析，則又更進一步印證了多元現代性的觀點。畢竟，性規範、性行為、性別角色和家庭價值是任何一個文明的核心。因此，在某個特定歷史和文明脈絡下，人們日常生活裡，性、家庭、性別角色等等方面所謂「現代」指的是什麼意義，實在是一個值得瞭解的重要課題。

如本書第四章所討論，雖然兩岸三地源自於中國儒家文明，以及在一九九〇年代中期以前都經歷快速現代化，但是，這三地華人社會邁向婚前性行為自由化的路徑卻是不同的。所以，我們可以用本書的研究發現來批判主張直線式發展，和殊途同歸的「現代化就是西化的」傳統現代化理論的不足。自從一九九〇年代中期之後，這些華人社會年輕人的婚前性道規範和行為看起來像是走向西化的趨勢，但是，對這些華人來說，性的意義還是與西方人有所不同。因此，只要是這些華人社會年輕人仍舊是以家庭角色來界定自我，在日常生活中實踐家庭主義，而且，婚前性行為主要是發生在有承諾的、長遠關係裡，這些華人社會就還沒有發生一個像西方一九六〇年代那種所謂的性革命。這些華人社會逐漸寬鬆的婚前性規範，其實並沒有和儒家傳統下的家庭主義相衝突。

華人的性、愛和家庭的「現代化」（the Chinese "modernisation" in sex, love and family），與性革命後的西方是不同的。這個例子顯示出儒家傳統的核心成分，是如何與西方浪漫愛和資本主義下的消費主義等現代性的層面相整合。並且，儒家的這些核心價值是如何形塑華人的現代性（Chinese modernity），及如何在當前現代化的華人社會中存續下來。因此，本書的研究發現可以使多元現代性的這個新觀點，從民主政治和資本主義經濟的兩個現代性第二層次的領域，擴展到「性」、家庭和性別角色等這些現代性第三層次社會文化核心的領域。

跨文化的智慧銀行

為了使本書的研究能對人們日常生活具有實際應用的價值，我特別構思出來一個新觀念：「跨文化的智慧銀行」（trans-cultural wisdom bank）。這觀念是什麼意思呢？不管是生活在何種社會與文化裡的人，都會面臨到生、老、病、死這些屬於人類自然生命歷程中，所必須經過的人生常態和階段，和面對這些共同問題所帶給我們的挑戰。每個文化對這些人生面臨的共同課題，都有它的應對或者解決的方式。但是，沒有任何一個文化能夠完滿解決人生所有的這些共同課題。透過「跨文化的智慧銀行」，可以擴展人們的見識，讓他們看到各個不同文化在詮釋這些重要的人生議題、主要的社會文化價值觀念、社會制度和解決問題的過程中，所具有的各式各樣的可能性。

透過這個智慧銀行，人們不只可以瞭解其他的文化（other cultures），更重要的是人們將能更瞭解他們自己。因為，如果沒有跨文化的相對照，人們很難懷疑或挑戰自己所處文化裡視為理所當然的事物。有了這個銀行，我們可以把有關的人生智慧存入這個銀行，同時也可以隨時從這個銀行提領出各種人生智慧。這個智慧銀行不但可以豐富我們的人生，在我們面對挑戰時，也可以提供多種的解決方法，讓我們有更多的選擇和解決問題的可能性。有了這樣的跨文化智慧銀行，任何一個文化裡的人每當碰到性或有關的問題時，就不至於走投無路、黔驢技窮了。

因此，本書對人們在日常生活裡的一個實際貢獻就是，經由我的中西跨文化的比較研究，一個有關愛、自我認同、性別角色、兩性關係、婚姻、家庭、對「性」的比喻及性的深層意義的跨越中西文化的智慧銀行就這樣誕生了。以下的兩個例子可以說明我的跨文化研究和智慧銀行，如何能夠提供我們多樣的觀點和不同的可能性來審視或處理有關「性」、性別和兩性關係的問題。

第一個例子是經由擴展本書第六章中，分析感情關係困擾的「止痛解答」路徑，和創新改進西方以女性為主體的「指點迷津系統」（advisory system），而使男性也能夠以另一個主體的身分來加入，或願意參與這個系統。第二個例子則是進一步來闡釋本書第八章中所討論的性的深藏意義（the embedded meanings of sex），以及我們如何能用對性的深藏意義的瞭解，來重新看待當前中西文化背景下性和兩性關係的問題。

就上述第一個例子而言，誠如第六章所討論，西方通俗雜誌裡的「指點迷津專欄」（advice

columns）是高度女性化的（highly feminised）：女性讀者將痛苦的問題投書到雜誌專欄來求救，並由「止痛阿姨」提供解答。其實，指點迷津專欄不一定要是一個女性專用的系統。別忘了，男性早就在醫療的領域裡扮演著指點迷津這一角色，主導著有關的醫學問題討論和解答。譬如，以男性居多的泌尿科和婦產科醫生就常在雜誌上闢專欄解答男女「性」的生理問題。

所以，通俗雜誌的指點迷津系統現在所面臨的一個挑戰，是如何鼓勵男性也來加入這種性別和兩性關係的討論。唯有在男性加入後，男性的看法才能夠被整合到這個指點迷津系統裡。畢竟，當兩性感情關係產生問題而使女性當事人感到痛苦時，我們應該可以想得到，該關係裡的男性當事人可能也同樣感到不快樂，或是感覺到感情出了問題（尤其如果當他知道女方視他為禍源時）。因為一個「關係」（relationship）必然涉及兩個當事人。所謂一個巴掌拍不響，所以，關係出現問題乃是男女雙方共同的責任，指點迷津系統當然應該忠告男女雙方一起來解決問題。

另外，除了「止痛阿姨」外，「止痛叔叔」（"Agony Uncles"）也應該被邀請來提供建議。止痛叔叔們的忠告一方面比較能夠說服在痛苦中的男性，另一方面也可以吸引女性讀者。因為，女性也會很想從止痛叔叔那兒得到祕密武器來對付她的男人。從這一點來看，我的這種創新的想法並不只著重在提高男性這一方的意識，而是希望能促使男性也能加入，一起來參與、溝通，並扭轉男女兩性對感情關係的偏頗立場和看法。也就是說，即使日常通俗文化的媒介，也可以提供給男女兩性新的管道來向對方表達自我，並共同來瞭解對方（to jointly make sense of each other）。

這種創新的「止痛解決」（agony resolutions）系統是什麼樣子呢？我已經將第六章圖表6-2所呈現的止痛阿姨的十二類解答建構成：如果一個止痛叔叔也坐鎮在那裡，他將會給問題關係裡的男方當事人什麼樣的忠告呢？在此處的表1中，止痛叔叔給男方的建議看起來頗為合理。即使個人主義是西方社會的核心價值，男女雙方仍可以用這些叔叔阿姨的建議，來共同面對和處理他們有問題的關係，或是關係裡的問題。

進一步來看，所有給男性的忠告都有一個有趣的特色，就是在每一類型止痛解答內，叔叔教男方當事人將「止痛解答」付諸實行的方式，剛好與止痛阿姨教女性當事人如何改變的方式相反。也就是說，當女方被告誡採取積極或主動的方式時，男方則被告誡採取消極或被動的方式。請看表1，這樣的互補性（complementarity）指出了兩性共同解決問題的邏輯。這種對雙方當事人所建構出互補性的解決問題的方式乃是著重在「關係」本身，而不是將焦點放在關係裡的個人身上。這種互補性具有改善關係結構的功能（functional），而不只是玩弄兩性間的政治權術（political）而已。這樣的方式顯示出，解決「關係」裡的問題，得像是男女雙方在舞池裡配合無間的旋轉舞步來跳舞（"turning taking"），而不只是雙方各自擺出自以為是、理所當然的姿態（a posture of righteous indignation）。

男性可能比較不看或者不會投書給這種止痛專欄。止痛叔叔的出現可以吸引男性讀者，而且女性讀者也可能會把讀到叔叔的建議傳給自己的男伴。或是，女性讀者也可以投書給叔叔來

表1　兩性間的政治權術再結盟（Gender Politics Realigned）
止痛解答路徑的類型

「止痛阿姨」視解決問題的焦點在於：	作者是	在痛苦關係中的投書女子看她自己在關係裡的位置為：			
		無法掌握她的男人（案例數=110）		能夠掌握她的男人（案例數=20）	
		1. 依靠自己		4. 不必擔心	
		自立自強	堅持自己	管他的	開心就好
痛苦中的女性本身	在痛苦中的投書女子	「我恨我的婚姻…我已失去了做我自己的方法，我都不想要我有的這些東西…」	「我發現自己認識的男人們都習慣於很快進入性關係，比我快的多。我對性所定的條件標準太高了嗎？」	「我男友有自殺傾向：我離開他嗎？我害怕如果我離開他，他會去自殺！」	「我的婚姻性生活是一大敗筆，我現在愛上了另外一個男人，我想聽聽妳給我一些實際的忠告。」
	止痛阿姨	去做一些非傳統和有膽量的事…	固守著妳的標準吧！妳反正只需要找尋那些與妳有著同樣標準的少數男人。	不要讓他恐嚇妳和把妳犧牲妳他應該靠自己才行	盡管享受妳的婚外情吧！只要愛情存在，就一直享受下去吧！在同時，妳或許可以和妳先生分享從外遇關係裡學到的閨房秘訣。
	止痛叔叔	給她點空間，也給她點驚喜，但也要讓她和你溝通她不好的情緒。	向她表示，你是可以開開心心、充滿渴求的等待她的。	你現在覺得憂鬱，得尋求專業幫助，不要依賴她。	對妻子你要醒醒啦！問她這一天過得好不好，讓她說話，贊美她。
		2. 咬緊牙根		5. 稍安勿躁	
		接受現況	掉頭就走	看看再說	試探考驗
關係本身	在痛苦中的投書女子	「我的男友說他還沒準備好要結婚，我不曉得什麼原因讓他籌鑄不前？」	「我先生離開了我，粉碎了我和我的生活…我只能哭，失去了所有的自尊。」	「我男友正在進行離婚。他很會關心人，但我不是，和他分手會傷害到他，我也將會失去這個好男人給我的支持。」	「我愛上了我男友最好的朋友，我有罪惡感。」

（接上頁）

「止痛阿姨」視解決問題的焦點在於：	作者是	在痛苦關係中的投書女子看她自己在關係裡的位置為：			
		無法掌握她的男人（案例數=110）		能夠掌握她的男人（案例數=20）	
關係本身	在痛苦中的投書女子 止痛阿姨	妳沒聽到嗎？他說他還沒準備好…	妳必須要變的堅強，而且對他，要強硬…遠離這個不成熟又不負責任的男人，找個律師叫他付該付的錢。	妳的感覺或許會隨著時間變得比較清楚。如果一段時間後，妳的感覺還是一樣，就和他分手吧！	應該設法去看和男友的那份關係裡有些什麼，向他溝通你們關係裡所缺乏的真正的感覺。
	止痛叔叔	誠實地向她解釋，不要胡說八道。	結束了就結束了，現在應該對她表示，你會關照小孩和負起應負的責任。	即使你覺得受傷，還是表達你對她的關心。把你離婚的事辦完吧！	向你那最好的朋友設定能和你女友能夠「親近」的標準，劃清你的界限。
規範價值		3. 面對現實		6. 真實為要	
		承認規範	找出策略	了解規範	成熟長大
	在痛苦中的投書女子	「我是不是太不合情理了？我的男友是離了婚的人，他的兩個小孩比我還重要，我不給他小孩好臉色看。」	「除了早洩這個問題之外，我們的婚姻是非常好的。我們都說沒關係，可是這確實是有關係的！」	「他是個好人，但好人就是好的結婚對象嗎？他催促我結婚，我要做個正確的決定。」	「我為什麼無法對任何一個男人做出承諾？而且，我也擔心離開家…」
	止痛阿姨	當妳愛上一個有小孩的男人時，妳得了解他有一個部份是妳所不能分享的。	當一對戀人有問題的時候，第一步雙方都應該承認、而不是否認這是一個問題。再來就可以參考書籍和你們的醫生等等。	報恩不是個嫁她的好理由。	妳的問題是在於對長大有很深的猶豫。我的建議是，儘管妳害怕，妳得開始自己一個人生活、學習獨立。
	止痛叔叔	你得劃好界限：你的小孩不是她的小孩。	時間是有關係的，你們可以分享彼此的感受，再試一次。	催她是沒有用的，去找別人吧：婚姻市場上又不是只有她一個女人！	既然她不能做出承諾，你可以一則享受你們有的，或是離開她。

求救。因此，男女讀者都可以來投書，止痛阿姨和叔叔不僅回答投書的當事人，他們還可向投書人的另一半提供建議。這樣的系統看起來才是平衡公正，不偏頗男女任何一方。

止痛阿姨和叔叔甚至可以針對某些重要議題展開辯論，提供兩性間可以對話和互相合作的示範。這種型式的對話和討論也可以把原本帶給兩性苦痛的嚴肅議題變得輕鬆，並帶給讀者們娛樂效果。從另一個角度來說，男女兩性也都可以藉此而感受到自己的性別角色，其實是有其好玩或有趣之處的。因為，在西方個人主義及兩性間的政治權術之下，在許多時候，性別角色似乎帶給個人苦惱更多於喜悅。

最後，我要說的是，當指點迷津系統裡有男性的聲音時，這對西方的兩性關係是具有特別意義的。如同第八章所討論的西方性的深藏意義是一場男女間的「對手戲」（a "game"），在有關這場對手戲議題的指點迷津系統裡，不管他們是處於止痛阿姨或叔叔的指導者（adviser）立場，還是身處權術或鬥爭關係中的苦主，男女雙方理當都想要在指點迷津專欄發出自己的聲音。相對來看，在華人社會，既定的家庭角色因角色所引發的外在期待都比較穩定。所以，華人止痛阿姨或叔叔所提出的以家庭角色為本的忠告內容，可能比較不會因為不同性別的指導者，而給華人男女投書的讀者提出迥然不同的意見。或者，不像當西方男女指導者提出異質性很高的個人意見時，對西方讀者所可能產生的多樣性影響。

以下我將以第二個例子來說明本書在結論這章所提出來的「跨文化智慧銀行」這個觀念，如何有助於我們重新面對、思考、或解決「性」這方面的問題。有幾位當代神學家，譬如：

倍利（Bailey）、尼爾森（Nelson）、古多芙（Goudorf）和康區曼（Countryman），曾試圖對現代西方社會的性和男女關係的問題在基督教裡尋求解答。他們批判傳統基督教裡把「性魔鬼化」（"demonising" sex）的解決方式是不合時代的。因為，將性魔鬼化乃是建立在人的「肉體和精神分開的二元論」（body/mind dualism）上面。這些當代的神學家試圖打破這種二元論，故而鼓吹一種新的、我將它稱之為「將性合法化」（包括將同性戀合法化）的解決方式。以下的例子可顯示出當代神學家的這種新論點。譬如：

- 神性和人的「性」都是上帝所創造的（divinity and human sexuality are togeother in God's creation）；⑥
- 「性」是神的創造和福音（sexuality is part of God's creation and gospel）；⑦
- 耶穌是一個體現靈性的典範（Jesus is an exemplar of grounding spirituality in embodiment）；⑧
- 神所創造的一切（包括人的「性」）都可以用來做為上帝與我們溝通的媒介 [all creations（including sexuality）offer the possibility of mediating God to us]；⑨
- 肉體上的經驗可以流露出神性，並且，肉體上愉悅的經驗非常有助於人們產生對他人信任和愛他人（包括愛神）的能力；
- 「性」不應該變成像性自由派人士所宣稱的在生活中高高在上，或是為了「性」而不顧一切，因為，「性」仍舊是被神所主宰的（under the reign of God）。⑩

這種把性合法化（legitimising）的觀點的確可以使人們以正面的態度來擁抱「性」。而且，讓異性戀以外，譬如，同性戀、雙性戀等等，各種多樣型式的性取向都能得到公平的認可及對待。然而，將性合法化能夠真正解決一個根本層次上「性」和「關係」（relationship）的問題嗎？誠如我在本書一再強調，只單從自己本身的文化傳統來看這些問題（包括這些當代的神學家們），很難能夠真正看到或瞭解性的深藏意義這個層次的問題。

基於從跨文化的社會學研究而瞭解到的中西文化脈絡下的性的深藏意義，我要提出更進一步的論點：在現代西方，個人得靠著性和兩性關係來不斷對自我作肯定和印證，其實這才是問題的根本癥結所在。也就是說，這個論點要比「將性合法化」的觀點更能深入看到當代西方人「性」的問題，以及幫助人們（不論是異性戀還是同性戀）來瞭解人們在自我、婚姻、家庭和兩性關係上的困境。難道說，自己是否是個（像樣的）男人或女人，必須得靠著對自己最重要的（性）伴侶身上才能得到認可和自我肯定嗎？一個家庭的焦點難道完全就只有這兩人間相互靠對方來認可自己的關係本身嗎？本書的比較研究發現可以告訴我們，其實這是有許多其他的可能性的。

根據本書的研究發現，當今的華人社會雖然受到西方現代個人主義的影響，但基本上還是從自己在一個垂直方向（上有長輩，下有子女或晚輩）的家庭裡的角色扮演和責任履行中來得到最終的自我肯定和自我印證。也就是說，華人不是像現代西方人那樣，只靠一個水平方向的兩人間的伴侶關係（conjugal bond），或是從婚姻當中來得到自己是個男人或女人，或者是一個高尚的人的肯定和印證。所以，在華人的家庭裡，兩人間的伴侶關係不必、也沒有承受像西方兩人間的伴侶關係裡這麼大的緊張和壓力。因為，華人並沒有必須得從兩人的親密關係裡，或由對方身上來不斷證明自己是個男人或女人，以及肯定自我的價值。

相對來看，不論異性戀還是同性戀的關係，西方核心家庭系統的焦點是放在一個水平方向的兩人伴侶關係上面。人們期待這個伴侶關係是：得永遠堅韌、強烈，並且能夠不斷肯定彼此的自我價值和自尊。然而，無法避免的是：把焦點放在水平方向，以及希望不斷從中得到自我肯定和親密感的需求，勢必帶給兩人關係很大的壓力。現代西方文化裡的個人是容易受傷的（vulnerable），因為，一樁失敗的關係會使當事人感覺自己是個失敗者（“failing in a relationship” feels almost like “failing as a person”）。更甚而，對許多現代西方人來說，一生中可能多次失戀或不只一次的婚姻。從這一方面來看，華人則比較幸運。因為，個人自我的肯定主要是來自一個結構（personal validation is lodged within a structure），也就是家庭。跟一個基於兩個個人情愛的伴侶關係相比，一個結構或是家庭則不太可能會失敗。換句話說，一個情愛關係或一樁婚姻可能會破裂，而華人以垂直方向為主、代代相傳的（擴大）家庭是不容易消失的。

簡言之，解決現代西方婚姻和家庭的問題極需導入新的觀點、智慧和可能性。畢竟，個人主義有其極限。另一方面，誠如本書中的發現，對中國文化影響下的華人而言，「性」像是維生的「一頓飯」（as a “meal” of sustenance），那麼，華人夫妻或伴侶間的長期、例行的「家常便飯」（“homemade meals”）雖然輕淡衛生，但不像偶爾上館子時那麼新鮮刺激。家常便飯要如何加料而變得更好吃呢？華人老夫老妻其實可以多放一點「自我」（self）到他們日常的維生的「飯菜」裡去，而不是得靠到外頭上館子來解決。

換句話說，本書對中西文化裡「性」的比較社會學研究，使我們知道，直接將西方思想價值和性態度行為，或金賽式的研究取向應用到非西方文化社會是不恰當的。並且，本書的研究發現還可以使我們得以重新審視和批判西方人本身的性思想、規範和行為。或許，在西方社會，或對西方人來說，金賽報告也該重新寫過！

---

① Eisenstadt的著名著作：Eisenstadt, 2000, 2003.

② 譬如：Lerner, 1958; Parsons, 1960, 1966, 1971; Rostow, 1960; McClelland, 1961; Levy, 1966; Inkeles & Smith, 1974.

③ d’ Entreves & Benhabib, 1997

④ Weber, 1993; Kalberg, 2005

⑤ Eisenstadt, 1986, 2000, 2003; Aranason, 1997; Hefner, 1998; Tu, 2000; Roniger & Waisman, 2002; Sachsenmaier, 2002; Sachsenmeyer & Riedel, 2002; Kaya, 2003, 2004; Taylor, 2004; Kamali, 2006; Lau, 2006; Lee, 2006

⑥ Nelson, 1978; Gudorf, 1994

⑦ Bailey, 1959

⑧ Nelson, 1978

⑨ Gudorf，一九九四，第二三頁

⑩ Countryman, 1989

跋詩

本書記載了我用跨文化比較社會學研究，來瞭解這些有關人生歷程中最重要的課題：「性」、人性、自我認同、人際關係、角色、愛、婚姻、家庭、生涯轉變和如何做一個男人或女人等等，它們在中西各自文化脈絡裡的歷史與時代變遷，以及在中西文化之間的對照。在結束本書前，我特地選了幾首我在二〇〇四到二〇〇六年間寫的英文詩，並翻譯改寫成中文現代詩，與中文讀者們分享。為讓讀者有所對照，我也附上英文原詩。

這些詩可說是本書所探索主題的另外一種呈現（representation）。我不僅是一個研究社會和人的社會學者，也是一位從事心理治療的專業人員，幫助人們在身處困境時，能從心靈的困惑和情緒的紛擾中更瞭解自我，接受有些苦痛是人生常態，有些瓶頸則能夠經由學習新的求生技巧破繭而出。然而，我也是一個人，同樣經歷過許多人生難題。一路上，走自己的路。有摸索、挑戰、掙扎、錯誤、決擇、反思、歷練和成長。這一切都是人生常態裡的一部分，這幾首詩就在呈現我自己的一些人生歷程和情愫。

顛倒

多年前
在密西根
遍地白雪和聖誕鈴聲
我接受了友人的邀約
可是年幼的兒子不想跟隨我出門
因為他不想錯過聖誕老人的造訪

十年後
在墨爾本
豔陽普照和海灘歡笑
成年兒子接受了友人的邀約，也邀我同行
訝異感動之餘，也就跟隨他出門
因為我不想錯過兒子對我的關注

他回來了，而且帶我同行
即使我還不是個年邁的老母

Reverse

Once upon a time
In Michigan
Filled with white snow and jingle bells
I was invited to join my friends for Christmas
But my little boy would rather not follow me
He did not want to miss out on his Santa.

Ten years on
In Melbourne
Filled with gold sunshine and beach joys
My adult son's friends invited him for X'mas and he invited me
Surprised and touched I went along
I did not want to miss out on my son's attention.

He is back and he is taking me along
Although I am not an old mother yet.

背心

這件奶油色的背心
看起來柔軟
您遷動不便身子時還算舒服吧
看起來溫馨
您在春寒的公園裡還夠暖和吧
看起來香潤
您的食慾被挑起還想起司派吧，也當然

看起來特別
提醒了我們一個最特別的故事
　　您有我，您的唯一女兒
　　選了這件背心給您
　　我離開了您二十年
　　但是
　　在您的昏沉歲月裡仍舊惦記著我

　　我有您，我的親愛母親
　　您癱瘓在家三年了
　　但是
　　在我的夢裡您仍舊為我做蔥油餅

Vest

This cream-coloured vest

Looks soft,
Comfortable in any movement you may still have;
Looks cosy,
Keeping you warm in the park in the chilly spring;
Looks creamy,
Stimulating appetite for your favourite cheesecake; and of course

Looks special,
Reminding us how special it is—

you have me, your only daughter,
who chose this vest for you,
but I have been away more than twenty years
and in your drowsy days you still missed me;

I have you, my mum
who has been paralysed for three years
but in my dreams you are still making dumplings and onion pancakes!

When I meet this self in this place, I do not know
If she understands what I am talking about,
If she agrees with what I am talking about,
Or if she likes what I am talking about,
And we both may lose direction and be unaware
Where this will lead us.

當我在這裡遇見了自己
我不知道
　　她是否瞭解我的話
　　她是否同意我的話
　　或者
　　她是否喜歡我的話
我們雙方或許都失去方向
面對著不可知的未來

There is no mask and the risk of getting lost, yet
It is the only place I can find myself,
Recharge myself—
A new self will be born.

沒有面具
沒有冒著迷路的危險
但是
這是唯一的一個地方
我能夠找到自己
使自己充電
一個自我將會新生

Mask

It is the only place I can no longer wear a mask.
I never intend to wear them,
But the roles we play create those masks for us—
When I am a mother,
When I am a wife,
When I am a friend,
And, of course, when I am a performer.

It is the only place I can no longer wear a mask
When I am meeting myself.
This self does not know—
What she is for,
Who she is,
Or what is the meaning of her life.

面具

這是唯一的一個地方
我不再能戴著面具
我從來不想戴面具
可是我們日常的角色創造了這些面具
　　當我是個母親
　　當我是個妻子
　　當我是個朋友
　　而且
　　當然
　　當我是個演出者

這是唯一的一個地方
我不再能戴著面具
當我遇見了自己
這個自我不知道
　　她是所為何來
　　她到底又是誰
　　或者
　　她生命的意義是什麼

Without constructing the brick wall myself
I cannot bravely bang my head against it
To test my enthusiasm for that which I care.

Without constructing the brick wall myself
I cannot boldly communicate with my raw feelings
To test the love I have for someone.

Me and the brick walls
Coexist
No room for negotiation
No line to be crossed
Head bleeding
Heart breaking
But
From those brick walls
I begin to learn who I am.

若我不造這面牆
我將無法勇敢地以頭撞牆
來試測我對在乎的事到底有多少熱情

若我不造這面牆
我將無法勇敢地表露真情
來考驗我對在乎的人到底有多少愛戀

我和磚牆
共存
沒有能協商的空間
沒有能跨越的界限
頭流血
心破碎
可是
從這些牆
我開始認識了自己

Brick Wall

磚牆

Nowadays people say that
Many places are like brick walls
In the name of bureaucratic efficiency,
Many people are also like brick walls
In the name of maintaining rational control.

I fight against a brick wall—
With a sore throat
But my loudest voice cannot get through the wall
The wall must be soundproof.
Or
I run alongside a brick wall—
With a broken heart
But my tears cannot permeate through the wall
The wall must be double bricked.

I am told,
"You actually constructed the brick walls!"
Did I?
Maybe I did.

這些日子常聽人說
許多地方都像磚牆
打著科層效率之名
許多人也都像磚牆
顯出理性自律之能

我向磚牆抗爭
喉腫了
可是我的吶喊穿不透這面牆
這個牆一定是隔音的
或者是
我沿著磚牆跑
心碎了
可是我的眼淚滲不透這面牆
這個牆一定是雙層的

有人告訴我
「是妳自己造了這面牆！」
是我嗎
或許是吧

渴望

人生的路上
渴望是一個美麗的驅力帶動我向前嗎？
是的
可是
渴望也提醒我
　　缺了的東西
　　沒去的地方
　　只有在幻想中才能在一起的人
畢竟
渴望是一個醜陋的驅力促使我瘋狂嗎？

Desire

Is desire a beautiful force driving my life journey?

Yes, but—

Desire also reminds me that

something is missing,

somewhere I never arrive,

someone is with me only in fantasy.

After all,

Is desire an ugly force driving me crazy?

People say that
Pop is only low art,
    signifying evil and crassness—
    consumed by raw flesh,
    indulged by alienated souls, and
    produced by greed under global capitalism.
But
Isn't it also true that
Pop is actually high art,
    unifying minds and bodies—
    recharging stressed muscles,
    warming cold hearts, and
    energizing kindred souls across the globe?
人們說
流行只是底層的藝術
    代表著邪惡和粗俗
    被活生的肉體所享用
    被疏離的靈魂所沉迷
    而且是
    全球資本主義貪婪之下的產物
但是
我們也可說
流行倒是高層的藝術
    結合了精神和肉體
    活絡了緊繃的肌肉
    暖化了顆冰涼的心
    而且是
    全球千萬靈魂生動起來了的媒介

Pop

Vibrant beats,
Swinging hips,
Funky instructor,
Youthful participants,
On a shining floor.

A radiant energy drew me into this hip-pop-funk class.
I didn’t recognise me,
a middle-aged hip with a sore back,
struggling to balance through steps supposed to be funky,
and ending up standing up tall,
pain free.
Was it real?

A radiant air drew me into a “love-song-devoted” on the radio,
I didn’t recognise me,
a serious academic with a preoccupied head,
fighting for concentration through noisy music,
and ending up feeling like a “red-blooded woman,”
alive.
Wasn’t it surreal?

流行

跳動的節拍
搖擺的臀部
輕鬆的示範
年輕的舞群
發亮的地板

一股熱能把我吸進了嘻哈放克的舞班
我認不出自己了
一個背痠腰痛的中年女人
差點平衡不了應該像是放克的舞步
竟然終究能夠
站得直
去了痛
這是真實的嗎？

一股熱能把我吸進了獻上情歌的廣播
我認不出自己了
一個總在冥想思考的學者
差點聽不懂噪音下像是嘶喊的歌詞
竟然終究能夠
感覺像個凱莉歌中的熱血女郎
活在當下
這是超現實嗎？

Two faces,

like two images,

yet more like two phases in my life,

I cannot recognize them but

I have lived through them!

Both faces are me!—

Isn’t it nice?

Do faces matter after all?

兩張臉

像兩個影像

不

倒像我生命裡的兩個階段

我無法認出她們

但是我已經活出了她們

兩張臉都是我

這不是很好嗎？

畢竟

臉有這麼重要嗎？

Face

A face in a TV interview,
like a stranger's face,
No, like my mother's face at forty
when she was tired but confident.
A face that surprises me,
looking familiar but unreal,
I cannot quite recognise her!
Is it me?

A face in a worn TV tape,
like an old friend's face,
No, like my face at twenty
when she was carefree but unsure.
A face that attracts me,
looking familiar but remote,
I cannot quite recognise her!
Was it me?

臉

一張在電視裡的臉
像一個陌生人的臉
不
像我母親四十歲時
疲累卻有自信的一張臉
一張令我驚訝的臉
看來熟悉卻不真實
我無法認出她
是我嗎？

一張舊錄影帶裡的臉
像一個老朋友的臉
不
像我自己二十歲時
無憂慮卻不定的一張臉
一張令我吸引的臉
看來熟悉卻又遙遠
我無法認出她
是我嗎？

Why do I even care?
Old girls are only names—
dormant in brain cells for three decades;
suddenly these cells let the names out
into real people in my world.

我為什麼在乎呢？
老同學只是些名字罷了
在我腦細胞裡冬眠了三十年
突然間
腦細胞將這些名字釋放出來
成了真人
活在我的生活世界

Are we getting old?
Starting to treasure childhood memories and
classmates barely known,
from nowhere and everywhere,
as a truly special world.

我們變老了嗎？
開始珍惜兒時的回憶
和不熟的同學
她們突然從天而降現身各處
這是個多麼特別的世界

I must be getting old!
Having been away from my homeland and
adventurous for two decades,
I had never imagined one day I would trace my "roots"
via an old-girl world.

我一定是老了！
遠離故鄉
冒險在外二十年
我從未想像
有一天我會尋根
溯往於一個老女孩的世界

Reunion

Fannie,

one of my classmates in a Taipei school,

is now tracking us all down, and

a big-30 reunion will be in California and Taipei.

She found me with Google.

A top student and leader in that class,

I end up becoming the weakest link,

the only one located "down under."

I have to miss the big day.

"Why are you there?"

Am I in Port Arthur?—

none of those girls can "drop by" on their way.

I feel displaced and grounded in Melbourne,

even as a most liveable city in the world.

同學會

芬妮

我的一個高中同學

現在追蹤我們的下落

加州和台北

將有一個三十週年同學會

她用谷歌找到了我

曾幾何時

我從一個班上的活躍份子

淪為幾乎和大夥失聯

唯一住在南半球的人

我不得不錯過這個大日子

「妳為什麼在那裡？」

我住在亞瑟港嗎？

沒一個老同學可以順道而來

我覺得擺錯了地方

被禁足在墨爾本

即使這裡是一個全球最適宜居住的城市

It is not his problem but mine—
After I die, should I join the ancestors in China?
Or should I accompany my brothers in Taiwan?

這不是他的問題而是我的問題
當我死後
我該加入在大陸的祖先
還是
陪伴著我在台灣的兄弟

Perhaps I should construct "roots" for my son
and his children by establishing
an ancestral hall in Melbourne.

或許
我應該為了兒子和後代
建構一個根
一個立在墨爾本的祖祠

After all, it seems to me that
a truncated family line is better than no family line,
and
implanted "roots" are better than no roots.

畢竟
截斷又再傳承總比沒有傳承好
一個移植的根勝過無根

Grave and Roots

He took us back to his hometown, my father,
an old man of 82 returned to the China
from which he had fled when he was 26.

He showed me our Chinese "roots," my father
located within his reclaimed ancestral hall;
and there we worshiped all our ancestors.

He passed on his familial duty to me, his daughter
to share our heritage with all my brothers
and to continue that duty of ancestral worship.

He believes that this "grave" trip
has fulfilled his ultimate familial duty and
his children, misplaced in Taiwan, now know from
where they came.

He has not thought about
how his daughter would "pass on" these "roots"
to her son who has been "misplaced" in several places
in the West.

墳與根

他帶著我們回到了老家
我的父親
八十二高齡回到大陸
是他二十六歲逃離的地方

他讓我們看到在中國的根
我的父親
找到了他久違的祖祠
在那兒我們祭拜了老祖宗

他將家庭的義務傳遞給我
他的女兒
與我的兄弟分享傳承
並且繼續祭祀祖先的義務

他相信這次尋根之旅
已盡了他最高的家庭義務
使他子女們知道來自何方

他還不知道
他的女兒如何將這個根
傳給她在西方生長的兒子

誌謝

本書的內容呈現了我對「性」所做的社會學研究。這是一個歷經二十年的長途跋涉，旅途中，美國密西根大學（The University of Michigan）、夏威夷東西方中心（The East-West Centre）、澳洲塔斯馬尼亞大學（The University of Tasmania）、美國愛荷華大學（The University of Iowa）和澳洲墨爾本大學（The University of Melbourne），都提供給我最好的工作環境。這些學術機構的支持，和同事們學生們的鼓勵，使我能夠繼續前進、不斷成長。我在此對他們表達由衷的感謝。

一路上，我得感謝曾經贊助我研究經費的機構：Hewlett Foundation、Population Council、太平洋基金會、Australian Research Council 和蔣經國基金會。經費之外，我在此特別要感謝二十年來所有參與我研究、接受我做社會調查或深入訪談的人，沒有他們的用心參與，就沒有今天這本書。

我也感謝 Prints India、Sage 和 Elsvier，這些出版社允許我將下列出版過的文章修正或改寫成本書的部分章節：

第二章是改寫自以下文章的一部分：

Chang, Jui-shan, 1996. Negotiating Sexual Permissiveness in a Contemporary Chinese Setting: Young People in Taipei. *International Journal of Sociology of the Family*. 26(1): 13–36.

第三章是改寫自以下文章的一部分：

Chang, Jui-shan. 2004. Refashioning Womanhood in 1990s' Taiwan: An Analysis of Taiwanese Edition of Cosmopolitan

Magazine. *Modern China* 30(3): 361–397.

第七章是改寫自以下兩篇文章的一部分：

Chang, Jui-shan. 2000. Familial Values, Gender Politics and Meanings of Infidelity: A Cross-Cultural Comparison of Extra-Marital Affairs. Chapter 4 of Section 2 in Miller, R. and S. Browning (eds.) *With This Ring: Divorce, Intimacy, and Cohabitation From a Multi-Cultural Perspective*. JAI Press. Pp. 185-218.

Chang, Jui-shan. 1999. Scripting Extra-Marital Affairs: Marital Mores, Gender Politics and Infidelity in Taiwan. *Modern China* 25(1): 69–99.

本書第一章和第六章是改寫自以下兩篇文章的一部分（我自己擁有這兩篇文章的版權）：

Chang, Jui-shan, 1994. Change and Persistence: Autonomy of Dating, Engagement and Premarital Sex among Women in Taiwan. *Australian and New Zealand Journal of Sociology* 30 (2): 132-148.

Chang, Jui-shan. 2000. Agony-Resolution Pathways: How American Men are Perceived by Women in the Agony Column of Cosmopolitan. *Journal of Men's Studies* 8(3): 285-308.

我還要感謝好友 Richard Volpato，他是我在澳洲塔斯馬尼亞大學社會系任教的同事。他的博學多聞、活躍的思考、義大利文化的薰陶和神學上的反省，都擴展了我對跨文化的瞭解。雖然，我們都已經離開了塔斯馬尼亞，但老同事和老朋友的情誼長存至今。他讀過我本書英文版的初稿，也對我在書中的想法和論點提出許多寶貴的建議。我對他的感激實在無法以「謝謝」兩字來形容，但是，我還是在此說聲謝謝。

我也謝謝台北立緒文化事業鍾惠民總編輯的慧眼，林書琦編輯的盡心盡力，使得本書順利的在我的故鄉出版。在此，我衷心向立緒出版社致上最大的謝意。

最後，要感謝我最鍾愛的家人。

我和我的先生薛亞聖，因為工作的關係分開了二十年，每年只能短暫相聚。但是，他對我的愛、支持和關懷，永遠是這麼的真實，超越了時空，使我們通過了人生諸多嚴酷的考驗。對本書而言，沒有他逐字閱讀的耐心和精心潤飾的功力，本書的中文表達將不可能如此流暢。畢竟，我已經將近三十年沒有用中文來寫文章，我很幸運有這位人生伴侶。

今年三十歲的兒子薛禹喬，從他四歲起，在無數的夜晚，伴隨著我到密西根大學的圖書館和電腦中心做研究。那個時代還沒有個人電腦，我得用電腦主機來做資料分析，我感謝他的陪伴。可是，他的童年也在他母親追求學術的路上，橫跨三大洲，換了好幾間幼稚園和中小學。這樣的童年，雖不算是顛沛流離，但適應頻繁的遷徙仍是一種折騰，我對此感到歉疚。

我的三兄弟張瑞帆、張瑞德和張瑞軍，雖然他們在台灣，與我長年聚少離多，但他們對我持續不斷的愛、鼓勵和支持，一直是我精神上龐大的後盾，使我對生命充滿希望，勇於追求。

我的父母親張智明先生和俞桃英女士，在過去兩三年相繼辭世。他們的一生是愛家庭、愛朋友、愛社區、愛社會，以及知足常樂的最高典範。他們的愛和精神永遠存在我的心中，在此將本書獻給他們在天之靈。

參考書目

阿嫚（1997），〈女人的完成〉，《柯夢波丹國際中文版》74: 28.

Arnason, J. (1997). *Social theory and Japanese experiences: The dual civilisation*. London: Kegan Paul International.

Bailey, D. S. (1959). *The man-woman relation in Christian thought*. London: Longmans, Green and Co Ltd.

Baker, H. (1984). *Chinese family and kinship*. New York: Columbia University Press.

Bakos, S. C.（侯延卿譯）（1994），〈掌握床第主導權的現代馭夫術〉，《柯夢波丹國際中文版》

Barclay, G. (1954). *Colonial development and population in Taiwan*. New Jersey: Princeton University Press.

Barlow, T. (1994). Body, subject and power in China. In A. Zito & T. Barlow (Eds.), *Theorising woman: Funu, guojia, jiating (Chinese woman, Chinese state, Chinese family)* (pp. 253–90). Chicago: The University of Chicago Press.

Barreaca, R.（鄭其倫譯）（1995），〈甜蜜的復仇：讓負心漢付出代價〉，《柯夢波丹國際中文版》59: 148–49.

Barton, A. H., & Lazarsfeld, P. F. (1955). *Some functions of qualitative analysis in social research*. Reprinted from Frankfurte, Beitrage Zur Soziologie, Band 1.

Beck-Gernsheim, E. (2002). *Reinventing the family: In search of new lifestyles*. Cambridge: Polity Press.

Bender, D., & Leone, B. (Eds.). (1995). *Sexual values: Opposing viewpoints*. California: Greenhaven Press.

Bendix, R. (1973). *Max Weber: An intellectual portrait*. Thetford, Norfolk: Lowe & Brydone (Printers) Ltd.

Berger, P. (1966). *Invitation to sociology: A humanistic perspective*. Harmondsworth: Penguin.

Bhugra, D., & de Silva, P. (1993). Sexual dysfunction across cultures. *International Review of Psychiatry* 5: 243–52.

Brownell, S., & Wassertrom, J. (2002). Theorising femininities and masculinities. In Brownell. & J. Wassertrom, *Chinese femininities, Chinese masculinities: A reader*, (pp. 1–42). California: University of California Press.

Bruce, S. (2002). *God is dead: Secularisation in the West*. Malden, MA: Blackwell Publishing.

Buckley, R. (1997). *Hong Kong: The road to 1997*. Cambridge and New York: Cambridge University Press.

蔡惠民（1995a），〈黎姿的美麗不設防〉，《柯夢波丹國際中文版》59: 94–7.

——（1995b），〈他不差他是我的親密愛人〉，《柯夢波丹國際中文版》59: 80–2.

——（1996），〈走向百萬年薪的行列〉，《柯夢波丹國際中文版》68: 132–35.

蔡惠民、黃憶欣、葉達蓉、吳蓓薇（1996），〈什麼女人教人難以抗拒〉，《柯夢波丹國際中文版》68: 122–29.

Caldwell, J. C. (1982). *Theory of fertility decline*. London and New York: Academic Press.

Cato, L. (1995). *Her Version*. Victoria: Australia Penguin Books.

Cernada, G. P., Chang, M. C. , Lin, H. S., & Sun, T. H. (1986). Adolescent sexuality and family planning awareness, knowledge, attitudes and behaviour: Taiwan. *Asian Studies Committee Occasional Papers Series* 12. International Area Studies Programs, University of Massachusetts at Amherst, 1–45.

Chan, D. (1986). The culture of Hong Kong: A myth or reality? In A. Y. H. Kwan & D. Chan (Eds.), *Hong Kong Society: A Reader* (pp. 209–29). Hong Kong: Writer's & Publisher's Cooperative.

Chang, J. S. (2005). Sexual revolution in Chinese societies—Are young people becoming less Chinese? Refereed proceedings of the Australian and New Zealand Sociological Association Conference 2005: Community, Place and Change. 11 pp.

—— (2003). Encumbered womanhood. *The Drawing Board: An Australian Review of Public Affairs*, 21 May.

—— (1999). Scripting extramarital affairs: Marital mores, gender politics and infidelity in Taiwanese newspaper stories. *Modern China* 25(1): 69–99.

—— (1996). What do education and work mean?—Education, nonfamilial work/living Experiences and premarital sex for women in Taiwan. *Journal of Comparative Family Studies* 27: 13–40.

Chang, J. S, Tsang, K. T. , Lui, P. K. , & Lin, J. H. (1997). Premarital sexual mores in Taiwan and Hong Kong: Two pathways to permissiveness. *Journal of African and Asian Studies* 32(3/4): 265–85.

Chiao, C. (1969). Female chastity in Chinese culture. (unpublished)

Chu, G., & Ju, Y. (1993). *The Great Wall in ruins: Communication and cultural change in China*. Albany: State University of New York Press.

Chun, A. (1994). From nationalism to nationalising: Cultural imagination and state formation in postwar Taiwan. *The Australian Journal of Chinese Affairs*, January, 31: 49–69.

Cohen, M. L. (1976). *House united, house divided: The Chinese family in Taiwan*. New York: Columbia

University Press.

Countryman, W. (1989). *Dirt, greed and sex: Sexual ethics in the New Testament and their implications for Today*. London: SCM Press Ltd.

Croll, E. (1981). *The politics of marriage in contemporary China*. New York: Cambridge University Press.

Damm, J. (2005). Same sex desire and society in Taiwan, 1970–1987. *China Quarterly* 181: 67–81.

Davis, D., & Harrell, S. (Eds.). (1993). *Chinese families in the post-Mao era*. Berkeley, Los Angeles and London: University of California Press.

Darby, P. (Ed.). (1997). *At the edge of international relations: Postcolonialism, gender, and dependency*. London: Pinter.

Davidson, J.（鄭其倫譯）（1995），〈男人不想做愛的十個理由〉，《柯夢波丹國際中文版》59: 140–41.

de Bary, Wm. T. (1970). *Self and society in Ming thought*. New York: Columbia University Press.

d'Entrèves, M. P., & Benhabib, S. (Eds.). (1997). *Habermas and the unfinished project of modernity: Critical essays on the philosophical discourse of modernity*. Cambridge, MA: MIT Press.

Dianne.（鄭淳文譯）（1995），〈小男人當紅〉，《柯夢波丹國際中文版》59: 73–5.

Duncombe, J., & Marsden, D. (1996). Whose orgasm is this anyway? Sex work in long-term heterosexual couple relationships. In J. Weeks & J. Holland (Eds.), *Sexual cultures: Communities, values and intimacy* (pp. 220–38). London: MacMillan Press Ltd.

Durkheim, E. (1976). *The elementary forms of the religious life*. London: Allen and Unwin.

Dworkin, A. (1981). *Pornorgraphy: Men possessing women*. London: The Women's Press.

編輯室（1993）〈自信的女人才最美〉，《柯夢波丹國際中文版》32: 8.

——（1994）〈活得怡然自在〉，《柯夢波丹國際中文版》42: 10.

Edwards, J. N., & Booth, A. (1994). Sexuality, marriage, and well-Being: The middle Years. In A. S. Rossi (Ed.), *Sexuality across the life course* (pp. 233–59). Chicago: University of Chicago Press.

Eisenstadt, S. (2003). *Comparative civilisations and multiple modernities*. Leiden: Brill.

Eisenstadt, S. (2000). Multiple modernities. In S. Eisenstadt (Ed.), Multiple *Modernities. Daedalus* 129: 1–30.

Eisenstadt, S. (Ed.). (1986). *The origins and diversity of Axial age civilizations*. Albany: State University of New York Press.

Elder, G. H. (1979). Historical changes in life patterns and personality. In P. B. Baltes & O. G. Brim (Eds.), *Life-span development and behaviour* 2: 118–61. New York: Academic Press.

Elliott, F. (1996). *Gender, family and society*. London: MacMillan Press Ltd.

Elvin, M. (1984). Female virtue and the state in China. *Past and Present* 104: 111–52.

Evans, H. (1997). *Women and sexuality in China*. Oxford: Polity Press.

法藍西斯（1993），〈她過的是「情婦節」〉，《柯夢波丹國際中文版》32: 252–5.

——（1994），〈撒旦的使者〉，《柯夢波丹國際中文版》42: 169–71.

Fan, M. S., Hong, J. H. , Ng, M. L. , Lee, L. K. C., Lui, P. K., & Choy, Y. H. (1995). Western influences on

Chinese sexuality: Insights from a comparison of the sexual behaviour and attitudes of Shanghai and Hong Kong freshmen at universities. *Journal of Sex Education and Therapy* 21(3): 158–66.

Farquhar, J. (2002). *Appetites: Food and xex in postsocialist China*. Durham & London: Duke University Press.

Farrer, J. (2002). *Opening up: Youth sex culture and market reform in Shanghai*. Chicago: University of Chicago Press.

Ferguson, M. (1983). *Forever feminine: Women's magazines and the cult of femininity*. London: Heinemann Educational Books Ltd.

Fetterman, D. M. (1989). *Ethnology: Step by step*. New York: Sage Publications.

Fisher, H. E. (1992). *Anatomy of love: The natural history of monogamy, adultery, and divorce*. New York and London: W. W. Norton and Company.

Ford, J., Voli, P. K., & Casey, S. (1998). Gender role portrayals in Japanese advertising: A magazine content analysis. *Journal of Advertising* 27(1): 113–25.

Freedman, M. (1970). Rites and duties, or Chinese marriage. In M. Freedman (Ed.), *The study of Chinese society* (pp. 255–72).

Stanford, California: Stanford University Press.

Friedan, B. (1963). *The feminine mystique*. New York: Dell Publishing.

Fukuyama, F. (1992). *The end of history and the last man*. New York: Free Press.

Gagnon, J. H., & Simon, J. (1973). *Sexual conduct: The social origins of human sexuality*. Chicago: Aldine.

高緹（1994），〈我的情人們：一個台灣女大學生的真實告白〉，《柯夢波丹國際中文版》42: 122–3.

Gerth, H. H., & Mills, C. W. (Eds.). (1977). *From Max Weber: Essays in sociology*. London, Henley and Boston: Routledge & Kegan Paul.

Giddens, A. (1991). *Modernity and self-identity*. Cambridge: Polity Press.

Giddens, A. (1990). *The consequences of modernity*. Cambridge: Polity Press.

Gittelson, N.（黃玫瑰譯）（1992），〈妳很愛他，他卻不太愛妳，該如何平衡這種關係？〉，《柯夢波丹國際中文版》18: 80–3.

Glaser, B., & Strauss, A. (1967). *The discovery of grounded theory: Strategies for qualitative research*. Chicago: Aldine.

〈攻無不克的面談 E Q〉（1997），《柯夢波丹國際中文版》74: 96–102.

Goode, W. J. (1982). *The Family*. Eaglewood Cliff, New Jersey: Prentice-Hall.

—— (1970). *World revolution and family patterns*. New York: The Free Press.

Greeley, A. (1994). Marital infidelity. *Society* 31(4): 9–14.

Greenhalgh, S., & Winckler, E. (2005). *Governing China's population: From Leninist to neoliberal biopolitics*. Stanford, California: Stanford University Press.

Greenhalgh, S. (1985). Sexual stratification in East Asia. *Population and Development Review* 11(2): 265–314.

Gregersen, E. (1986). Human sexuality in cross-cultural perspective. In B. Donn & K. K. Hillsdale (Eds.), *Alternative Approach to the Study of Sexual Behaviour* (pp. 87–102). New Jersey: Lawrence Erlbaum Associates Publishers.

Gudorf, C. (1994). *Body, sex and pleasure*. Cleveland, Ohio: The Pilgrim Press.

Gulik, R. H. (1974). *Sexual life in ancient China*, Leiden: E. J. Brill.

Habermas, J. (1987). *The philosophical discourse of modernity*. Cambridge: Polity.

Halpern, H.（侯延卿譯）（1994），〈從癡狂單戀的迷情中復生〉，《柯夢波丹國際中文版》42K: 114–5.

Hannerz, U. (1990). Cosmopolitans and locals in world culture. In M.

Featherstone (Ed.), *Global culture* (pp. 237–51). London: Sage.

Hareven, T. K. (1982). *Family time and industrial time*. New York: Cambridge.

Hefner, R. (1998). Multiple modernities: Christianity, Islam, and Hinduism in a globalising age. *Annual Review of Anthropology* 27: 83–104.

Hein, H. (2000). *Sexual detours: Infidelity and intimacy at the crossroads*. New York: St Martin's Press.

Hill, N.（侯延卿譯）（1994），〈魚水之歡的尷尬意外〉，《柯夢波丹國際中文版》42: 118–20.

Hinsch, B. (1990). *Passions of the cut sleeve: The male homosexual tradition in China*. Berkeley: University of California Press.

Hite, S. (1994). *The Hite report on the family: Growing up under patriarchy*. New York: Grove Press.

Hite, S. (1987). *The Hite report: Women and love*. New York: Alfred A. Knopf, Inc.

Holland, J., Ramazanoglu, C., Sharpe, S. & Thomson, R. (1996). Reputations: Journeying into gendered power relations. In J. Weeks & J. Holland (Eds.), *Sexual cultures: Communities, values and intimacy* (pp. 239–60).

London: MacMillan Press Ltd.

Holmgren, J. (1984). The economic foundations of virtue: Widow remarriage in early and modern China. *The Australian Journal of Chinese Affairs* 13: 1–27.

Hong Kong Family Studies Association, *Youth Sexuality Studies*. http:// www.famplan.org.hk

Honig, E. (2003). Socialist sex: The Cultural Revolution revisited. *Modern China* 29(2): 143–75.

Honig, E., & Hershatter, G. (1988). *Personal voices*. Stanford, CA: Stanford University Press.

Hooper, B. (1985). *Youth in China*. Ringwood, Victoria: Penguin Books Australia.

Horrocks, R. (1997). *An introduction to the study of sexuality*. Houndmills, Basingstoke, Hampshire: Macmillan Press Ltd.

Hsu, F. L. K. (1983). *Rugged individualism reconsidered*. Knoxville: The University of Tennessee Press.

胡台麗（1982），《媳婦入門》，台北，時報文化。

黃憶欣（1996），〈張小嫻把戀愛談得更立體〉，《柯夢波丹國際中文版》 68: 148.

Hunt, M. (1974). *Sexual behaviour in the 1970s*. New York: Dell Publishing.

Hunt, M. (1969). *The affairs: A portrait of extramarital love in contemporary America*. New York: World Publishing.

Huntington, S. P. (1996). *The clash of civilisations and the remaking of world order*. New York: Simon & Schuster.

Inkeles, A., & Smith, D. (1974). *Becoming modern: Individual change in six developing countries*. Cambridge,

MA: Harvard University Press.

Inglehart, R., Basanez, M., Diez-Medrano, J., Halman, L. & Luijx, R. (Eds.). (2004). *Human beliefs and values: A cross-cultural sourcebook based on the 1999–2002 values surveys*. Mexico: Siglo XXI Editores.

Ip, H. Y. (2003). Fashioning appearances: Feminine beauty in Chinese communist revolutionary culture. *Modern China* 29(3): 329–61.

Jacoby, S.（Amanda 譯）（1993），〈性歡愉的殺手—女性的床第之憂〉，《柯夢波丹國際中文版》32: 93–6.

翟本瑞（1995），〈中國人「性」觀初探〉，《思與言》33(3):27–76.

Janghorbani, M., Lam, T. H., & The Youth Sexuality Study Task Force. (2003). Sexual media use by young adults in Hong Kong: Prevalence and associated factors. *Archives of Sexual Behaviours* 32(6): 545–53.

Jeffreys, E. (Ed.). (2006). *Sex and sexuality in China*. London and New York: Routledge.

Jeffreys, S. (1990). *Anticlimax: A feminist perspective on the sexual revolution*. London: The Women's Press.

江漢聲（1994），〈銀髮族的性愛迷思〉，《柯夢波丹國際中文版》42: 40.

Johnson, D., Nathan, A. J. & Rawski, E. S. (Eds.). (1985). *Popular culture in late Imperial China*. Berkeley: University of California Press.

Kalberg, S. (Ed.). (2005). *Max Weber: Readings and commentary on modernity*. Malden, MA: Blackwell Publishing.

Kamali, M. (2006). *Multiple Modernities, civil society and Islam: The case of Iran and Turkey*. Liverpool

University Press.

康正果（1996），《重審風月鑑：性與中國古典文學》，台北，麥田出版社。

Kaya, I. (2004). Modernity, openness, interpretation: A perspective on multiple modernities. *Social Science Information* 43(1): 35–57.

Kaya, I. (2003). *Social theory and late modernities*. Liverpool: Liverpool University Press.

King, Y. C. (1994). Kuan-hsi and network building: A sociological interpretation. In Wei-ming Tu (Ed.), *The living three: The changing meaning of being Chinese today*, (pp. 109–26). Stanford, CA: Stanford University Press.

Kinsey, A., Pomeroy, W. & Martin, C. (1948). *Sexual behaviour in the human male*. Philadelphia: W. B. Saunders.

Kinsey, A., Pomeroy, W., & Martin, C. (1953). *Sexual Behaviour in the human female*. Philadelphia: W. B. Saunders.

Kirca, S. (2001). Turkish women's magazines: The popular meets the political. *Women's Studies International Forum* 24(3–4): 457–68.

Kleinman, S.（吳玟琪譯）（1993），〈如何成為一個成功的女主管〉，《柯夢波丹國際中文版》32: 108–11.

Kramer, M.（Farris, W. 譯）（1994），〈愛情變友情？〉，《柯夢波丹國際中文版》 42: 14.

Kung, L. (1983). *Factory women in Taiwan*. Ann Arbor, MI: University of Michigan Research Press.

Kwok, D. W. Y. (1998). On the rites and rights of being human. In de Bary, Wm T., & Tu, W. (Eds.), *Confucianism and Human Rights* (pp. 83–93). New York: Columbia University Press.

Lang, O. (1968). *Chinese family and society*. Conn.: Archon Books.

Lau, K. W. (Ed.). (2006). *Cinemas and popular media in transcultural East Asia*. Temple University Press.

Lau, M. P., & Ng, M. L. (1989). Homosexuality in Chinese culture. *Culture, Medicine and Psychiatry* 13: 465–88.

Lau, S. K. (1987). *Society and politics in Hong Kong*. Hong Kong: The Chinese University Press.

Lau, S. K. (1981). Chinese familism in an urban-industrial setting: The case of Hong Kong. *Journal of Marriage and Family* 43(4): 977–92.

Lau, S. K., & Kuan, H. C. (1991). *The ethos of the Hong Kong Chinese*. Hong Kong: The Chinese University Press.

Laumann, E., Gagnon, J., Michael, T., & Michaels, S. (1994). *The social organization of sexuality: Sexual practices in the United States*. Chicago and London: The University of Chicago Press.

Lawson, A. (1988). *Adultery: An analysis of love and betrayal*. New York: Basic.

Lee, R. (1993). *Doing research on sensitive topics*. New York: Sage Publications.

Lee, R. L. M. (2006). Reinventing modernity: Reflexive modernisation vs. liquid modernity vs. multiple modernities. *European Journal of Social Theory* 9(3): 355–68.

Lerner, D. (1958). *The passing of traditional society: Modernising the Middle East*. Glencoe, IL: Free Press.

Leung, L. Y. M. (1996). *The local meets the global: A study of upmarket women's magazines in Hong Kong: The case of Cosmopolitan*. PhD dissertation. Sussex University. (unpublished)

Levant, R. (1997). Nonrelational sexuality in men. In R. Levant & G. Brooks (Eds.), *Men and sex: New psychological perspectives* (pp. 9–27). New York: John Wiley & Sons.

Levant, R., & Brooks, G. (1997). Men and the problem of nonrelational sex. In R. Levant & G. Brooks (Eds.), *Men and Sex: New Psychological Perspectives* (pp. 1–8). New York: John Wiley & Sons, Inc.

Levy, M. (1966). *Modernization and the structure of societies: A setting for international affairs*. Princeton, NJ: Princeton University Press.

林惠生、林淑慧（1996），〈台灣青少年性行為研究的回顧〉，《台灣性學學刊 》2(2):48.

林惠生（2002），〈台灣地區高中、高職及五專在校學生之性知識、性態度及危害健康行為與網路之使用〉，台灣性教育協會第五屆第二次年度大會暨學術研討會，台北市。

李銀河（1991），《中國人的性愛與婚姻》，鄭州：河南人民出版社。

——（1996），《中國女性的性與愛》，香港：牛津大學出版社。

李昂（1994），〈性騷擾 vs. 性高潮〉，《柯夢波丹國際中文版》42: 36–8.

——1995），〈誰是最恐怖的女人〉，《柯夢波丹國際中文版》59: 40.

——（1996），〈不可以亂摸〉，《柯夢波丹國際中文版》 68: 10.

林惠生等（1996），《台灣地區高中高職及五專在校男女學生性知識態度與行為現況及變遷》（未出版）

Lin, T. Y., Tseng, W. S., & Yeh, E. K. (1995). *Chinese societies and mental health*. Hong Kong: Oxford University Press.

劉達臨（1992），《中國當代性文化：中國兩萬例性文明調查報告》，上海：三聯出版社。

Liu, K. (2004). *Globalization and cultural trends in China*. Honolulu: University of Hawai'i Press.

Livingston, R.（愷莉譯）（1994），〈魚與熊掌的難題〉，《柯夢波丹國際中文版》42: 20.

Loe, N. (2004). *The rise of viagra*. New York: New York University Press.

Lu, T. L. (1995). *Misogyny, cultural nihilism & oppositional politics: Contemporary Chinese experimental fiction*. Stanford, CA: Stanford University Press.

陸小芬（1992），〈陸小芬─褪卻五光十色嚮往平實平淡〉，《柯夢波丹國際中文版》18: 112–4.

Lusterman, D. (1997). Repetitive infidelity, womanising, and Don

Juanism. In R. Levant & G. Brooks (Eds.), *Men and sex: New psychological perspectives* (pp. 94–9). New York: John Wiley & Sons, Inc.

Lyle, K. (1983). Planned birth in Tianjin. *China Quarterly* 83: 551–67.

MacKinnon, C. (1982). Feminism, Marxism, method and the state: An agenda for theory. *Signs* 7(3): 515–44.

Malinowski, B. (1937). *Sex and repression in savage society*. London: Kegan Paul, Trench, Trubner.

——（1929）*The sexual life of savages in north-western Melanesia: An ethnographic account of courtship, marriage and family life among the natives of Trobriand Islands, British New Guinea*. New York: Halcyon House.

Mannheim, K. 1952. The Problem of Generations. In *Essays in the Sociology of Knowledge*, edited by K. Mannheim, 276–322. London: Routledge, Keagan and Paul.

Martinelli, A. (2005). *Global modernization: Rethinking the project of modernity*. London, Thousand Oaks and New Delhi: Sage.

McClelland, D. (1961). *Achieving society*. Princeton, NJ: Van Nostrand.

McCormick, N. (1994). *Sexual salvation: Affirming women's sexual rights and pleasures*. Westport, CT: Praeger.

McRobbie, A. (1997). More! New sexualities in girls' and women's magazines. In A. McRobbie (Ed.), *Back to reality? Social experience and cultural studies* (pp. 190–209). New York: Manchester University Press: distributed by St Martin's Press.

McRobbie, A. (1994). *Postmodernism and popular culture*. London: Routledge.

McRobbie, A. (1991). *Feminism and youth culture: From Jackie to just seventeen*. Basingstoke: Macmillan.

Mead, M. (1935). *Sex and temperament in three primitive societies*. London: Routledge & Kegan Paul Ltd.

Meade, W.（張世音譯）（1992），〈新親密方式〉，《柯夢波丹國際中文版》18: 100–07.

Merli, G., & Hertog, S. (2004). Modelling the course of the HIV/AIDS epidemic in China: An application of a bio-behavioural macrosimulation model of the spread of HIV/AIDS. (unpublished)

Mezzich, J., & Berganza, C. (Eds.). (1984). *Culture and psychopathology*. New York: Columbia University Press.

Michael, R., Gagnon, J., Laumann, E., & Kolata, G. (1994). How many sexual partners do Americans have? In J. Henslin (Ed.), *Life in Society* (2005) (pp. 235–43). Boston, New York and San Francisco: Pearson.

Mills, N.（愷莉譯）（1994），〈浴火重生的丹尼斯・奎德〉，《柯夢波丹國際中文版》42: 136–38.

Modell, J., Furstenberg, F. F. Jr., & Strong, D. (1978). The timing of marriage in the transition to adulthood: Continuity and change. *American Journal of Sociology* 84: S120–50.

Murphy, R. (1971). *The dialectics of social life: Alarms and excursions in anthropological theory*. London: George Allen & Unwin Ltd.

Nelson, J. B. (1978). Embodiment: An approach to sexuality and Christian theology. Minneapolis: Augsburg Publishing House.

Newman, J.（韓良憶譯）（1992），〈時髦行業：公關〉，《柯夢波丹國際中文版》18: 84–9.

Ng, M. L. E., & Ma, J. L. C. (2001). Supplemental countries on the world wide web: Hong Kong. In R. Francoeur (Ed.), *The international encyclopedia of sexuality*, Vol. IV. New York and London: Continuum. (http://www.SexQuest.com/IES4/

Norwood, R. (1985). *Women who love too much*. New York: Pocket Books.

Nye, R. (Ed.). (1999). *Sexuality*. New York: Oxford University Press.

Ogburn, W. F., & Nimkoff, M. F. (1976). *Technology and the changing family*. Westport: Greenwood Press.

Ogburn, W. F., & Tibbits, C. (1933). The family and its functions. In *Recent Social Trends in the United States,* Vol. 1. New York: McGraw-Hill.

Parish, W., & Whyte, M. (1978). *Village and family in contemporary China*. Chicago: University of Chicago Press.

Parsons, T. (1971). *The system of modern societies*. Englewood Cliffs, NJ: Prentice-Hall.

Parsons, T. (1966). *Societies: Evolutionary and comparative perspectives*. Englewood Cliffs, NJ: Prentice-Hall.

Parsons, T. (1960). *Structure and process in modern societies*. Glencoe, IL: Free Press.

Parsons, T. (1951). *The social system*. London: Routledge & K. Paul.

Pearson, V., & Leung, B. K. P. (Eds.). (1995). *Women in Hong Kong*. Hong Kong: Oxford University Press.

Pegg, L. (1986). *Family law in Hong Kong*. Singapore: Butterworths.

Pennington, J. (2007). *The history of sex in American film*. Westport, Connecticut & London: Praeger.

Pietropinto, A.（彭小涵譯）（1995），〈成為夢中情人的七大要領：讓男人渴慕妳〉，《柯夢波丹國際中文版》59: 138–39.

Pietropinto, A., & Simenauer, J. (1977). *Beyond the male myth: What women want to know about men's sexuality*. New York: Times Books.

Pike, K. (1967). *Language in relation to a unified theory of the structure of human behaviour*. The Hague: Mouton.

Plumer, K. (1995). *Telling sexual stories*. London: Routeledge.

Porter, D. (Ed.). (1992). *Between men and feminism*. London: Routledge.

Posner, R. (1992). *Sex and reason*. Cambridge, MA: Harvard University Press.

Punch, K. (2005). *Introduction to social research: Quantitative and qualitative approaches*. London and Thousand Oaks, CA: Sage.

Qian, X., Tang, S. L. & Garner, P. (2004). Unintended pregnancy and induced abortion among unmarried women in China. *Health Services Research* 4:1 (published online 2004 January 22. Doi:10.1186/1472-6963-4-1).

喬瓊恩（1995），〈男人味的催情效果〉，《柯夢波丹國際中文版》59: 156–57.

——（1997），〈完全避孕須知〉，《柯夢波丹國際中文版》74: 105–07.

Redfield, R. (1962). *Human nature and the study of society*, Vol. 1. Chicago: University of Chicago Press.

Regan, H., & Brooks, G. (1995). *Out of women's experience: Creating Relational Leadership*. Thousand Oaks, CA: Corwin Press.

Reinharz, S. (1992). *Feminist methods in social research*. New York: Oxford University Press.

Reiss, I. (1986). *Journey into sexuality: An exploratory voyage*. Englewood Cliffs, NJ: Prentice-Hall.

Reiss, I., Anderson, R. E. & Sponaugle, G. C. (1980). A multivariate model of the determinants of extramarital sexual permissiveness. *Journal of Marriage and the Family* 42:395–411.

Rich, A. (1980). Compulsory heterosexuality and lesbian existence. *Signs* 5(4):631–60.

Richards, M., & Elliott, J. (1991). Sex and marriage in the 1960s and 1970s. In D. Clark (Ed.), *Marriage, domestic life and social change: Writings for Jacqueline Burgoyne* (pp. 1944–48). London: Routledge.

Riley, M. W. (1976). Age strata in social Systems. In R. Binstock & E. Shanas (Eds.), *Handbook of aging and the social sciences* (pp. 189–217). New York: Van Nostrand Reinhold Co.

Riley, N. (1989). *Gender and generation in modern Beijing*. PhD dissertation. Johns Hopkins University. (unpublished)

Rindfuss, R., & Morgan, P. (1983). Marriage, sex, and the first birth interval: The quiet revolution in Asia. *Population and Development Review* 9(2): 259–78.

Robinson, V. (1993). Heterosexuality: Beginnings and connections. In S. Wilkinson & C. Kitzinger (Eds.), *Heterosexuality: A Feminism & Psychology Reader* (pp. 80–2). London: Sage.

Roniger, L., & Waisman, C. (Eds.). (2002). *Globality and multiple modernities: Comparative north American and Latin American perspectives*. Sussex Academic Press.

Rosenberger, N. (1995). Antiphonal performances? Japanese women's magazines and women's Voices. In L. Skov & B. Moeran (eds.), *Women, media, and consumption in Japan* (pp. 143–69). Richmond, Surrey: Curzon Press.

Rostow, W. (1960). *The stages of economic growth, a non-communist manifesto*. Cambridge (England): Cambridge University Press.

Ruan, F. F. (1991). *Sex in China*: Studies in sexology in Chinese culture. New York and London: Plenum Press.

Ruan, F. F., & Lau, M. P. (1999). China. In R. Francoeur (Ed.). *The international encyclopedia of sexuality*, Vol. I: 344–99. New York and London: Continuum.

Ruan, F. F., & Bullough, V. (1992). Lesbianism in China. *Archives of Sexual Behaviour* 21(3): 217–25.

Rubinstein, M. (1999). Taiwan: A new history. New York: M. E. Sharpe.

Rutherford, P. (2007). *A world made sexy: Freud to Madonna*. Toronto: University of Toronto Press.

Ryder, N. B. (1965). The cohort as a concept in the study of social change. *American Sociological Review* 30: 843–61.

Sachsenmaier, D. (2002). *Reflections on multiple modernities*. Leiden: Brill Academic Publishers.

Sachenmeyer, D., & Riedel, J. (Eds.). (2002). *Rethinking multiple modernities, Europe, China and other civilisations*, Lieden: Brill Academic Publishers.

Sakamoto, K. (1999). Reading Japanese women's magazines: The construction of new identities in the 1970s and 1980s. *Media, Culture, and Society* 21(2): 173–93.

Salaff, J. (1981). *Working daughters of Hong Kong: Filial piety or power in the family*? Cambridge & New York: Cambridge University Press.

Salamon, E. (1984). *The kept woman: Mistresses in the '80s*. London: Orbis Publishing.

Saunders, J. M., & Edwards, J. N. (1984). Extramarital wexuality: A predictive model of permissive attitudes. *Journal of Marriage and the Family* 46(4): 825–35.

Schutz, A. (1967). *The phenomeonology of social world*. Evanston, IL: Northwestern University Press.

Seal, D. W., & Ehrhardt, A. A. (2007). Masculinity and urban man. In R. Parker & P. Aggleton (Eds.), *Culture, society and sexuality: A reader* (2nd edition) (pp. 375–96). Oxon and New York: Routledge.

Segell, M.（小綠譯）（1993），〈克林・伊斯威特—多情靦腆的冷血硬漢〉，《柯夢波丹國際中文版》32: 186–90.

Seneca, T. (1996). *The history of women's magazines: Magazines as virtual communities*. Internet publishing. <http://is.gseis.ucla.edu/impact/f93/students/tracy/tracy_hist.html>.

Shaw, T. (1991). Taiwan: Gangsters or good guys? In Freilich, M., Reybeck, D., & Savishinsky, J. (Eds.), *Deviance: Anthropological perspectives* (pp. 173–90). New York: Bergin & Garvey.

Sheridan, S. (1995). Reading the Women's Weekly: Feminism, femininity and popular culture. In B. Caine & R. Pringle (Eds.), *Transitions: New Australian feminisms* (pp. 88–101). St Leonards. NSW: Allen & Unwin, Australia.

Shevelow, K. (1989). *Women and print culture: The construction of femininity in the early periodical*. London: Routledge.

Siedman, S. (1992). *Embattled eros: Sexual politics and ethics in contemporary* America. New York: Routledge.

Simon, W., & Gagnon, J. H. (2007). Sexual scripts. In R. Parker, and P. Aggleton (Eds.), *Culture, society and sexuality: A reader* (2nd edition) (pp. 31–40). Oxon and New York: Routledge.

Simonds, W. (1994). *Women and self-help culture: Reading between the lines*. New Brunswick, New Jersey: Rutgers University Press.

Skocpol, T., & Somers, M. (1980). The uses of comparative history in macrosocial inquiry. *Comparative Studies in Society and History*, April, 22 (2): 174–97.

Smelser, N. (1976). *Comparative methods in the social sciences*. Englewood Cliffs, NJ: Prentice-Hall, Inc.

Smith, L.（侯延卿譯）（1995），〈什麼樣的外遇令人念念不忘?〉，《柯夢波丹國際中文版》59: 10.

Smith, R.（Amanda 譯）（1993），〈今夜妳要 sex 的 25 大理由〉，《柯夢波丹國際中文版》32: 98.

Smith, T. (1994). Attitudes toward sexual permissiveness: Trends, correlates, and behavioural connections. In A. Rossi (Ed.), *Sexuality across the Life Course* (pp. 63–98). Chicago: University of Chicago Press.

Smith, V.（宇萱譯改）（1996），〈沒有停不了的愛〉，《柯夢波丹國際中文版》68: 118–20.

Snowden, L.（吳雙譯）（1996），〈誰說妳只能擁有一個情人〉，《柯夢波丹國際中文版》68: 96–7.

Solomon, R. (1988). *About love: Reinventing romance for our times*. New York: Simon and Schuster.

Stacy, J. (1991). Promoting normality: Section 28 and the regulation of sexuality. In S. Franklin, C. Lury & J. Stacey (Eds.), *Off Centre: Feminism and cultural studies* (pp. 284–304). Hammersmith, London, UK; New York,

NY, USA: Harper Collins Academic.

Steward, D. W., & Shamdasani, P. N. (1990). *Focus groups: Theory and practice*. Chicago: Sage Publications.

Stuart, A. (1990). Feminism: Dead or alive? In J. Rutherford (Ed.), *Identity: Community, culture, difference* (pp. 28–43). London: Lawrence and Wishart.

Strauss, A., & Corbin, J. (1990). *Basics of qualitative research: Grounded theory procedures and techniques*. London and New Delhi: Sage Publications.

Strauss, A., & Corbin, J. (Eds.). (1997). *Grounded theory in practice*. Thousand Oaks: Sage Publications. *Taiwan–Fukien Demographic Fact Book*, Ministry of the Interior, Republic of China.

Taylor, C. (2004). *Modern social imaginaries*. Durham: Duke University Press.

The story of Taiwan: East and west, transition and modern. http:// www.gio.gov.tw/info/taiwan-story/culture/edown/3-3.htm, accessed 2 March, 2004.

Thornton, A. (2005). *Reading history sideways: The fallacy and enduring impact of the developmental paradigm on family life*. Chicago and London: University of Chicago Press.

Thornton, A., Chang, J. S., & Lin, H. S. (1994). From arranged marriage toward love match: The transformation of marriage arrangements in Taiwan. In A. Thornton, A., & H. S. Lin (Eds.), *Social Change and Family in Taiwan* (pp. 148–77). Chicago: University of Chicago Press.

Thornton, A., & Fricke, T. (1987). Social change and the family: Comparative perspectives from the West, China, and South Asia. *Sociological Forum* 2(4): 746–49.

Thornton, A., & Lin, H. S. (Eds.). (1994). *Social change and the family in Taiwan*. Chicago: University of Chicago Press.

Tien, H. M. (1989). *The great transition: Political and social change in the Republic of China*. Stanford, CA: Hoover Institution Press, Stanford University.

Tsai, Y. M., & Yi, C. C. (1997). Persistence and change in Chinese family values: The Taiwanese case. In L. Y. Chang, Y. H. Lu, and F. C. Wang (Eds.), *Taiwanese Society in the 1990s*. Taiwan Social Change Survey Symposium Series II (Part 2) (pp. 123–70). Institute of Sociology, Academia Sinica, Taiwan.

曾家達（1990），〈香港人的性觀念和宣教文化〉，收於文思慧、曾家達、吳敏倫，《性與德育》，香港：三聯書店。

Tsang, K. T. (1986). Sexuality: the Chinese and the Judeo-Christian traditions in Hong Kong. *Bulletin of the Hong Kong Psychological Society* 19/20: 19–28.

Tseng, W. S., & Hsu, J. (1970). Chinese culture, personality formation and mental illness. *International Journal of Social Psychiatry* 16: 5–14.

Tu, W. M. (2000). Implications of the rise of “Confucian” east Asia. *Daedalus* 129(1): 195–218.

Tu, W. M. (Ed.). (1996). *Confucian tradition in east Asian modernity: Moral education and economic culture in Japan and the Four Mini-Dragons*. Cambridge, MA: Harvard University Press.

Turner, R. (1953). The quest for universals in sociological research. *American Sociological Review* 18: 604–11.

Unwin, J. D. (1934). *Sex and cultures*. Oxford: Oxford University Press.

van Gulik, R. (1974). *Sexual life in Ancient China*. Leiden: E. J. Brill.

Vance, C. (2007). Anthropology rediscovers sexuality: A theoretical comment. In R. Parker, and P. Aggleton (Eds.), *Culture, society and sexuality: A reader* (2nd edition). Oxon and New York: Routledge.

Vance, C. (Ed.). (1984). *Pleasure and danger: Exploring female sexuality*. London: Routledge & Kegan Paul.

Walters, M. (1994). *Globalisation*. London and New York: Routledge.

萬儀（1995a），〈假期戀愛饑渴症候〉，《柯夢波丹國際中文版》59: 14.

——（1995b），〈急徵耶誕夜戀人〉，《柯夢波丹國際中文版》59: 130–32.

——（1995c），〈如果好友的老公吸引了妳〉，《柯夢波丹國際中文版》59: 146–47.

Wang, B., & Davidson, P. (2006). Sex, lies and videos in rural China: A qualitative study of women's sexual debut and risky sexual behaviour. *Journal of Sex Research* 43: 227-35.

王藍瑩（1997），《解析性別權力下的身體情慾論述—以報紙婦女信箱為例》，世新大學大眾傳播學系碩士論文（未出版）。

Weber, M. (1993). (c1962). *Basic concepts in sociology*, translated and with an introduction by H. P. Secher. Secaucus, NJ: Carol Publishing Group.

Weber, M. (1948). The social psychology of the world religions. In H. H. Gerth & C. Wright Mills (Eds.), *From Max Weber: essays in sociology*. London: Routledge.

Wellings, K., Field, J., Johnson, A. & Wadsworth, J. (1994). *Sexual behaviour in Britain: The national survey of sexual attitudes and lifestyles*. London: Penguin Books.

Wen, J. K. (1995). Sexual beliefs and problems in contemporary Taiwan. In T. Y. Lin et al. (Eds.), *Chinese societies and mental health*. Hong Kong: Oxford University Press.

Whyte, M. (1990). Changes in mate choice in Chengdu. In D. Davis & E. Vogel (Eds.), *Chinese society on the eve of Tiananmen* (pp.181–214). Cambridge: Harvard University Press.

Winship, J. (1987). *Inside women's magazines*. London and New York: Pandora.

Wolf, M. (1984). Marriage, family, and the state in contemporary China. In M. Young (Ed.), *Courtship, love, and marriage in contemporary China. Pacific Affairs* 1984 (summer): 213–36.

Wolf, M. (1972). *Women and the family in rural Taiwan*. Stanford: Stanford University Press.

吳若權（1997），〈優秀的第三者？〉，《柯夢波丹國際中文版》74: 26.

吳玟琪（1993），〈錯誤—進步的契機〉，《柯夢波丹國際中文版》32: 26.

吳由美（1994），〈分手的藝術〉，《柯夢波丹國際中文版》42: 124–5.

謝立春、忽興泰、尹璐、鐘于玲、張乃興（2003），〈深港青少年性健康比較研究〉，《中國初級衛生保健》17(1):44–7.

Xu, X. H., & Whyte, M. (1990). Love matches and arranged marriages in China. *Journal of Marriage and the Family* 52(3):709–22.

晏涵文、林燕卿、張利中（1998），〈青少年婚前性行為及其趨勢的探討〉，《台灣性學學刊》4(2): 1–14.

Yan, Y. X. (2003). *Private life under socialism: Love, Intimacy, and family change in a Chinese village, 1949–1999*. Stanford: Stanford University Press.

Yang, M. (1965). *A Chinese village: Taitou, Shantung province*. Columbia University Press.

楊祖珺（1997），《台灣報紙媒體所呈現之女性角色變遷》，台灣中國文化大學碩士論文（未出版）。

葉達蓉（1995），〈什麼樣的女人敢愛窮小子〉，《柯夢波丹國際中文版》59: 84–8.

——（1996），〈如何讓男人欲仙欲死〉，《柯夢波丹國際中文版》68: 90–2.

——（1997），〈女人在20、30、40歲需要什麼樣的性生活？〉，《柯夢波丹國際中文版》74: 120–4.

于萍、趙文仙（2004），〈雲南省大學生性觀念、性道德和性行為的調查分析〉，《雲南師範大學學報》36(2):111–16.

岳慧、董光華、戴梅競、張肖敏、荊瑞巍（2004），〈江蘇省未婚育齡婦女性行為妊娠及人工流產狀況調查〉，《中國計劃生育學雜誌》101(3):150–53.

Yuen, S. P., Law, P. L. & Ho, Y. Y. (2004). *Marriage, gender, and sex in a contemporary Chinese village*. F. Y. Yu (trans.). Armonk, NY, and London, England: M. E. Sharpe.

Zha, B., & Geng, W. (1992). Sexuality in urban China. *The Australian Journal of Chinese Affairs* 28: 1–20.

張景虹（1993），〈趙鈺—蘊含傳統的新時代女經營人〉，《柯夢波丹國際中文版》32: 192–93.

張敏君（1992），〈流行與生活〉，《柯夢波丹國際中文版》18: 6.

鍾雅晴（1993），〈仙人掌之戀〉，《柯夢波丹國際中文版》32: 22–4.

周月英（2004），《解讀媒介中的女性意識》，台灣國立政治大學碩士論文（未出版）。

Zhou, X. (1989). Virginity and premarital sex in contemporary China. *Feminist Studies* 15(2): 279–88.

Zilbergeld, B. (1992). *The new male sexuality: The truth about men, sex and pleasure*. New York: Bantam Books.

內容簡介

這是迄今為止唯一一本從透析中西文化深層結構的基礎上，深入、全面、又寬廣（橫跨兩岸三地，西方社會）地探索「性」在中西文化各自背景之下深藏的意義。

本書是張瑞珊博士（Dr Jui-shan Chang）將她過去二十多年來，以創新的社會學研究方法，對「性」在台灣、香港、中國大陸和西方社會一系列比較研究的總結，也是她對「性」這一個人生重要課題獨到見解的呈現。

書中以全方位和多角度來談「性」，把「性」這個主題擺在自我認同（self identity）、性別角色、人際關係、戀愛、婚姻與家庭等許多相關層面中，並溯及中西傳統文明的源頭，及現代化的歷史脈絡來探究。

本書英文原著（*Making a Meal of It -- Sex in Chinese and Western Cultural Settings, 2011, Outskirts Press*）已經連續在美國榮獲三項殊榮。第一項獎是由 USA Book News 頒發的「美國二〇一一年度最佳著作獎」，是在「健康」（以「性」為主題）類別內唯一得獎的作品（sole winner of The USA Best Books 2011 Awards for the category of Health: Sex and Sexuality）。第二項獎是「二〇一二年讀者評選文藝獎」，是在「人文」領域類別內獲獎（winner of The 2012 Reader Views Literary Awards for the category of Humanities）。第三項是「二〇一二年新一代英地最佳著作獎」，此著作入圍「兩性關係」類別的最後決選（finalist of The 2012 Next Generation Indie Book Awards for the category of Relationships）。

國家圖書館出版品預行編目 (CIP) 資料

情愛關係裡的你和我 ／張瑞珊作 ; – 二版 . – 新北市：
立緒文化，民 107.12
面； 公分 . --（新世紀叢書）

ISBN 978-986-360-121-0（平裝）

1. 性學 2. 文化研究

544.7 107018947

情愛關係裡的你和我（原書名：性愛是大事）

出版——立緒文化事業有限公司（於中華民國 84 年元月由郝碧蓮、鍾惠民創辦）
作者——張瑞珊 Jui-shan Chang

發行人——郝碧蓮
顧問——鍾惠民

地址——新北市新店區中央六街 62 號 1 樓
電話—— (02)2219-2173
傳真—— (02)2219-4998
E-mail Address —— service@ncp.com.tw
Facebook 粉絲專頁—— https://www.facebook.com/ncp231
劃撥帳號—— 1839142-0 號 立緒文化事業有限公司帳戶
行政院新聞局局版臺業字第 6426 號

總經銷——大和書報圖書股份有限公司
電話—— (02)8990-2588
傳真—— (02)2290-1658
地址——新北市新莊區五工五路 2 號
排版——菩薩蠻數位文化有限公司
印刷——祥新印刷股份有限公司

法律顧問——敦旭法律事務所吳展旭律師

分類號碼—— 544.7
ISBN —— 978-986-360-121-0
出版日期——中華民國 103 年 6 月初版 一刷（1~1,500）
中華民國 107 年 12 月 初版更換封面

定價◎ 390 元